江苏省人民检察院编译丛书

变革中的日本刑事司法

—— 日本刑事诉讼法和刑事司法改革专题研究

刑事司法改革と刑事訴訟法学の課題

[日] 川崎英明　著

胡　丹　朱　丹　等译

法律出版社
LAW PRESS·CHINA
——北京——

著作权合同登记号
图字:01 - 2021 - 3608

中文版序言

春去秋来又一载，随着《美国和欧洲的检察官》《检察官的权力》《美国检察官办理涉企案件的启示》相继面世，江苏检察编译团队收获了许多肯定，也听到了中肯的意见和建议。切磋琢磨，玉汝于成，团队在两年间从摸索到精熟，逐渐形成了自己的翻译风格。编译工作不知不觉已进入第四期。这一次，我们把目光投向了一衣带水的友邻。

中国和日本在历史上有一些相似的法律文化传统，日本封建法从体系到内容都受到中国隋唐法律的影响，文武天皇制定的《大宝律令》便是参照唐律制定的。但在法治近代化的过程中，中国和日本却走上了不同的发展道路。清朝末年，沈家本等人到各国考察学习后，认为需要通过引入西方陪审制对传统的司法审判模式进行改革，请求试行《大清刑事民事诉讼法》草案，但并未得到清政府批准颁行。作为陪审制的替代方案，移植引入的日本检察制度很快得到了清政府的认同。此后在奉旨颁行的《大理院审判编制法》中，第一次出现了关于检察制度及检察官的相关条款。清末检察制度的引入，改变了中国传统法律制度下集权式的司法模式，直接导致了三法司会审制度退出了中国法律的历史舞台。

近年来，日本司法界发生了一系列事件，尤以2010年“不正当邮政案”中的篡改证据案最为引人注目。在日本，凡涉及高官的犯罪均由“特别搜查本部”负责侦查，特搜部也因此拥有独立的逮捕权、侦查权和公诉权。日本大阪地方检察厅特别搜查本部在“凛之会”不当使用残疾人团体专用邮费优惠一案中，对时任厚生劳动省局长的村木厚子提起诉讼。村木一直否认指控，随后大阪检察院特搜部主任检察官前田恒彦被曝出篡改证据及对村木下属进行诱供，最终村木被判无罪。该案直接导致了民众对“检察官 = 正义”的长期信任体系开始土崩瓦解。

从1999年设立日本司法制度改革审议会开始，至2004年、2016年《刑事诉讼法修正案》的颁布，日本已进行了数轮刑事司法改革。以此为背景，学者川崎英明对日本刑事司法改革和刑事诉讼法学的发展方向进行了研究。本书是他多年论文的合集，阐述了刑事司法改革产生的背景，对2004年《刑事诉讼法修正案》中引入的裁判员制度进行了深入研究，该制度通过直接口头主义的审判方式，对依赖纠问式侦查的书面审判方式进行了改革。同时，专门论述了检察制度改革，以几个误判和冤错案件为切入点，深入探讨了检察官的作用和行为规范，提出要加强对检察机关的民主制约；并对被害人参加制度的具体问题予以利弊分析和对策研究。本书还从2016年《刑事诉讼法修正案》产生的背景和经过，回顾了新一轮刑事司法改革进程，讨论了《通讯监听法》与《宪法》的关系，对监听通讯和会话的合法性、合理性深入探讨。书中关于对“依赖纠问式书面审判方式进行改革”“加强对检察机关的民主制约”等一系列问题的研究，发人深思，值得我们深入研究思考。

国之权衡，时之准绳。这是一个伟大的时代，全面依法治国的部署正在我国落地生根，人民群众的法治观念越来越强，社会法治文明程度越来越高。身处其中，检察机关更要牢牢把握自身的基本属性和宪法定位，主动适应新形势，牢记初心使命，为人民群众提供更优质的法治产品、检察产品，在推进国家治理体系和治理能力现代化中体现检察担当。

此书中文版付印之时，恰逢全国上下正在深入学习贯彻习近平总书记法治思想、奋力开创全面依法治国新局面的关键之际。了解日本刑事司法制度改革的背景与过程，有助于我们在我国司法体制改革所依存的中国语境下，从中借鉴经验、汲取教训，更好地推进司法责任制改革落实落地，助力完善科学完备、统一权威的中国特色社会主义法治体系，更好地促进良法善治。

是以为序。

刘　华

2021 年 3 月 1 日

原著序

本书是一本探讨日本刑事司法改革的论文集。从由司法制度改革审议会（1999 年设立）主导的 2004 年刑事诉讼法改革到主张构建“新时代刑事司法制度”的 2016 年刑事诉讼法改革为止的这段时期内，笔者围绕日本刑事司法改革进程中出现的各种情况，探讨了日本刑事司法应如何进行改革。收录的主要是从当时的认识以及解决问题的能力出发，探讨当时刑事司法改革问题的论文，因此从现在的时间点来看，存在与后来改革不合时宜的内容。另外，收录的论文也是对不同时间点刑事司法改革出现的问题状况和课题研究情况的直观映照，所以说本书能够全面清晰地展现出本次刑事司法改革的意义、局限和问题。本书各章节开头的“解题”部分，是对整篇论文的定位以及对后来相关问题的变化状况进行的解说，意在展现十多年来不断发展的刑事司法改革的全貌。本书以日本“二战”后刑事司法为背景，旨在聚焦刑事司法改革中出现的对抗与矛盾点，以历史的眼光看待这十多年来的改革，并由此确认刑事司法改革和刑事诉讼法学亟待研究的课题及其发展方向。

对于如何评价这期间的刑事司法改革，观点存在严重分歧，但无论哪种看法都认同改革极大地改变了1948年颁布的现行《刑事诉讼法》(《昭和刑事诉讼法》)的面貌。继明治、大正、昭和《刑事诉讼法》后，《平成刑事诉讼法》出台。刑事诉讼法处在巨大变革期，必须对刑事诉讼法学的发展状况进行研究。本书即聚焦此期间的刑事司法改革，尤其是2016年《刑事诉讼法》的修订，被认为是一种在改革与反改革的矛盾中强烈倾向于反改革的“改革”。与此相对，本书认为应当在以防御权论（以刑事辩护为主要支柱）为中心的宪法性刑事诉讼法理论基础上，将彻底改革依赖纠问式侦查的书面审判作为刑事诉讼法学的课题。虽说该课题一直是当事人主义论所追求的目标，但我们也应该看到在这期间刑事司法改革的进程中，作为战后刑事诉讼法学共识的当事人主义论的根基出现了动摇，因此课题拟回应刑事司法根本性改革的这一历史课题，思考应如何进行改革。后面笔者将继续探索应如何继续拓展宪法性刑事诉讼法理论的课题，其中部分内容是探讨“刑事辩护的自由”，这一主题的论文被收录在本书终章第三节。鉴于以上主题，本书题名为《变革中的日本刑事司法——日本刑事诉讼法和刑事司法改革专题研究》。

虽然收录的论文中有的部分已不合时宜，有的部分相互重复，还有的需要进行修正和补充，但鉴于上述的本书要旨，除了笔误修正、语法表达修正和引用文献的补正外，收录论文本身将不做修改，补充性的说明文字将补写在正文括号内。另外，目前学术论文的一般做法是不使用敬称，本书收录论文保持了写作当时的习惯，没有统一敬称的使用情况。

回顾过往，我的研究工作经常受到两位恩师——光藤景皎老师

（大阪市立大学名誉教授）和小田中聪树老师（东北大学名誉教授）的指导和帮助。近来，我越来越有日暮途远之感，也怀着诚挚的谢意将此书献给两位恩师。同时，就这段时间内的系列刑事司法改革，本人曾在许多场合与多位专家学者进行讨论交换意见，尤其在《2016 年刑事诉讼法修正案与通讯监听法条文解析》（日本评论社 2017 年版）一书的出版过程中，与三岛聪教授（大阪市立大学）和渕野贵生教授（立命馆大学）热烈讨论、受益良多，特此表示感谢。

本书作为关西学院大学研究丛书出版，出版过程中受到了关西学院大学的诸多帮助。截至今年（2017 年）3 月，本人已经在关西学院大学工作了 16 个年头，能够与司法研究科的诸位优秀同僚共事，并能在良好的研究条件下开展自由的研究工作，我深表感谢。对本人来说，本书的出版也是我在关西学院大学研究工作告一段落的标志。

最后，本书也是我在日本评论社出版的第三本专著，谨向在出版过程中提供帮助和指导的中野芳明女士和大东美妃女士表示衷心的感谢。

2017 年 1 月

在遥远的茅渟临海书斋

川崎　英明

目　录

序章　刑事司法的改革课题

解　　题

本章系全书的总论。

第一节为战后刑事司法与刑事司法改革的课题（原题为《刑事诉讼法的半个世纪》，初见村井敏邦、川崎英明、白取祐司《刑事司法改革和刑事诉讼法·上卷》，日本评论社 2007 年版）。从 1999 年设置司法制度改革审议会开始，到审议会出具最终意见书《司法制度改革审议会意见书——支撑 21 世纪日本的司法制度》（2001 年 6 月 12 日，以下简称《意见书》），再到 2004 年《刑事诉讼法》的修订，从战后日本刑事司法的历史背景来看，这一系列司法改革有着改革与反改革的对抗，兼具矛盾的两面性。即一方面是彻底改革依赖纠问式侦查的书面审判；另一方面是维持和强化侦查、追诉权，以及在限制刑事辩护的刑事司法改良路线下，维持依赖纠问式侦查的书面审判这一反改革方向。基于这种认识，笔者主张应当在 20 世纪 90 年代刑事辩护振兴的实践基础上，将公共辩护制度作为制度基础，依据刑事辩护实践，对刑事程序进行根本改革〔1〕。正如本书第三章所探讨的，由于2016年修订《刑事诉讼法》的主要依据是法制审议会设立的“新时代刑事司法制度特别委员会”所发布的《关于构筑新的刑事司法制度的调查审议结果（案）》（2014年），因此司法制度改革审议会所主导的司法改革具有上述两面性，该两面性也在2016年《刑事诉讼法》的修订中得以承继。2016年《刑事诉讼法》的修订虽然涵盖了2004年《刑事诉讼法》修订中没有涉及的侦查、讯问改革，但一方面讯问的可视化改革（根本改革方向）受到限制和制约，另一方面司法交易制度（侦查、审判协助型协议、合意制度）的引入和通信监听范围的扩大导致了侦查、追诉权的扩大和强化（反改革方向）。从这个角度来看，从司法制度改革审议会2004年修订《刑事诉讼法》时主导的刑事司法改革，到2016年修订《刑事诉讼法》时提出的标榜构建“新时代刑事司法制度”的本次刑事司法改革，这一矛盾的基调依然贯穿始终。另外，关于本章第一节中对已故田宫裕教授提出的“二重课题论”的评价，三井诚指出，“将田宫教授的理论批判为左右摇摆并不妥当”〔2〕，这一点笔者接受批评指正。但使用“转换”“变迁”等词语来评价田宫理论，仅是针对田宫理论中的“振幅”理论（三井诚也同样指出）在刑事司法改革的对抗中的不同定位所提出的一种见解而已（参见本章第一节注释41）。

---

〔1〕 この間の刑事弁護の実践の経緯と到達点の分析として、上田国広『刑事弁護の形骸化とその克服への努力」美奈川成章先生・上田国広先生古稀祝賀論文集『刑事弁護の原理と実践"』［現代人文社、2016年］3頁以下参照。

〔2〕 三井誠「田宮刑事法学の軌跡」『田宮裕博士追悼論文集・下巻』50頁以下。

第二节为司法改革（司法制度改革审议会）与刑事司法改革（原题为《“司法改革”让刑事审判变得更好吗》，初见《世界》2002 年第 11 月号）。为了实现司法制度改革审议会《意见书》所提出的刑事司法改革构想，举办了两个研讨会（刑事裁判员制度研讨会和公共辩护制度研讨会）。在两个研讨会即将结束第一轮概括性研讨时（2002 年秋），笔者完成了这篇论文，旨在彻底改革“依赖侦查阶段形成的供述笔录进行审理和事实认定的书面审判结构”，不断推进刑事司法改革向前发展。同时基于这种问题意识对研讨会的讨论进行批判性研究，提出发挥裁判员制度和犯罪嫌疑人国选辩护制度这两项改革制度的作用，是必须予以研究的改革课题。虽是一篇拙作，但也明确表明了本人立场，评价了司法改革的两面性，探讨了刑事司法的改革方式，特此收录。

第三节为误判与刑事司法改革（原题相同，初见齐藤丰治先生古稀祝贺论文集《刑事法理论的探索和发现》，成文堂 2012 年版）。接受“检察机关的未来”讨论会提出的《检察制度的复兴提案》（2011 年 3 月 31 日）后，本次刑事司法改革由此启动，并标榜“构建”“新时代刑事司法制度”（一直持续到 2016 年《刑事诉讼法》的修订）。立足本次改革的初衷，我们应当充分吸取足利案、志布志案的教训，防止误判。基于此，本篇论文引入了美国盖瑞特（B. L. Garrett）的误判理论（B. L. Garrett，Convicting the Innocent，2011），提出了刑事司法改革的正确方式，以防止误判发生。盖瑞特阐明的美国的结构性误判原因（主要为虚假供述、错误的罪犯辨认、存在缺陷的科学鉴定、举报人的虚假证言）与日本刑事司法的结构性误判原因有共通之处，他提出的针对刑事司法改革的方法和建议［保障讯问犯罪嫌疑人时的辩护人在场权，并以此为前提，引入讯问全程录音录像制度、全面证据开示制度（open – file policy）］可以作为“灵丹妙药”，直接适用于日本的刑事司法改革，彻底改革依赖纠问式侦查的书面审判这一误判结构。盖瑞特的著作后来被笹仓香奈、丰琦七绘、本庄武、德永光翻译出版为《产生冤假错案的结构》（日本评论社 2015 年版）。

第一节　战后刑事司法与刑事司法改革的课题

一、现阶段的刑事司法改革

要想回顾《刑事诉讼法》在这半个世纪的发展并展望未来，可以从这期间的刑事司法改革探讨入手。

（一）刑事司法改革的经过和内容

2002 年 2 月，经过近两年的探讨，司法制度改革审议会总结形成了《意见书》，并在司法制度改革推进本部内设置了裁判员制度、刑事研讨会和公共辩护制度研讨会两个机构，开始就制定刑事司法改革的具体计划进行研讨。两个研讨会经过第一轮的概括性讨论后，在 2003 年进行了第二轮讨论。第二轮主要围绕推进本部事务局提出的《针对具体制度设计的基本草案》进行探讨。第一轮讨论中出现的对立观点在该基本草案中也一并记载，经过第二轮讨论，这种对立并未消除。但是在“具体的制度设计”存在本质意见对立的同时，本部事务局汇总形成了具有改革构想的《框架草案》，并在2004年1月的第31届裁判员、刑事研讨会和2003年12月的第13届公共辩护制度研讨会上讨论通过。2004年3月2日，内阁审议通过《关于裁判员参加刑事裁判的法律》、《部分修改刑事诉讼法的法律》（内容包括两方面：一是创设了裁判员制度和犯罪嫌疑人国选辩护制度；二是修订了《检察审查会法》的部分内容，赋予检察审查会的决议以法律效力，以及为了保障犯罪嫌疑人国选辩护制度的实施而进行制度调整的《法律综合支援法》）。同年5月末，上述法案在经过些许的修改后，国会参众两院表决通过〔1〕。下面来看看具体的改革内容。

第一是裁判员制度的创立。依据《裁判员法》（《关于裁判员参加刑事审判的法律》），地方法院根据案件需要，随机从裁判员候选人名单（由众议院议员的选民名单中随机抽选的人员组成）中抽选并经过询问程序确定选任的裁判员。从这点来看类似陪审制度，但是裁判员参与审判的案件仅限于法定刑为死刑或者无期徒刑等的一些重大案件。一般来说，由3名法官和6名裁判员组成合议庭对案件进行一审审理（控诉审，即第二审案件不适用裁判员制度），主要进行事实认定、法律适用以及参与量刑。裁判员参与刑事审判，必须采取集中审理形式。

---

〔1〕 各法律案と国会での修正につき、ジュリスト1268号11頁以下参照。また、今回の刑事司法改革全体の評価と今後の課題につき、「特集・姿を見せた刑事司法改革」法律時報76巻10号4頁以下所収の座談会及び論文参照。また、小田中聰樹「裁判員制度の憲法的考察」丹宗昭信・小田中聰樹編『構造改革批判と法の視点』（花伝集社、2004年。後に小田中聰樹『刑事訴訟法の変動と憲法的思考』［日本評論社、2006年］所収）39頁以下参照。

第二是犯罪嫌疑人国选辩护制度的创立。依据《刑事诉讼法修正案》，针对“可能判处死刑、无期徒刑或者短期刑1年以上有期徒刑或者是监禁刑的犯罪案件”，从逮捕阶段开始，“因贫困或其他原因无法委托辩护人的时候”，依据犯罪嫌疑人的“申请”，可以为其指定国选辩护人。在法律公布后的5年内，犯罪嫌疑人国选辩护案件的适用扩大到“可能判处长期刑3年以上有期徒刑或者监禁刑的案件”（必要的辩护案件）（根据《刑事诉讼法》第37条第2款以后，修正细则第1条2号）。据此，判处短期刑1年以上3年以下的案件，在诉前被逮捕的每年约有7,000件，必要的辩护案件约为9万件（均为2000年的数据），这样的比例可以保障大多数被逮捕的犯罪嫌疑人能被指定国选辩护人。在犯罪嫌疑人国选辩护制度创设之初，难题在于如何处理好与现存的起诉后国选辩护制度之间的关系、如何构建制度运营体系。根据《法律综合支援法》，除辩护人的选任由法院来进行，其他的运营事务由新设立的独立行政法人“日本司法支援中心”负责。该中心主要负责民事法律援助以及起诉前、起诉后国选辩护制度（下文中也称为“公共辩护制度”）的统一运营工作。

第三是《刑事诉讼法》和《检察审查会法》的修订。《刑事诉讼法修正案》除了规定犯罪嫌疑人国选辩护制度外，“为了做实刑事审判，加快审判速度”，还规定了包含争点整理、证据整理、证据开示及证据开示裁定在内的“审前准备程序”，新制定了“保证连日开庭”的相关措施。另外，根据《检察审查会法》的部分修订，以检察审查会的再次“起诉决议”为基础，建立了由指定律师履行公诉职能的新机制。

1948 年公布的现行《刑事诉讼法》虽然经过了数次部分修订，但是像本次这么大规模的修订是前所未有的，不过修订的内容本身值得商榷。

（二）对刑事司法改革的评价

1. 刑事司法改革的两面性

2002 年 11 月，在裁判员、刑事研讨会和公共辩护制度研讨会第一轮概括性研讨即将结束时，笔者结合当时的研讨内容，明确提出本次刑事司法改革“正在向最糟糕的状况发展，以半途而废的改革制度设计告终的可能性正在成为现实”，表明了对刑事司法改革前景的担忧〔1〕。

换言之，所谓的刑事司法改革“最糟糕的状况”，是指维持现行刑事程序的基本结构，即以讯问被羁押的犯罪嫌疑人（口供笔录）为中心进行纠问式侦查，依赖侦查机关制作的口供等供述笔录进行法庭审理（书面审判），仅在此基础上植入裁判员制度。侦查机关制作的供述笔录（根据裁判员制度的要求，内容会更加简明和精炼）在庭审中被出示，并且被赋予强大的证明力，以左右事实的认定，还可能会在全面证据开示等防御权保障体系尚未完备的情况下，以连续开庭的形式集中审理。在这种程序结构下，如果仿照法院合议庭的构成，组成以 3 名法官为主、加上若干名裁判员这种审判结构

〔1〕 拙稿「『司法改革』で刑事裁判はよくなるか」世界 2002 年 11 月号 179 頁以下（本書序章Ⅱ）参照。

的话，那结果大概率是使裁判员的参与流于形式，仅一味地追求庭审速度。犯罪嫌疑人国选辩护制度虽说已经设立，但是选任国选辩护人的程序阶段和适用案件范围被限定，辩护费用和报酬也被限定得很低，即使对辩护活动进行制度化规范，也不可能出现彻底改革纠问式侦查和书面审判的变革型辩护。

再者，“最好的状况”也不是没有可能。那就是实现确保裁判员实质性参与的制度设计，即在构成上使裁判员在人数上形成对法官人数的压倒性优势，并在此基础上以全面证据开示为前提充分保障防御权，以连续开庭的形式做实法庭审理，彻底贯彻传闻法则，防止过分依赖侦查机关制作的供述笔录，真正以直接、口头主义为原则进行法庭审理。这种状况要求对纠问式侦查进行根本改革，即通过引进讯问犯罪嫌疑人录音录像制度以实现可视化，通过保障辩护人在场权以实现控辩双方对抗，在保障自由辩护活动和获得充分报酬的国选辩护制度下，从侦查阶段就开始进行变革型辩护。

2. 裁判员制度和犯罪嫌疑人国选辩护制度

在之后的发展中，笔者对“最糟糕的状况”的担忧并未消除。虽然根据 2003 年 10 月发表的《主席总结稿》里提出的方案，出现了我们所期望的修改，即裁判员制度的构成由 3 名法官加 4 名裁判员的精简结构，最终确定为 3 名法官加 6 名裁判员的结构。但从确保裁判员实质性参与的观点出发，追求接近陪审制结构，依据《主席总结稿》在现有制度的基础上稍许增加裁判员的人数，只能说是一种妥协。

与审判结构主体的构成同样重要的问题是，随着裁判员制度的引入，需要针对哪些刑事程序进行改革与如何进行刑事程序改革？从这个角度看，《刑事诉讼法修正案》并未涉及根本改革，如代用监狱制度这种事关拘留、逮捕体制的纠问式侦查的核心问题，以及采取控辩式（保障辩护人在场权等）和可视化（录音录像）等手段对拘留、逮捕后的犯罪嫌疑人进行讯问等问题（虽然侦查机关被要求必须书面说明讯问情况，但对其实际效果存疑）。另外，要摆脱书面审判，就必须对传闻例外规定进行全面修改，这个问题《刑事诉讼法修正案》同样没有涉及。从这个意义上说，曾经被已故的平野龙一博士批判[1]为“病态的”“异常的”将来是“令人绝望的”刑事程序的根基依然存在。与此相对，根据法院规定，为了在“第一次庭审前”进行“争点整理及证据整理”，创设了被称作“审前准备程序”的事前准备程序，由此，证据开示体系被重新制度化。但是，虽说是新的证据开示体系，检察官请求调查证据（检察官掌握的）以外的证据的开示时并没有贯彻全面开示的基本原则，而是通过对证据重要性及防御上的必要性与开示证据“可能产生的危害”进行比较衡量，最终由法院裁决是否进行证据开示。通过类型证据开示和争点关联证据开示以扩大证据开示的范围，通过对检察官不予开示证据采用的裁定程序和命令出示（检察官掌握的）证据一览表以完善第一次审前证据开示程序，这些举措的确是进步的。然而，也不能过于乐观地认为，这是对目前基于法院诉讼指挥权，仅对个别证据予以开示的现状进行的飞跃性变革。此外，关于禁止将开示的

---

〔1〕 平野龍一「現行刑事訴訟の診断」『団藤重光博士古稀記念論文集第 4 巻』（有斐閣、1985 年）407 頁以下参照。

证据用作他途的规定也过于严格。另外，对于裁判员参与审理的案件，原本要求在庭审时形成心证，并以此排除侦查阶段的供述笔录，但是改革并未触及传闻例外规定，使得侦查阶段制作的供述笔录依然能够畅通无阻地进入庭审。虽然庭审时形成心证的必要条件是以连日开庭的形式进行集中审理，但是考虑到（在与辩护人的关系上）这会导致强化审判长的诉讼指挥权（《刑事诉讼法》第278条第2款等），我们不得不担忧这种集中审理的自我目的性。

那么，新创设的犯罪嫌疑人国选辩护制度究竟如何？该制度本身确实是强化防御权的制度，据此，侦查阶段犯罪嫌疑人的防御权保障无疑向前迈进了一大步。国选辩护制度的案件适用范围并不限于法定合议案件，还扩大至必要的辩护案件，对此值得充分肯定，但也有不足。那就是如果国选辩护制度创设目的在于推进刑事程序的根本改革，那么（适用国选辩护的案件范围不应限定于可能判处某种法定刑的案件）应适用于所有羁押案件，从（比逮捕阶段更早的）拘留阶段开始，就可以依据犯罪嫌疑人的请求为其任命国选辩护人，但这一设想并未最终实现。虽然原因之一是律师方面的相应体制尚未完善，但应当可以通过阶段性实施等方式来灵活解决。考虑依职权的国选辩护人选任限制，其根本原因不如说是对国选辩护制度的抵抗和消极态度。

不过，更重要的问题是保障刑事辩护的独立性和自律性。《法律综合支援法》明确规定了"签约律师"（与"司法支援中心"签约执行国选辩护人事务的律师）辩护活动的独立性，这一举措意义重大。但是，新设置的"司法支援中心"作为国选辩护制度的运营组织，是以法务省为主管机关的独立行政法人，接受法务大臣的指挥监督。在这种体系下，从“司法支援中心”的实际组织构成和运营方法来看，如事关负有组织运营责任的理事长和负责人的选任、“签约律师”的“法律事务处理规章”和“签约条款”内容、对“签约律师”进行管理的“审查委员会”的人员构成、职责分工和管理内容等，仍存在制约刑事辩护独立性和自律性的风险。正如围绕日本国立大学转为独立行政法人展开的讨论所表明的，在独立行政法人的管理体系下，即使是基于《宪法》保障学术自由和大学自治的要求，以教授会自治为基础运营的国立大学存在大学自治受到制约的担忧，更不要说在独立性上还没有《宪法》明文规定且始终带有权力对抗色彩的刑事辩护了，其独立性和自律性受到制约的风险更让人担忧。在20世纪90年代初，法务、检察等部门将值班律师制度和“米兰达协会”等的辩护活动谴责为“无视乃至曲解刑事诉讼法精神的活动”，这种“不正当辩护”的存在被认为是阻碍国选辩护制度实施的主要原因（正当辩护论）〔1〕。因此，充分保障“司法支援中心”组织和运营的独立性、公正性和透明性是建立国选辩护制度不可欠缺的条件，但《法律综合支援法》却并未具体规定保障刑事辩护独立性和自律性的相关机制，这正是主张正当辩护论的学者所担忧的。

3. 刑事司法改革的问题

从根本改革论的角度来看，目前无法实现让人百分之百满意的刑事司法改革。但是既然进行了刑事司法改革，就必须将进行根本

---

〔1〕 拙著『現代検察官論』（日本評論社、1997年）8頁以下参照。

改革的重要契机作为制度确立下来。本次刑事程序改革的不彻底性和犯罪嫌疑人国选辩护制度的弱点尤其让人担忧。

如果将司法改革审议会的讨论一并纳入考察视野，就能得出上述结论。换句话说，本次刑事司法改革搁置了对克服人质司法、书面审判等的根本性刑事程序改革，只进行了部分刑事程序改革，即要求对一定范围的证据开示进行规范、对犯罪嫌疑人的讯问过程进行记录等。虽然我们期待犯罪嫌疑人国选辩护制度和裁判员制度成为根本改革的契机，但基于国选辩护制度并未排除限制刑事辩护的可能性，以及裁判员制度面临的国民实质性参与审判的难题，这两项制度很可能仅仅是加快审判程序速度的杠杆。结合司法制度改革审议会《意见书》的改革构想来看，本次刑事司法改革将加快一审法庭审理速度以及刑事免责和证人强制出庭制度等强化侦查、追诉权限的措施作为具体研讨课题，但对可能成为根本改革契机的国选辩护制度和裁判员制度进行制约，并为其套上保险装置，是披着改革的外衣却旨在强化刑事处罚功能所进行的一次刑事程序改良〔1〕。

从司法制度改革审议会的讨论经过，特别是1999年12月第26届审议会上法曹三者（译者注：指法官、检察官、律师）的陈述来看，刑事司法改革的这种构想虽然部分地、修正地采纳了日本律师协会提出的根本性刑事程序改革的要求，但还是立足于法务省和最高法院提出的刑事程序改良路线的产物。原因在于，日本律师协会的改革论主张对刑事程序进行根本改革，包括创立以刑事辩护独立

---

〔1〕 最終意見書の刑事手続改革構想についての私見につき、「座談会・動きだした刑事司法改革」法律時報74巻7号4頁以下における私の発言参照。

和自主为前提的公共辩护制度，通过辩护人在场和录音制度来规范对犯罪嫌疑人的讯问，废止代用监狱制度以改革人质司法，改革书面审判以及全面证据开示，等等。与此相对的，法务省则主张在强化侦查、追诉权限和制约刑事辩护的基础上进行刑事程序改良。最高法院虽然对刑事免责等内容采取谨慎态度，这一点与法务省的改良路线保持了距离，但还是主张在加快刑事程序速度和制约刑事辩护的基础上进行改革。

上述刑事司法改革的两面性也可以说是刑事程序改良路线与根本改革论的矛盾并存的写照，也是笔者所担心的“最好的状况”和“最糟糕的状况”的另一种表现。对本次刑事司法改革的评价和反应的差异，源自对待这一矛盾两面性的严格程度的不同〔1〕。

（三）刑事司法改革的对抗轴

本次刑事司法改革在 20 世纪 90 年代刑事辩护振兴（创设值班律师制度）的基础上，确实取得了一定成果，如国选辩护制度的设立。裁判员制度也应运而生，原本只有职业法官参与的审判过程，随着裁判员等相当多的非专业人士的加入，成为实现直接主义、口头主义以及排除书面审判的契机。同时，由于有变革型刑事辩护的支撑，刑事程序存在改革的可能。考虑现行刑事司法难以进行根本改革，如果能将与之相关联的体系制度化，并去除体系自身的弱点，

---

〔1〕 抜本的改革の観点からの刑事手続改革構想として、日弁連司法改革実現本部「『裁判員制度』の具体的制度設計要綱」（2002 年 7 月 31 日）参照。司法改革審・最終意見書の二面性と踏まえて、刑事弁護の視点から抜本的改革の重要性と課題を指摘したものとして、浦功「刑事司法改革制度について」自由と正義 52 巻 8 号 108 頁以下参照。また、渕野貴生「裁判員制度と刑事手続改革」法律時報 76 巻 10 号 30 頁以下など参照。

那么就应当将当前的改革目标设定为强化上述作为根本性改革契机的制度。特别是在审前准备程序中实现充分证据开示和在裁判员审判中排除书面审判，以及充分发挥“司法支援中心”体制的作用，保障刑事辩护的独立性和自律性，提供充分辩护条件等。这样的目标设定与根本改革论（将本次刑事司法改革批判为不充分和危险的）的立场并不冲突。事实上，日本在国家与人权尖锐对立的刑事司法的场合下，受到以强化侦查权、起诉权为目标的刑事司法改良路线的影响，刑事司法根本改革的要求通常会存在被限制和变质的风险。因此，刑事司法改革必须设定目标，以寻求在现实中获得最佳值。

换个角度看，确定本次刑事司法改革框架的是司法制度改革审议会的《意见书》。这份《意见书》的一个重要特征，就是对死刑再审四案件所反映出的日本误判案件及对产生误判的制度缺乏深刻的问题意识和洞察。虽然在司法制度改革审议会的讨论中涉及误判问题，但并未达到能动摇审议会整体态度的程度。这样看来，实现根本改革的完全制度化可能只是一种奢望。尽管如此，刑事辩护所追求的犯罪嫌疑人国选辩护制度在这十数年间通过立法实现了制度化。这个制度融入了避免误判的精神，必定能在实践中发挥强化防御权的作用。裁判员制度也是一样，有这样的刑事辩护做支撑，就有可能完成刑事程序根本改革的任务。

这样看来，现在仍应在20世纪90年代刑事辩护振兴的基础上，尽力实践变革型刑事辩护以展望刑事司法的根本改革。本次刑事司法改革可以说是将基于20世纪90年代刑事辩护而建立的制度作为根本改革制度，并发挥作用的重新出发之契机。

正因如此，现在的重要工作就是要明确为何必须将根本改革作为刑事司法改革的课题，明确什么是《刑事诉讼法》的历史性课题，需要到什么阶段才算完成这个课题。本文以笔者近年来对《刑事诉讼法》现状分析和改革课题相关的论文[1]为依据，论述了日本《刑事诉讼法》半个世纪以来的回溯与展望。

二、刑事程序改革的历史课题——半个世纪以来的《刑事诉讼法》

（一）20世纪90年代的刑事程序和刑事辩护的振兴

如果要论及本次刑事司法改革之前（20世纪90年代）刑事程序的情况，就不得不提及刑事辩护的振兴。刑事辩护的振兴是指依托辩护实践对刑事程序进行根本改革的主体性行为。

刑事辩护振兴的契机是1989年日本律师协会第32届拥护人权大会。其中第一分科会研讨会以“刑事审判的现状和问题”为主题，提出应该“充实辩护活动”来改变刑事程序的“形式化”和“绝望性”等令人担忧的状况，主张刑事辩护应该通过个案实践对刑事程序现状进行变革[2]。将刑事辩护人员团结并发展起来的就是刑事辩护中心[3]。在刑事辩护中心的不懈努力下，此次人权大会的观点成

〔1〕 拙稿「刑事訴訟法学のあり方」法律時報71巻3号29頁以下、同「刑事弁護と権利運動」井戸田侃先生古稀祝賀論文集『転換期の刑事法学』（現代人文社、1999年）177頁以下、同「刑事司法改革の成果と課題」法学セミナー594号50頁以下参照。

〔2〕 第32回人権擁護大会シンポジウム第1分科会基調報告書『刑事裁判の現状と問題点』（1989年）参照。

〔3〕 刑事弁護センターが果たした役割について「座談会・刑事弁護センター10年の歩みと刑事弁護の課題」季刊刑事弁護21号12頁以下参照。

为律师界的广泛共识，其成果就是建立健全了值班律师制度和提升了刑事辩护质量。

值班律师制度于1990年9月在大分县律师协会建立，两年后在全国各地的律师协会推广实施。此后，值班律师制度取得了飞跃性发展，在登记人数、请求受理案件数、接受任命案件数等方面显著提升。根据日本律师协会的调查，截至2004年4月1日，在日本52家律师协会中设有委员会派遣制度的有41家，值班律师登记人数有8,792人（占全体律师的43.4%），在2003年请求受理案件数有60,023件（占申请逮捕总数的43.2%），接受任命案件数为10,537件（受任率为18.4%）。由于犯罪嫌疑人国选辩护制度还未全面实施，可以推测被拘留、逮捕的犯罪嫌疑人大多数没有委托辩护人，因此通过值班律师制度，第一次使原本形同虚设的犯罪嫌疑人接受辩护人援助的权利得到实质性保障。这意味着刑事辩护方面已经具备了实施犯罪嫌疑人国选辩护制度的主要条件。没有值班律师制度的发展，国选辩护制度就不可能实现立法化。

值班律师制度的发展过程同时也是刑事辩护质量提升的过程。从日本律师协会和各地律师协会举办的刑事辩护经验交流会等的实践报告来看，辩护水平有了质的提升。除了穷尽刑事诉讼法手段的各项基本辩护活动，如要求出具逮捕证副本、要求开示逮捕理由、申请撤销逮捕证以及上诉（译者注：日本2011年《刑事诉讼法》第429条）外，还有为了争取不起诉处分而开展和解交涉以及与检察官努力协商等积极的辩护活动。甚至出现了前所未有的辩护活动，如要求提供拘留证副本和拘留证申请书副本、逮捕讯问时要求辩护人在场、查阅犯罪嫌疑人供述笔录、对犯罪嫌疑人讯问全程录音等。这些辩护活动冲击了以口供为中心的侦查和以此为依托的书面审判的核心，具备了变革型辩护（变革型的侦查、庭审辩护）的特征〔1〕。1995年2月，以改革对在押犯罪嫌疑人的讯问为目标的“米兰达协会”创立，其所提倡的辩护活动（要求讯问犯罪嫌疑人时辩护人在场和查阅犯罪嫌疑人供述笔录）正是变革型辩护在扩大范围过程中出现的实践案例〔2〕。同年10月，日本律师协会出台了《刑事司法改革行动方案》，提出变革型辩护的规范模板，并以定型和普遍适用为目标〔3〕。同时，该协会还出台了《刑事辩护指引》，这无疑也表现出“提升刑事辩护质量”的意图。虽然克服停滞型辩护（依赖以口供为中心的侦查和书面审判的固化）依然是重要课题，但以“质量提升”为目标进行的努力也开辟了通过刑事辩护实践对刑事程序进行根本改革的新愿景。

（二）刑事程序改革和半个世纪以来的《刑事诉讼法》

仔细想来，1989年日本律师协会第32届大会研讨会上提出的以

〔1〕当番弁護士の活動実態につき、拙稿「当番弁護士制度」法社会学47号参照。高田昭正「ドイツにおける実効的捜査弁護」（竹澤哲夫先生古稀祝賀論文集『誤判の防止と救済』［現代人文社、1998年］153頁以下）は、「刑事弁護の基本課題それ自体を適正・確実・迅速に達成する」実効的捜査弁護の基本的枠組みを「『黙秘の貫徹による取調べ排除』のもとで『捜査書類の早期開示』を獲得し『被疑者供述書や弁護人意見書の提出』によって不起訴処分の獲得や身体拘束処分からの解放を目ざす」弁護活動として定式化している。なお、季刊刑事弁護の創刊号以降の各号に掲載の『刑事弁護レポート』を参照。

〔2〕ミランダの会の弁護活動について、『ミランダの会と弁護活動』（現代人文社、1997年）参照。

〔3〕アクション・プログラムの理論的実践的意義につき、「アクション・プログラムを読んで①～⑤」自由と正義47巻5号～同9号参照。

刑事辩护实践为依托对刑事程序进行根本改革的课题，的确是以《刑事诉讼法》实施40年来出现的问题为基础设定的。

如前所述，1985年，已故的平野龙一博士在《团藤重光博士古稀祝贺论文集第四卷》收录的论文《现行刑事诉讼的诊断》中提出，庭审演变成了对侦查结果进行追认的场合，刑事程序的现状是“病态的”“异常的”，未来“令人绝望”，除了采用陪审制或者是参审制外，没有其他可以重生的选择了〔1〕。尽管大家对这样的现状持有广泛共识，但是在刑事辩护方面，与平野博士的观点不同，大家选择以刑事辩护为主要手段，充实辩护活动，以打破现状获得重生，这就是1989年日本律师协会第32届拥护人权大会研讨会所设定的课题。围绕刑事程序重生产生的分歧，是《刑事诉讼法》实施40年的历史性课题和解决课题契机之间的分歧。下面拟作探讨〔2〕。

现行《刑事诉讼法》建立在《宪法》第31条“充分保障人权”规定的基础上，从旧法的职权主义诉讼结构转换为当事人主义的诉讼结构。其支柱内容为保障沉默权和接受辩护人援助的权利，以扩充和强化犯罪嫌疑人、被告人的防御权，通过令状主义（译者注：只有在获得法官签发的令状后，才有权实施扣押、搜查、监听及拘捕等强制行为）对强制处分进行司法规制，通过起诉状一本主义（译者注：除起诉书外，不得向法院移交任何可能影响法官判断的证

〔1〕 後に1999年の時点で、平野博士は刑事弁護の「活発化」を指摘して被疑者国選弁護制度の立法化の可能性を示唆されるとともに、「精密司法、調書裁判という現在の刑事手続の欠点から、かなりの程度脱却できる方途を「参審制の採用による『核心司法』の実現」に求められた（ジュリスト1148号2頁以下参照）。

〔2〕 戦後刑事司法の展開過程と問題状況について、浅田和茂・川崎英明・高田明正『戦後刑事司法の軌跡』ジュリスト930号1頁以下、季刊刑事弁護編集委員会「刑事弁護の充実・強化のために」季刊刑事弁護1号26頁以下、拙著・前掲『現代検察官論』3頁以下参照。

据或其他文书）和诉因制度分割侦查和庭审，以及采纳口供法则和传闻法则等证据规则。这为废除旧《刑事诉讼法》的纠问主义式检察官司法（主导纠问式侦查的检察官，事实上可以自由运用强制处分，对犯罪嫌疑人进行讯问，通过预审代替侦查职能、支配庭审等，实现对刑事程序的事实支配）建立了程序基础。另外，《刑事诉讼法》又继承了"二战"前"司法制度革新论"中的"废除预审将强制处分权移交给检察官"这一纠问主义式检察官司法改良路线的内容〔1〕。其主要表现为在令状主义框架内由侦查机关掌握强制处分权，创设犯罪嫌疑人讯问规定、传闻法则广泛的例外规定，特别是对检方笔录的证明力给予优待，无制约的检察官起诉裁量权，犯罪嫌疑人国选辩护制度和证据开示制度缺失等防御权保障上的不充分性，等等。克服这样的纠问主义式检察官司法残留的问题，也就是实现宪法性刑事诉讼这一《刑事诉讼法》的历史性课题，需要交给今后的历史进程去解决〔2〕。

《刑事诉讼法》的历史性课题即"二战"后刑事诉讼法学的历史性课题，但这一结论在理论上并不是立即得出的。团藤重光的《新刑事诉讼法纲要》（创文社）是一本对新《刑事诉讼法》进行系统解释的专著，出版于《刑事诉讼法》公布同年的1948年9月，是在旧法体系完善的基础理论上构建的、仍残留职权主义色彩的系统专著。在刑事实务上，新《刑事诉讼法》的支柱内容尚未形成，通过以口供为中心的侦查和庭审职权主义的运用，旧法状态如故，支

〔1〕 小田中聰樹『刑事訴訟法の歴史的分析』（日本評論社、1976年）参照。
〔2〕 小田中・前掲『刑事訴訟法の歴史的分析』参照。

配着刑事实践[1]。1953年出台了倒退性的《刑事诉讼法修正案》，包括起诉前逮捕期限的延长和保释除外事由的扩张，逮捕理由公开程序的简化和告知沉默权规定的限定等。20世纪80年代在死刑再审中得到救济的松山、财田川、免田等案件，其原案误判大都发生在20世纪50年代这种刑事实践的背景下。

与《刑事诉讼法》历史性课题相对应的刑事诉讼法理论，通过1958年平野龙一在《刑事诉讼法》（有斐阁法律学全集）中提出的当事人主义论实现了体系化，其主要成果包括依据控辩式侦查观限制侦查，依据诉因论分割侦查和庭审以确立审判中心主义，以及传闻法则和口供法则等证据规则的理论化等。平野理论出现的背景是当时日本对美国法理解的不断深化[2]。此后，基于20世纪60年代美国联邦判例的发展和模范论的理论展开，已故的田宫裕博士在平野博士的当事人主义论的基础上，提出了正当程序（due process）论，他在《侦查的结构》（有斐阁1971年版）和《刑事诉讼与正当程序》（有斐阁1972年版）中系统阐释了正当程序论。回顾战后刑事诉讼法学，以平野博士和田宫裕博士为代表的当事人主义论和正当程序论是与《刑事诉讼法》的历史性课题相对应的理论成果。当事人主义论和正当程序论既是接受辩护人援助权利和沉默权等强化犯罪嫌疑人、被告人防御权的理论，同时也立足于法官主导论。例如，在平野博士的控辩式侦查观中，认为强制处分权归属于法官，

---

〔1〕团藤重光『刑事訴訟法の40年」ジュリスト305号5頁、大野正男『刑訴法五〇年の歩みと課題』現代刑事法1号1頁など参照。

〔2〕松尾浩也「日本における刑事訴訟法学の発展」法学教室227号11頁以下（後に同『刑事訴訟法講演集』［有斐閣、2004年］所収）参照。

虽然是想通过令状进行有效的司法制约，但是依托以防御权为中心的刑事辩护来制约侦查的观点未免过于谦抑。正因如此，关于规范讯问犯罪嫌疑人的问题，该理论一方面否定了犯罪嫌疑人在羁押过程中忍受讯问的义务，另一方面又没有明确辩护人的讯问在场权和针对羁押程序进行刑事辩护的干预和规制（逮捕讯问时辩护人的在场权等）。同时这也反映出该理论一方面主张对会见指定辩护人的理由进行限制，另一方面又把“正在接受讯问”作为必要的申请理由保留下来。田宫裕博士将法官主导论作为方法论的基础，积极肯定了法官创设法律的功能。

如果法官充分发挥作用，就可以去除纠问主义式检察官司法的弊端，使当事人主义论和正当程序论的思想贯穿刑事实践。20世纪60年代就是法官响应期待、接纳当事人主义论和正当程序论的时期。在20世纪60年代的普通程序中，无罪率和司法令状请求驳回率存在上升倾向，同时下级审判判例明显开始倾向于制约侦查和保障防御权，如代用监狱例外说、另案拘留、逮捕违法说以及一般指定违法说等。最高法院的判例也出现了活用自白法则的变化，如否认“承诺的自白”或“骗供获得的自白”等自白的证明力等（倾向于违法排除说）。总而言之，审判实践在限制侦查、追诉和保障防御权方面取得了进展。然而，经过20世纪70年代前后的“司法危机”时代，在司法统制、司法合理化的司法、刑事程序政策下，审判实务也改变了方针〔1〕。在20世纪70年代及20世纪80年代的普通程序

〔1〕 戦後の司法政策と刑事手続政策の動向につき、小田中聰樹『現代司法の構造と思想』（日本評論社、1973年）、同『続・現代司法の構造と思想』（日本評論社、1981年）参照。

中，无罪率和司法令状请求驳回率一路走低，最高法院判例也表现出强制处分法定主义的弱化，如自白法则运用不畅、容许在自愿侦查时采用实质性手段、肯定留置承诺、创设强制采尿令状等，这些判例的变化显然是以偏重侦查、追诉利益、限制和轻视防御权为基调的。从法官主导论来看，上述状况意味着当事人主义论和正当程序论失去了主要支柱。平野博士在1985年也是基于上述状况，将刑事审判的现状诊断为“绝望的”，提出只有采用陪审制或参审制才能实现复兴。田宫裕博士将20世纪70年代的判例变化批判为“扭曲的现象”，同时强调了现代刑事诉讼法学的课题除了有“后现代”的要求外，还必须“贯彻近代法原理”以实现真正的当事人主义〔1〕。可以说田宫裕博士和平野博士对现状有着相同的认知。

如果我们审视一下到20世纪80年代为止的《刑事诉讼法》发展进程，就会发现被人感慨为“绝望的”“形式化”的刑事诉讼现状是由《刑事诉讼法》在刑事实践中的适用造成的。这样看来，刑事程序根本改革的课题就是适用《刑事诉讼法》过程中对侦查、追诉、审判实践的改革，以及主导辩护的刑事辩护如何打开新局面、做好实践的问题。这是因为刑事程序的“形式化”无非就是犯罪嫌疑人、被告人防御权（辩护权）的形式化和空洞化，因此主导辩护权的刑事辩护必须承担起打开局面的责任。刑事程序的根本改革对于刑事辩护来说是不可避免的实践课题，刑事辩护必须考虑如何应对这个课题的挑战。基于此，1989年日本律师协会第32届大会研讨

---

〔1〕 田宮裕「刑事手続をめぐる理論と現実」法学教室170号7頁以下、同『変革の中の刑事法』（有斐閣、2000年）5頁以下。

会上提出的依托刑事辩护实践进行刑事程序的根本改革，也是《刑事诉讼法》历史性课题的内在要求。20 世纪 90 年代刑事辩护的振兴正是由于刑事辩护准确把握了这一趋势并付诸实践。

依托刑事辩护实践打开新局面这一课题设定也有其现实基础。即以最高法院对白鸟案件（最一小决 1975・5・20 刑集 29 卷 5 号 177 页）和财田川案件（最一小决 1976・10・12 刑集 30 卷 9 号 1673 页）进行再审时，作出无罪判决为契机，体现了通过再审对误判进行救济的发展。这一动向提出了克服依赖自白进行事实认定的课题，对普通程序中事实认定的方式也产生了较大影响，20 世纪 80 年代末审判实践中出现了“事实认定的正当化”动向，甚至提出了克服易产生误判的以自白为中心的侦查的课题，把“程序正当化”的实践课题作为当务之急。尽管“事实认定的正当化”是固有课题，但是如果不使之与“程序正当化”进行联动，不对侦查进行根本改革的话，就无法克服误判。因此，有必要将误判救济运动与“程序正当化”，也就是与刑事程序的根本改革联系起来[1]。20 世纪 90 年代刑事辩护的振兴正是基于这样的现实基础。

（三）刑事程序改革和 20 世纪 90 年代的刑事程序政策

这样看来，要对本次刑事司法改革进行评价，就要看其是否响应了 20 世纪 90 年代刑事辩护振兴所提出的刑事程序的改革课题，即是否响应了依托刑事辩护这一主体性实践进行刑事程序根本改革的课题。

---

〔1〕 拙稿「事実認定の現状と刑事弁護の課題」季刊刑事弁護 3 号 20 頁以下参照。

从这个观点出发，本次改革中创设的犯罪嫌疑人国选辩护制度，的确回应了刑事辩护振兴的内在要求。问题是其制度内容是不是以刑事程序根本改革为目标并支持刑事辩护实践。如上所述，本次改革投射出规制刑事辩护的方针，试图在拥护刑事辩护制约体系的同时，创设犯罪嫌疑人国选辩护制度，这可能遏制并倒逼变革型辩护。不仅如此，刑事程序根本改革的当务之急在于改革人质司法，即废止代用监狱、严格审查司法令状，以及对讯问犯罪嫌疑人进行实质性限制。而事实上，这些改革内容都被搁置了，就有可能导致对“令人绝望的”刑事程序的追认和固化。

只要《刑事诉讼法》的历史性课题是依托刑事辩护进行刑事程序的根本改革，那就可以说本次刑事司法改革是具有两面性的倒退的改革，可能只是对刑事程序的改良。回顾法务、检察当局推进的20世纪90年代的刑事程序政策，我们能更清晰地了解事态的严重性。

与刑事辩护振兴相对应的，20世纪90年代也是刑事立法的活跃期和法务、检察当局开展正当辩护论的时期。

20世纪90年代活跃的刑事立法对扩充和强化犯罪嫌疑人、被告人防御权的要求放任不理，一味追求扩充和强化侦查、追诉权限，带有片面性的刑事立法特征。不仅如此，这种扩充和强化侦查、追诉权限的动向，使得侦查权限的启动得以提前，并使侦查变得更加隐秘，强化侦查的预防犯罪功能，具有催生侦查变质、弱化对侦查的司法制约的特征。具体体现就是1991年在《毒品以及精神性药物特例法》的修改中引入跟踪监控（译者注：controlled delivery，也翻译成“监视下转移”或“监视转交”，通常听说的“钓鱼执法”是新闻报道用语）等新的侦查手段和1995年对《携带枪炮刀剑类管制法》的修改等，1999年出台了包括允许预备监听、另案监听、事前监听等的《通讯监听法》（为了进行犯罪侦查进行监听通讯的相关法律）。2000年伴随《刑事诉讼法》的部分修改，出台了犯罪被害人保护“二法”和《少年法修正案》：前者以保护犯罪被害人为理由，创设了制约被告人的证人对质权制度，该制度与无罪推定原则和当事人主义相矛盾（被害人意见陈述）；后者是《少年法》保护主义的倒退，这一立法导致了少年犯罪的重刑化和少年司法的刑事审判化。两部法律都是强化处罚功能的片面性刑事立法，属于倒退的立法，与以刑事辩护为基础的刑事程序根本改革相对立[1]。

与片面的刑事立法相对应，法务、检察当局以正当辩护论（批判不正当辩护）的形式限制刑事辩护活动。

在值班律师制度建立初期，法务、检察当局就是不合作的态度，对创设犯罪嫌疑人国选辩护制度也是一副消极的姿态。可以说这种姿态与法务、检察当局不遗余力地批判“不正当辩护”不无关系。时任1994年检事总长的吉永祐介认为检察的形势越来越严峻，原因之一就是“辩护活动的振兴”，并批判了委员会派遣制度，认为其是“超出刑事诉讼法框架的活动”；针对“米兰达协会”所提倡并实践

〔1〕 小田中聰樹「刑事法制の変動と憲法」法律時報73巻6号43頁以下は、これらの動きについて、「疑似的『市民主義』的な外装、形態、イデオロギーを持つ治安政策、治安法、警察権力による市民社会の監視、掌握、抑圧、支配が、憲法的近代刑事法原則の修正・変容を伴いつつ一段と進行している」ものと総括している。また、同「民主主義刑事法学の基本的課題と方法」竹沢哲夫先生古稀祝賀論文集『誤判の防止と救済』（現代人文社、1998年）11頁以下参照。

的辩护活动，将其批判为“无视乃至曲解刑事诉讼法精神的活动”[1]。对委员会派遣制度的批判反映出法务、检察当局对值班律师制度不合作的态度，但在值班律师制度获得舆论广泛支持的过程中，这种批判逐渐消失了。“米兰达协会”的辩护活动还被时任东京地方检察院次席检事（译者注：相当于副检察长）的甲斐中达夫批判[2]，甚至在1994年成立的法务省和日本律师协会的“值班律师制度协商会”以及之后的法曹三者“关于刑事犯罪嫌疑人辩护的意见交换会”上，被法务省批判为“不正当辩护”。

为了应对值班律师制度和变革型辩护的发展，上述情况体现了对刑事辩护的制约方针，同时也是针对刑事辩护振兴与刑事程序根本改革间的联动，从刑事立法和活动限制两方面对刑事辩护进行制约。但是到2000年10月的“关于刑事犯罪嫌疑人辩护的意见交换会”时，法务省针对犯罪嫌疑人国选辩护制度的一贯消极态度发生了转变，这很可能是由于支持值班律师制度的舆论在不断发酵。在态度转变之后，法务省仍继续批判不正当辩护，这表明制约刑事辩护的方针仍未改变，而只是根据状况变化将重点转移至制约刑事辩护活动上。

2000年4月第18届司法制度改革审议会上，水原敏博委员作了题为《回应国民期待的刑事司法（论点整理）》的报告。该报告一方面没有明确指出刑事程序根本性改革的改革方向，如代用监狱以及改革羁押和讯问方式等；另一方面又明确了强化侦查、追诉权限

〔1〕 法律新聞1146号（1994年）。

〔2〕 産経新聞1995年5月25日、26日付。

的方向，如引进刑事免责制度和证人强制出庭制度，以及扩大卧底侦查范围等。在制约刑事辩护上，该报告认为犯罪嫌疑人国选辩护制度“已经到了需要进行实践研讨的阶段”，作为制度引入的“条件”，需要建立“与引入公费相适应的辩护活动的评价和控制体系等”，并将“确保正当的辩护活动”和“彻底贯彻律师法则，对存在问题的辩护活动采取正当的纠正措施”作为研讨课题。可见水原的报告是以片面刑事立法和限制刑事辩护的理论为基调，并与20世纪90年代法务、检察当局刑事程序政策相关联。水原报告与法务省在第26届司法制度改革审议会上所作的《回应国民期待的刑事司法未来》报告是类似的。法务省的报告一方面排斥刑事程序的根本改革课题，如废除代用监狱、辩护人在场和录音等规制犯罪嫌疑人讯问等内容；另一方面以追求“新时代的侦查、审判程序方式”为由，创设刑事免责制度和证人强制出庭制度、扩大卧底侦查范围等以强化侦查、追诉权限。同时，针对犯罪嫌疑人国选辩护制度，法务省的报告仍然认为“已经到了需要进行实践研讨的阶段”，并主张作为制度引入的“条件”，为了“确保正当的辩护活动”，应该“制定正当辩护指引并针对违反指引的行为采取纠正措施”。这些主张，与以《意见书》为基础的“确保正当的辩护活动”和克服“不正当辩护”的论调是相联系的[1]。

这样看来，本次刑事司法改革搁置了刑事程序的根本性改革，以扩充和强化侦查、追诉权限为研讨课题，并在制约刑事辩护的基

〔1〕 麻生光洋「刑事弁護のあり方」現代刑事法37号29頁以下、椎橋隆幸「刑事弁護のあり方」同51頁以下など参照。

础上创设犯罪嫌疑人国选辩护制度，是采纳法务、检察当局刑事程序政策的体现。根据2000年5月18日自民党司法制度调查会发布的《21世纪司法明确指南》，可以说这种构想在政治层面也具有共识。但这份指南在规制温和型司法改革的整体构图下，从“国家的基础”在于“确保国民生活的安全”出发，一方面主张强化刑事司法功能，即扩充和强化侦查、追诉权限；另一方面在创设犯罪嫌疑人、被告人的“统一公共辩护制度”的同时，明确指出有必要针对辩护活动制定“指导方针”和“遵守指导方针的有效和恰当的措施”。

（四）刑事程序改革的对抗轴

目前刑事程序改革的对抗轴就是以扩充和强化侦查、追诉权限以及制约刑事辩护为基调的刑事程序改良路线，与在确保独立性的公共辩护制度的基础上、依托刑事辩护主体实践来实现刑事程序的根本改革路线之间的对抗。刑事程序改革的对抗轴，也反映出本次刑事司法改革的两面性，刑事程序改革论的正当性与这两条路线中的哪一条路线会成为现实息息相关。而《刑事诉讼法》半个世纪的发展进程告诉我们，只有根本改革才是《刑事诉讼法》的历史性课题。

那么，刑事诉讼法学是如何回应这个改革课题的呢？

三、刑事司法改革和刑事诉讼法学

（一）“二重课题论”和“反向调和论”

对于20世纪90年代片面刑事立法中关于扩充和强化侦查、追诉权限及其本质变化的动向，刑事诉讼法理论中既有批判的观点，又有采纳和接受的观点〔1〕。

其中之一就是已故的田宫裕博士的二重课题论。

田宫裕博士在1998年论文《变革中的刑事法》〔2〕中主张以下观点：在"改革的时代"，《刑事诉讼法》同时肩负着"回应超近代要求"以及"完善近代法原理"的"二重课题"。一方面，由于"犯罪斗争的现代化"，为响应监听、卧底侦查、刑事免责和隐秘侦查等"后现代要求"，引入了"针对犯罪斗争的强有力手段"；另一方面，又要完善"以当事人主义为名的近代化"。实现"刑事司法改革的平衡"非常重要，既要在"近代法原理的基础上追求个体平衡"，以弥补作为"后现代"内在要求的"犯罪斗争的现代化"中所包含的"对古典式自由的制约"，同时又要"恢复近代法原理与超近代手段之间的整体平衡"，实现当事人主义课题，如创设犯罪嫌疑人国选辩护制度、保障会见权、完善证据开示等。这种"刑事司法改革"的"整体构图"是基于以下现状认识：虽然"刑事司法的基础"是"宪法、基本法理念以及历史传统"，但"实际左右其现状和方式的是当时的治安状况"以及"市民生活的安全感"。"具有近代法外表的现行法"运行依靠的是良好的治安，但现在"有组织犯罪的多发和智能化、犯罪的国际性蔓延、直接威胁国民生活的大规模恶性案件、可能影响社会交易活动根基的经济犯罪"等的出现，都是"犯

〔1〕刑事訴訟改革をめぐる問題状況と理論状況につき、小田中聰樹『現代司法と刑事訴訟の改革課題』（日本評論社、1995年）292頁以下参照。

〔2〕『松尾浩也先生古稀祝賀論文集・上巻』（有斐閣、1998年）所収、（後に、田宮・前掲『変革の中の刑事法』所収。

罪形态发生变化的新迹象”。因此，针对犯罪斗争的强有力手段越发引人注目也不无道理。

田宫裕博士在最终讲义《日本刑事审判》[1]中也指出，确立“贯彻自由主义＝推进近代化”和“根植于现代化内在要求的犯罪斗争的手段和理论”这两个课题及其“平衡”的必要性，并强调“针对有组织犯罪引入新的手段是可行的”，但“要同步推进，至少在不远的未来”要实现近代化。

田宫裕博士强调了“《刑事诉讼法》的目标是在正当程序论上取得进步并予以固定”，并警示我们战后刑事诉讼法学“贯彻近代法原理”的志向不能被作为“异端”而埋没。这也意味着必须坚持将刑事程序的根本改革作为《刑事诉讼法》的历史性课题的立场。但是田宫裕博士在“刑事司法改革”的“整体构图”中所持立场是“在基本方向上接纳本次改革和剧变”，同时也不能忽略其在《通讯监听法》制定中引入“后现代”手段时的态度。在 1997 年论文《变化后的侦查及其规制》[2]中，他对事前监听理论进行了正当化论证，主张在侦查观念“范式转换”的基础上，事前监听是以“第二次英美法化”为目标的真正改革。这些观点都是一脉相承的。

原本田宫裕博士的正当程序论是一种宪法性刑事诉讼理论，目的是在解释和适用《刑事诉讼法》的过程中贯彻《宪法》中的人权条款，以制约侦查、追诉权力。但从宪法性刑事诉讼理论的角度来看，田宫裕博士提出的正当程序论的理论重心在发展过程中发生了

---

〔1〕 立教法学 50 号所収（後に、田宮裕『刑事法の理論と現実』（有斐閣、2000 年）所収）。

〔2〕 法曹時報 49 巻 11 号所収（後に、田宮・前掲『変革の中の刑事法』所収）。

转移[1]。例如，1986年，田宫裕博士一边认为应当依靠辩护发挥“逐一检查的作用”以“振兴当事人主义”，一边又表明“依据现状进行强力侦查”是“现代社会的时代要求”，接纳了“强力侦查”，认为仅需要对刑事程序改革进行细微调整。1994年，田宫裕博士着眼于20世纪90年代刑事辩护的振兴，将其表述为“地动山摇”，并评价其为“真正的当事人主义的复兴”。但前者是从宪法性刑事诉讼理论中的限制侦查、追诉权限的倾向转化而来，后者又重新回到了限制侦查、追诉权的方向。从他最近论文中探讨的“刑事司法改革”的“整体构图”来看，这种变换不仅是消极地接纳“强力侦查”，对强化侦查、追诉权限及其本质的变化也采取了接纳的态度，可以说是背离了宪法性刑事诉讼理论（从前述的转回又再次逆转变）。尽管田宫裕博士强调了不能放松对“二战”后刑事诉讼法学“贯彻近代法原理”的这一课题的追求。“贯彻近代法原理”是指限制侦查、追诉权限以实现限制公权、保障人权，明确了刑事诉讼法的对抗轴就是公权和人权的对抗。但是从限制侦查、追诉权限，到消极容忍“强力侦查”，再到对强化侦查、追诉权限及其本质变化进行积极认可的态度变化过程中，能够看出从限制公权力，到消极容忍，再到认可公权力强化的这种权力观的变化。这是脱离了基于“近代法原理”的“公权对人权”这一对抗轴的，主要表现在针对“犯罪现象发生本质变化”的现状，同意为了进行“犯罪斗争”直接引入《通

---

〔1〕 拙稿・前掲「刑事訴訟法学のあり方」29頁以下参照。私のいう田宮理論の「転換」とは、田宮博士の理論が「右往左往しているかのごとく批判する」（三井誠「田宮刑事法学の軌跡」『田宮裕博士追悼論集・下巻』［信山社、2003年］12頁）ものではまったくない。論者も指摘する田宮理論の「振幅」を刑事手続の問題状況の中でどう位置付けるかという捉え方とその評価の問題である。

讯监听法》等“强力”手段，也表现在为了开展“犯罪斗争”而选择“超近代”而不是“后现代”的“强力”手段。但这一“强力”手段自身的合宪性并未得到论证。虽然田宫裕博士强调了为恢复引入“后现代”手段后的“个体平衡”，应当“充分保障自由”以及恢复刑事司法的“整体平衡”，但他同时也提出，不论是恢复个体的还是整体的“平衡”，既然已经采取了措施，并非都要论证“后现代”手段的合宪性。关于事前监听，田宫裕博士为了论证理论上的正当性，将其理解为是以“第二次英美法化”为目标的“范式转换”，但是这种“范式转换”与作为《宪法》原则的令状主义之间的相容性尚未得到论证。田宫裕博士的“后现代”手段的正当化理论是站在“犯罪斗争的现代化”政策论立场上的非宪法性正当化理论。这种二重课题论内含的刑事程序根本改革的目标，被基于犯罪斗争的现实要求而产生的强化侦查、追诉权限的目标所覆盖，可能导致只注重“犯罪斗争的现代化”这一方面〔1〕。

与田宫裕博士主张相对应的，松尾浩也教授也描绘了刑事司法改革的整体构图。

20世纪70年代中期开始，松尾浩也教授对刑事诉讼的现状进行评价时，使用了“精密司法”这一肯定的词汇。到1994年〔2〕，松尾浩也教授表明了立场，认为“精密司法”是日本“法律文化的产物”，具有“日本特色”。从这个观点出发，松尾浩也教授主张“精

---

〔1〕 小田中聰樹「私たちに問いかけるもの」『田宮裕博士追悼論文集・上巻』（信山社、2002年）573頁以下参照。

〔2〕 松尾浩也「刑事訴訟の日本的特色」法曹時報46巻7号1349頁以下、同「刑事訴訟法の基礎理論」国家学会百年記念『国家と市民第3巻』（有斐閣、1987年）451頁以下参照（後に松尾浩也『刑事訴訟の理論』［有斐閣、2012年］所収）。

密司法的基础是坚韧的”，“不能随意对其进行根本修改”，因此不可能实现“根本改革”，刑事司法改革只需要进行“反复的微调”。这个时期松尾浩也教授的刑事程序改革构想是基于“日本特色”论的“微调”理论，而对于田宫裕博士的引入“后现代”的手段是持消极态度的。换言之，松尾浩也教授担心为实现“根本改革”，需要面临引入卧底侦查、监听、刑事免责等“程序性杂质”或“反改革”的各项制度等问题。虽然根本改革与“程序性杂质”或“反改革”制度的引入是否有关联还尚有探讨的余地，但不能忽略松尾浩也教授将其称为“程序性杂质”或“反改革”的态度。

然而，松尾浩也教授针对“程序性杂质”和“反改革”的厌恶态度，在1996年的论文《美国刑事程序法对欧洲大陆法系的影响》〔1〕中发生了转变。松尾浩也教授着眼于美国、欧洲的对“有组织犯罪对策的实施”和“追求当事人主义”的动向，阐明了如下观点：正因为人权规则的确立，当事人诉讼成为现实，引入对有组织犯罪强有力的对策才能被允许，这是一种反向调和理论。这种“反向调和论”没有将美国和欧洲的“刑事程序法的发展历程”作为一种工具性的参考概念，而是将其设定为日本刑事程序改革的一个视角。也就是说在“反向调和论”的基础上，松尾浩也教授认为从“最近的沙林毒气案和大规模金融犯罪”可以看出，曾经“担忧的犯罪全球化”已经成为日本的现实，因此必须将“强化犯罪对策、改善人权保障以及贯彻当事人主义这三者有机结合起来”。这与提出“犯罪现

〔1〕 鈴木義男先生古稀祝賀論文集『アメリカ刑事法の諸相』（成文堂、1996年）525頁以下参照（後に松尾・前掲『刑事訴訟の理論』所収）。

象发生本质变化”的田宫裕博士达成了共识。在这种共识下，即便“有组织犯罪对策的实施”是“反改革”的，但“反向调和论”又对其进行了肯定。“反向调和论”成立的基础是“改善人权保障和贯彻当事人主义”，关键是在作为“日本特色”的“精密司法”的基础上以何种形式呈现。尽管如此，松尾浩也教授对“反改革”也并非是无条件认可的，他强调“必须将强化犯罪对策、改善人权保障和贯彻当事人主义这三者有机结合”。这容易导致现实中的立法将“改善人权保障和贯彻当事人主义”放置一边，只进行“反改革”的相关立法。可以看出，这与主张引入“后现代”手段并“贯彻近代法原理”的田宫裕博士的“二重课题论”有着共通的问题意识。但是，松尾浩也教授强调的“三者有机结合”目前在现实中实现的可能性为零。这样一来，如果“强化犯罪对策”的要求不断增强，松尾浩也教授的“反向调和论”很有可能成为促进“反改革”的理论框架。

（二）刑事司法改革与宪法性刑事诉讼法理论

松尾浩也教授曾指出，日本“二战”后刑事司法改革过程中因引入控罪答辩制度（arraignment）和交叉询问制度等，无法继续维持职权主义，存在以强化检察权为重心的当事人主义倾向，并认为其具备以强化检察权为重心的疑似当事人主义倾向的特征〔1〕。田宫裕博士的“二重课题论”和松尾浩也教授的“反向调和论”都有为了“强化犯罪对策”而接纳强化侦查、追诉权限的一面，因此都存

---

〔1〕 松尾浩也「刑事訴訟法を学ぶ」法学教室12号46頁。

在疑似当事人主义的倾向。

与此相对的，以 20 世纪 90 年代刑事辩护的振兴为基础、以刑事辩护实践为依托的刑事程序根本改革论摒弃了 20 世纪 90 年代的片面刑事立法中强化侦查、追诉权限的倾向。从理论史角度来看，这是为实现宪法性刑事诉讼这一《刑事诉讼法》的历史性课题，以刑事辩护为主要手段、以宪法性刑事诉讼法理论的复权为目标的理论〔1〕。这一刑事诉讼法理论，为作为战后刑事诉讼法学理论成果的当事人主义论和程序正当论注入了刑事辩护的主体性精神。

梳理了《刑事诉讼法》半个世纪以来的发展历程，可知我们应当在以刑事辩护为主要手段的宪法性刑事诉讼法理论的复权下展望《刑事诉讼法》的未来。在本次刑事司法改革的两面性基础上，期待以刑事辩护实践为依托进行刑事程序根本改革，也期待在宪法性刑事诉讼法理论的基础上对刑事司法进行根本改革。

第二节　司法改革（司法制度改革审议会）与刑事司法改革

一、"改革"是如何进行的

2002 年秋，司法制度改革推进本部（当时的部长为时任首相小泉）设置了两个有关刑事的研讨会，对司法制度改革审议会《意见

〔1〕小田中聰樹「憲法的思考の後退と復権」ジュリスト1148 号 14 頁（同・前掲『現代司法と刑事訴訟の改革課題』所収）参照。

书》（2001 年 6 月 12 日）中的刑事程序改革构想作具体研讨，这就是裁判员制度、刑事研讨会和公共辩护制度研讨会。

两个研讨会都由 11 名委员构成，其中大多数是法曹和刑事法学者等专家委员。裁判员制度、刑事研讨会负责处理公共辩护制度以外的一般改革问题，除了裁判员制度外，主要是“充实刑事审判、加快审判速度”和“提起公诉的理想状态”。研讨会预定在 2003 年夏结束涉及全部改革问题的第一轮研讨（译者注：本节论文写作于 2002 年），裁判员制度、刑事研讨会预计于 2002 年秋天结束，公共辩护制度研讨会预计在 2002 年年底结束，目前正按照上述计划推进。

《意见书》的改革构想中既有裁判员制度和公共辩护制度这类确定的提案，也有对羁押方式等仅作探讨的课题。依据已通过内阁决议的司法制度改革推进计划（2002 年 3 月 19 日），已经确定的提案大多数会在 2004 年的国会上以法律草案等形式采取“必要措施”推进，而研讨课题则是委托相关部门开展进一步研讨，羁押方式等内容被排除在研讨会“目前的论点”之外。作为“必要措施”的准备工作，起草法律草案的权限和职责归于司法制度改革推进本部事务局，虽然说不清研讨会的讨论有怎样的重要意义，但无疑给事务局的准备工作带来了深刻影响。

学者们原本担忧《意见书》的刑事程序改革构想存在局限性，但仍然对这两个研讨会的讨论充满期待。然而，随着讨论的推进和议事录的公开，大家却愈加沮丧。正因为仔细跟进了研讨会的讨论过程，我们深知必须将刑事审判改革的未来这一课题摆在研讨会的议事桌上。司法制度改革推进本部下设了10个研讨会，多数研讨会在议事录中公开了发言者姓名，但是与刑事相关的两个研讨会却拒绝公开发言者姓名，这一举措确实让人失望。希望这两个研讨会可以深深意识到自己肩负的职责，公开对外部意见进行深刻探讨。

二、何为期望中的改革

《意见书》的刑事程序改革构想是研讨会讨论的出发点，但仅是在构想框架内开展局限于研讨活动的讨论，真的可以实现改进刑事审判的改革吗？批判目前刑事审判方式的人可能都会担心这个问题。这是因为，《意见书》并未开出彻底铲除刑事审判顽疾的改革处方单。

从《意见书》的“刑事司法制度改革”这项内容可以看出缺少了关于“犯罪嫌疑人、被告人羁押问题”的具体改革方案。一直以来，关于犯罪嫌疑人、被告人的羁押及在羁押过程中的讯问问题，如代用监狱、另案拘留、逮捕和逮捕后的犯罪嫌疑人同辩护人的会见（会面）限制（指定会见），以及人质司法（保释的运用）等，在制度和实践方式上都受到了强烈的批判。特别是将犯罪嫌疑人关进代用监狱、在密室中对其进行长时间的、持续的、强制性讯问的做法，在国际上也饱受批判（例如，参见1995年5月IBA国际法曹协会的调查报告书《代用監獄——日本における警察拘禁制度》，收录于日本律师协会主编《代用監獄の廃止と刑事司法改革への提言》，明石书店1995年版）。但是《意见书》中关于犯罪嫌疑人和被告人的羁押方式问题，“由于对现状的评价不同而产生了多种不同观点，因此很难直接得出具体结论”，故未将此问题纳入改革计划，而是直接将其作为未来的研讨课题束之高阁。

羁押问题与讯问犯罪嫌疑人问题是直接关联的，因此，《意见书》中关于“讯问情况的录音、录像以及辩护人在场旁听讯问”等讯问的根本改革方案，也是以“很难得出引入这样的改革方案是否正确的结论”为由，将其作为“将来的研讨课题”进行搁置，只是提出了“必须对讯问过程和状况进行书面记录的制度”这类极度不温不火的对现状进行追认的提案。如此看来，以口供为中心的侦查内核并未被触及，将犯罪嫌疑人监禁在代用监狱，切断同外部的一切联系，在密室中持续进行长时间的、强制性讯问的侦查方式并未改变。如果没有改变这种侦查方式的决心，那就更谈不上改革以口供笔录为中心、依托侦查阶段制作的供述笔录进行审理和事实认定的书面审判的结构了。

在直接主义、口头主义及传闻法则下，通过庭审的交叉询问是不能确定供述笔录内容的真伪的，因此原则上要作为非法证据而被排除，书面审判的现状意味着直接主义、口头主义及传闻法则正在逐渐流于形式。但是《意见书》以“对于传闻法则等的适用现状存在不同观点”为由回避了对现状的评价，也搁置了书面审判的改革问题，仅将“直接主义、口头主义的实质化（庭审的振兴）”作为探讨课题。

然而，以自白为中心的侦查和书面审判正是日本刑事审判的顽疾。日本刑事审判中易出现误判是不争的事实，甚至作出死刑判决的案件中也存在误判。我们不能忘记，松山案件（宫城县）、岛田案件（静冈县）、财田川案件（香川县）、免田案件（熊本县）这4起死刑再审案件的判决从原本确定的死刑判决一下成为无罪判决的事实。而且从20世纪80年代中后期至今，共有包含上述4个案件在内的10余件重大再审案件被改判为无罪。通过上述误判案件可以明确，误判的产生不是偶然，存在结构性原因。这就是另案拘留、逮捕中出现的典型的为获得犯罪嫌疑人的口供而对其进行羁押，在拘留、逮捕后将其关入代用监狱，通过禁止会见、限制辩护人会见使其与外界隔离，让其在无法拒绝或离开的密室内受到强制性讯问，错误的鉴定，以及依赖口供笔录进行事实认定。

从死刑再审案件作出再审开始决定到再审判处无罪前后的新闻报道可以看出，当时社会提倡“构建没有冤假错案的司法制度”“针对误判提出国民性解决方案”，认为导致偏重、依赖口供的错误判决的根源在于侦查环节，建议对侦查结构进行变革，即必须克服另案拘留、代用监狱、限制律师会见等问题。误判的结构性原因在于羁押、讯问在押犯罪嫌疑人的方式以及书面审判习惯，这已经成为社会广泛共识。正因如此，平野龙一博士在1985年的论文《现行刑事诉讼的诊断》（收录于《団藤重光博士古稀祝賀論文集》第4卷，有斐阁）中提出了警告：刑事审判的现状是将庭审变成了对侦查结果进行追认的场合，这是“病态”且“异常”的，刑事审判的未来“令人绝望”。这些警告在刑法学家中引起了共鸣并广泛渗透。

司法制度改革审议会确实提出要对包括上述4起死刑再审案件在内的误判案件进行验证、总结经验教训，并将其与刑事审判改革相结合，但并未直面问题进行深入地分析和讨论，表现在《意见书》

并未言及4起死刑再审案件和误判问题。这样一来，《意见书》回避了对羁押、讯问在押犯罪嫌疑人的方式以及书面审判的现状进行评价，于是也就绝口不提刑事审判的根本改革方案。但面对死刑判决都存在误判的事实，我们不禁不寒而栗，如果不对误判问题进行深刻反省，即便对刑事审判的改革进行探讨，这种改革构想究竟又有多大的意义呢（关于误判案件的经验教训，参见小田中聪树《冤罪はこうして作られる》，讲谈社现代新书1993年版）？对《意见书》的强烈不满和担忧，实际上也是来源于此。

我们将目光转向国外，英国为了直面20世纪80年代误判的教训，下大力气改革了刑事审判并落实了改革构想。英国在康费案件（关系3名少年杀人、放火的误判案件）的冲击下设置了“关于刑事程序的皇家委员会”（菲利普斯委员会——以委员会主席菲利普斯的姓名来冠名）。该委员会在1981年公布了吸取康费案件及误判教训的报告书，在1984年制定了引入讯问犯罪嫌疑人录音制度的《警察与刑事证据法》（简称为PACE）和实践规范。1991年，英国又以20世纪80年代中期发生的系列误判案件为契机设立了“关于刑事程序的皇家委员会”（兰什曼委员会），该委员会在1993年公布了报告书。根据该报告书关于完善误判救济系统的建议，英国于1997年设立了刑事再审委员会（负责类似日本再审准备阶段的工作）。

针对兰什曼委员会报告书，虽有观点批判其对强化防御权持消极态度，但英国的刑事审判改革敢于直面并吸取误判案件的教训，由此开展具体改革，这一事实和过程极为重要且极富启示性，值得我们学习借鉴（菲利普斯委员会报告是由上述两个研讨会的主席井

上正仁教授的合著论文《イギリスにおける刑事手続改革の動向(1－4)》[载《ジュリスト》第765－770号]介绍至日本的；关于英国的误判情况和兰什曼委员会报告，参见播磨信义《人権を守る人々》[法律文化社1995年版]、鯰越溢弘《イギリスにおける誤判とその救済》[收录于《井戸田侃先生古稀祝賀論文集》，现代人文社1999年版]、以及福岛至《イギリス刑事再審委員会の現状と課題》[收录于《渡部保夫先生古稀記念論文集》，日本评论社2000年版])。

三、改革的契机在何处

虽说如此，但在《意见书》的刑事程序改革构想中还是有与刑事审判根本改革相关联的提案，这就是创设裁判员制度和统一的犯罪嫌疑人、被告人公共辩护制度。

裁判员制度是一种国民参与审判的制度，由法官和根据具体案件从国民中随机抽选的裁判员组成合议庭共同协作，针对重大案件作出罪与非罪的定性并量刑。大致说来，这是混合了陪审制和参审制的制度，也可以说既非陪审制也非参审制。研讨会围绕具体落实问题，对法官和裁判员的职责分工、合议庭的组成和评议方法、裁判员的选任方法、适用案件的范围、审理程序的方式、上诉方式等“当前的论点”进行了研讨，并就法院在构成上如何设置裁判员和法官的人数比、如何对法庭审理进行调整以更好适应裁判员参与等这些具体问题开展了激烈讨论。

依据具体制度设计的不同，裁判员制度的国民参与可能沦为单纯的装饰并最终半途而废，也可能出现以国民参与为由进行连日开庭审理、一味追求审判速度、导致被告人防御权受到严重制约的状况。但是，陪审制的特点可能会更加显著，如果能以加快审判速度为前提建立全面证据开示（向被告人开示检察官全部在案证据）制度，彻底贯彻以直接主义和口头主义为基础的法庭审理，不再使用侦查阶段制作的供述笔录等证据，那么彻底改革刑事审判方式依然是可能的。

根据上述针对书面审判作出的调整，可以看出《意见书》对根本改革持消极态度，但要使裁判员制度真正发挥作用就必须进行根本改革。裁判员制度是刑事审判根本改革的契机。日本律师协会与刑事辩护中心最近提出了《关于裁判员制度的设计》（日本律师协会新闻第 343 号）这一试行方案，认为在创设裁判员制度的同时，还应该进行根本改革，即打破书面审判的僵局，废除传闻法则例外规定，实现侦查的可视化（讯问犯罪嫌疑人录音录像和辩护人在场会见），进行全面证据开示等。该提案具有很强的说服力，应作为研讨会的研讨对象。

另一个是公共辩护制度，该制度创设本身就已经在实践根本改革了。在刑事审判中，国民在自身无法委托辩护人的时候，拥有请求国家为自己选任国选辩护人的宪法权利（《宪法》第 37 条）。但这种国选辩护制度只适用于起诉后，多数犯罪嫌疑人无法在侦查阶段委托辩护人。因此，无法保障在押犯罪嫌疑人的人身自由，也无法改变由侦查结果支配庭审的书面审判现状。在这种情况下，律师界产生了必须依靠“充实辩护活动”来打破书面审判的“绝望”现状的强烈决心，值班律师制度的创立正是这种决心的表现。该制度为在押犯罪嫌疑人免费提供至少一次法律援助，是由律师自掏腰包创立的志愿服务制度。

该制度自1990年在大分县律师协会创立后，使用人数直线上升，仅2001年一年受理的案件数就达到47,143件。这种值班律师制度可以说是律师们在进行自我牺牲，自我牺牲的背后是想要确立统一的犯罪嫌疑人、被告人公共辩护制度。如果在公共辩护制度下为在押犯罪嫌疑人提供法律援助，那么就有可能开展制约犯罪嫌疑人的违法羁押以及羁押过程中的强制讯问的辩护活动。这可以直击支撑书面审判的以口供为中心的侦查内核，因此公共辩护制度关系到刑事审判的根本改革。

为了真正落实公共辩护制度，最起码应该保障所有在押犯罪嫌疑人免费接受一次辩护人法律援助的权利。而要实质保障接受公共辩护援助的权利，就必须进行相关制度设计。就现状来看，肯定会给律师增加相应的负担。支撑值班律师制度一路走来的高素质的日本律师们肯定会积极面对这一问题。在制度设计时应充分听取律师界的意见，并最大限度地满足其希望。

同时，如何使这项制度真正发挥作用也是一个重要问题，我们不能忘了刑事审判根本改革的关键在于律师们开展怎样的辩护活动。在公共辩护制度下，不再开展以现行侦查方式为前提，并依据此前提对侦查进行固化的辩护活动，而是要开展彻底改革现行侦查方式的变革型辩护活动。在对公共辩护制度进行制度设计时，应当保障这种辩护活动。

问题的关键在于辩护活动的自由和充分的辩护报酬，其中特别让人担心的是保障辩护活动自由的问题。之所以这么说，是因为法务、检察当局一直都在强调国民对公共辩护制度的理解，并主张为了获得国民的理解，必须将确保正当的辩护活动作为制度创设的条件，也就是所谓的正当辩护论。

偷工减料的辩护的确违反律师义务，也不符合国民利益。但是上述正当辩护论并非意在限制偷工减料的辩护活动，而是将现有的侦查方式视作是正当的，把改变这种侦查现状的辩护活动视为不正当的辩护并进行规制的一种颠倒辩护论。将提倡要求查阅犯罪嫌疑人供述笔录、行使拒绝讯问权、讯问时辩护人在场等的辩护活动视为不正当辩护的典型。而事实上，这些都是基于保障沉默权要求的合法辩护活动，没理由被称作不正当辩护。因此，在创设公共辩护制度时，应当排除正当辩护论的观点，寻求保障辩护活动自由的制度设计。在探讨公共辩护运营主体的组织、结构和任务的理想模式和公设辩护事务所等提供辩护机制时，必须坚持保障辩护活动的自由立场。

因此，设计裁判员制度和公共辩护制度的关键在于，能否具备成为刑事审判根本改革契机的内在要求并将其制度化。

四、要实现怎样的改革——以宪法性刑事程序为目标

如此看来，本次司法改革所预期的刑事审判“改革”有很大的不确定性。

设想一下最糟糕的状况，即侦查和庭审都维持现状，然后简单

地引入裁判员制度。那样一来，书面审判的结构完全没有变化，适用裁判员制度审理时，就会在法庭上朗读由侦查机关制作的、内容经过精简的供述笔录，同时该笔录也适用于事实认定，还会在没有全面证据开示等防御权保障体系的情况下采取连日开庭的集中审理模式。再加上在审判结构上效仿了现在法院合议庭的构成，即以3名法官为基础、加上若干名裁判员，在这种情况下，裁判员的参与可能沦为装饰。虽说犯罪嫌疑人公共辩护制度已经创设，但如果受理案件的范围被限定、辩护报酬微薄且缺乏独立运营主体的监督，那么即使辩护活动的规范体系被制定出来，也不可能出现改变侦查和审判方式的变革型辩护。

另外，出现最好的状况也并非不可能。即在裁判员制度的设计上使裁判员人数在法庭构成上压倒法官人数，以确保裁判员的实质参与，同时以全面证据开示为前提，在事前准备得到充分保障的情况下，以连日开庭的模式进行集中审理，彻底贯彻传闻法则，排除侦查阶段单方面制作的供述笔录，实现以直接主义、口头主义为基础的审理模式。这意味着对侦查方式进行根本改革，即通过讯问犯罪嫌疑人录音录像制度实现可视化，通过辩护人在场实现控辩双方对抗，在保障了自由的辩护活动和充足辩护报酬的公共辩护制度下，从侦查阶段就开始进行变革型辩护活动。这样的话就能实现刑事审判的根本改革。

如上所述，日本刑事审判面临的紧迫课题就是进行根本改革，不言而喻，如能出现最好的状况才是改革应该追求的目标。

细想一下，根本改革其实在日本《宪法》第31条后的刑事程序条款中已经预先设定好了要求充分保障人权的规定。侦查的可视化、控辩化，犯罪嫌疑人公共辩护制度，全面证据开示，直接主义、口头主义以及传闻法则等内容，都是该《宪法》第31条后明文规定的正当程序与公正审判的内在要求。国民参与刑事审判也是基于《宪法》的国民主权原理。我们追求的改革无非就是《宪法》要求的刑事审判，即宪法性刑事程序。

如此一来，这种改革原本应该在半世纪前，即“二战”后的改革过程中就实现了。从这个意义上说，现在的改革动向可以说是为了实现半世纪前改革过程中因为种种制约而未实现的宪法性改革动向。因此，必须确认现在的改革是否已经具备宪法性改革的实质内容。回顾过去，这十余年间律师界创设并发展值班律师制度的决心和努力，就是以刑事审判的根本改革为目标，竭尽全力推动为犯罪嫌疑人提供辩护人援助的宪法权利这一权利运动。在这种权利运动的支撑下，司法改革以实现宪法性刑事程序为目标也是必然的了（参见拙作《刑事弁護と権力運動》，载井户田侃先生古稀祝贺论文集《転換期の刑事法学》，现代人文社1997年版，第177页以后）。

虽说如此，如果以存在局限性的《意见书》为前提，仅在其框架内进行改革的话，那么通往根本改革的道路就被封死了。从两个研讨会的讨论趋势来看，似乎正在向最糟糕的状况发展，以半途而废的改革制度设计告终的可能性正在成为现实。可能有人会评价说这已经比现在好了，但这种评价是现状悲观论，并不是改革论。如果以宪法性刑事程序为目标，那么超越《意见书》框架的讨论正是必要的。

正因为研讨会上法曹和刑事法学者占多数，希望专家们可以不拘泥于《意见书》的框架，发挥自己的专业知识和见解，对包含侦查过程的刑事审判的现实和问题进行一次彻底研讨，提出能够回应刑事诉讼法半世纪来课题的高水平的改革制度设计。笔者认为这才是研讨会对国民应该担负的责任。

第三节　误判与刑事司法改革

一、美利坚合众国的误判和误判研究

（一）根据美利坚合众国（以下简称美国）的无辜者计划（Innocence Project，以下简称 IP）的统计〔1〕，在美国受到有罪判决后因 DNA 鉴定而沉冤昭雪的，从 1989 年到 2012 年 7 月 14 日已经达到 292 人，其中被判处死刑的有 17 人。但越是了解美国的误判情况〔2〕就越发觉得疑惑，毕竟从日本法看来，美国已经是在正当程序的保障上较为先进的国家，明明已确立了米兰达规则，为什么误判的情况还这么严重？

美国误判救济兴起的契机是 DNA 鉴定技术的飞跃发展，支撑误

〔1〕米国の誤判情報 IPのホームページ（http：//innocence project org）で確認できる。

〔2〕IPの活動が知られるようになったほか、伊藤和子訳『なぜ無実の人が自白するのか』（日本評論社、2008 年）や西村邦雄訳『無実を探せ』（現代人文社、2009 年）も貢献した。

判救济的就是IP[1]。根据IP的统计，第一例通过DNA鉴定得到救济的误判出现于1989年，随后急速增加，到20世纪90年代中期到达第一个顶峰，每年有10起以上救济案件。然后开始减少，再到21世纪初期，救济案件继续增加，达到了每年20起以上，这之后的救济案件仍保持较高数字。依托DNA鉴定进行救济的误判案件多发生在20世纪80年代[2]。

DNA鉴定技术在20世纪80年代得到了迅猛发展。当时根据DQ Alpha法，将DNA类型分为八种，仅仅是稍优于血型判断的一种改良方法。但到20世纪90年代中期，随着放大扩增DNA的PCR法（聚合酶链式反应）和STR法的开发和改良，线粒体DNA（mitDNA）法也被开发出来。最终发展为现在的STR法，通过州和联邦政府建立的储存高达300万人遗传基因（现在还在继续增加中）的数据库，统合二者的检索系统CODIS（Combined DNA Index System）运转之后，依据STR法进行的DNA鉴定成为进行个体识别的决定性鉴定技术[3]。DNA数据检索系统存在包含数据收集等隐私保护的重大问题，但从DNA鉴定的发展来看，我们不禁产生疑问，在DNA鉴定技术得到灵活运用的20世纪90年代为何仍会发生误

〔1〕 シェックとニューフェルドの2人の弁護士が1992年に、イェシバ大学ロースクールのクリニックとして、DNA鑑定により無罪証明が可能な受刑者につき州や連邦に有罪判決の破棄と雪冤を求めるIPを創設し、誤判救済に取り組んだ。この動きが全米のロースクールに広がっている。この点につき高野隆・四宮啓「冤罪プロジェクト」法律時報76巻11号72頁以下参照。なお、笹倉香奈「イノセンス・プロジェクトの活動とそのインパクト」季刊刑事弁護71号188頁以下参照。

〔2〕 See B. L. Garrett, Convicting the Innocent, 2011, at p182, Fig. 7. 1.

〔3〕 Ibid, at pp217－222. なお、DNA鑑定につき、日弁連人権擁護委員会編『DNA鑑定と刑事弁護』（現代人文社、1998年）や押田茂実・岡部保男編著『DNA型鑑定』（現代人文社、2010年）など参照。

判？其中有被告人的鉴定请求被驳回而没有进行 DNA 鉴定的原因，也有当时对 DNA 鉴定的信赖原因。同时，我们也应注意到，即使存在根据 DNA 鉴定可以确信的无罪证据，是否使用该证据也是由侦查机关决定的[1]。

（二）美国误判研究的先驱是伯查德（Edwin Borchard），其于 1932 年出版了著作《宣判无罪》（*Convicting the Innocence*）。进入 20 世纪 90 年代，以柏杜（H. A. Bidau）和雷德莱特（M. L. Radelet）的《潜在的死刑案件中的司法误判》（*Misscariages of Justice in Potentially Capital Cases*，1987）为契机，误判研究取得较大进展[2]。舍克（Barry Scheck）和纽菲德（Peter Neufeld）等人的《事实无罪》（*Actual Innocence*）（即西村邦雄译、指宿信编译《冤罪探究》，现代人文社 2009 年版）是美国误判研究的代表作。舍克等人在书中期望“对所有的冤假错案，包含那些不是通过 DNA 鉴定来澄清冤情的案件，由法学家或者是记者开展进一步的深入研究”[3]。

回应上述期望的就是盖瑞特（Brandon. L. Garrett）在 2011 年出版的《宣判无罪》（*Convicting the Innocent*）一书。该书在 IP 的援助下，以通过 DNA 鉴定得到沉冤昭雪的 250 件误判案件（其中 99% 为杀人和强奸案件）的诉讼记录为基础，对从侦查到审判直至发生误判的全过程进行“深入”的实证研讨，分析了误判原因并提出要进行防止误判的刑事司法改革，是一本真正的误判研究专著。虽

---

〔1〕 Ibid，at p222.

〔2〕 伊藤・前掲『なぜ無実の人が自白するのか』20 頁以下、指宿信「陪審裁判と誤判」渡部古稀記念『誤判救済と刑事司法の課題』（日本評論社、2000 年）199 頁以下など参照。

〔3〕 西村訳・前掲『無実を探せ』266 頁。

然该书在研究的系统性和分析对象的规模方面存在不足，但论其彻底的实证性，可以说是不输于德国彼得斯（K. Peters）博士的误判研究专著《刑事诉讼中的误判原因》（*Fehlerquellen im Strafprozess*）〔1〕。盖瑞特的研究分析内容有以下特点：第一，舍克等人的《事实无罪》是在2001年3月以130件误判案件为分析对象，而本书是在2011年以250件误判案件为分析对象，分析对象的范围扩大了。第二，本书具有以广泛收集的庭审记录为依据的实证性，在250件误判案件中，经过法院庭审的案件有234件，盖瑞特收集并分析了其中的207件庭审记录（trial transcript）以及16起认罪案件中的13起案件的预审、口供笔录和警察报告书〔2〕。盖瑞特认为，250件误判案件只是“冰山一角”，刑事司法制度存在“结构性错误（systemic errors）”，基于这种认识〔3〕，他提出应当进行刑事司法改革。话虽如此，由于这250件误判案件是基于DNA鉴定的救济案件，因此偏向于将留有生物特征信息的杀人和强奸案件作为分析对象。但是盖瑞特阐明误判原因在于刑事司法的结构性错误，因此其误判原因分析和刑事司法改革建议具有一般性和普遍性。第三，盖瑞特的分析研究既是实证性研究也是法学分析研究。盖瑞特不仅阐明了关于自白任意性、目击证人辨认罪犯证言的真实性评价以及科学性证据的证明力等联邦最高法院判例的意义和局限性，还提出了要开展防止误判的刑事司法改革的建议。舍克等人的《事实无罪》虽然也包含误判原因分

〔1〕 その編訳・解説として能勢弘之・吉田敏雄訳『誤判の研究』（北海道大学図書刊行会、1981年）参照。

〔2〕 See B. L. Garrett, op. cit. at p285 –

〔3〕 Ibid, at pp262 – , pp265 –

析和进行刑事司法改革的建议，但案例报告色彩更浓。与之相对，盖瑞特的著作是在实证分析和法律分析的基础上提出刑事司法改革建议的综合性误判研究专著。盖瑞特提出的刑事司法改革建议虽然依据的是舍克等人在IP中提出的刑事司法改革，但其彻底的实证性和综合性为他的刑事司法改革建议赋予了相当的说服力。舍克和纽菲德为该书作的序就充分体现了盖瑞特研究的这个特征。

（三）参照IP提供的误判信息和日本对美国误判研究的积累，探索盖瑞特的研究分析和刑事司法改革建议，可以从整体上把握美国的误判案件、误判原因以及防止误判的刑事司法改革动向，从中能够看出美国同日本具有相似的误判结构，这也极大地启发了日本刑事司法改革的方式。这正是笔者依据盖瑞特的研究了解美国误判动向的原因。

但是，如何定义误判是一个重要问题。雪冤（exonoration）是指，法院或行政机关，基于新发现的无罪证据，判定原来的有罪判决无效的情况。其中既包含原判决确定后没有经过庭审直接认定提起公诉无效的情形，也包含通过再审（new trail）被判决无罪的情形，但盖瑞特认为其仅应限定为可以通过DNA鉴定证实“事实上的确无罪（actually innocent）”的案例[1]。美国的IP组织受理的误判案件，根据每个州的情况并非一定要求进行DNA鉴定，但不受理正当防卫和无责任能力等法律上规定的无罪情形，而是把“实际上并未犯罪的人（actual innocence，factual innocence）”作为无辜的救济

〔1〕 See B. L. Garrett, op. cit. at pp285 –286.

对象，这一点同盖瑞特的研究是一致的[1]。

二、误判原因和刑事司法改革

盖瑞特将误判的主要原因概述如下[2]：

（一）虚假自白（false confession/admission）

根据盖瑞特的研究，250 件误判案例中的 16%（40 件）存在在侦查阶段取得虚假自白的情形[3]。以典型案例来说，舍克等人的《事实无罪》中详细介绍了米勒（Robert Miller）案，盖瑞特的著作中详细介绍了德斯科比克（Jeffrey Deskovic）案[4]。

这些误判案件为什么没有在事前排除虚假自白呢？以缺乏任意性为由申请排除自白的案例有 7 件，以怠于进行米兰达警告为由申请排除供述的案例有 3 件，但所有申请都被驳回[5]。所有人都放弃了米兰达权利，其中 22 人签字放弃，8 人以录像形式放弃权利[6]。因此，在无律师在场的密室内承认放弃权利的“米兰达矛盾”是虚假自白的主要原因[7]。另外，关于任意性的判断，虽然联邦最高法

---

〔1〕 高野・四宮・前掲論文「冤罪プロジェクト」73 頁参照。例えば、ハワイ IP（http：//innocenceprojecthawaii. org）は、救済対象を「その人がその犯罪を犯していない」という事実的無罪に限ると明示している。

〔2〕 See Garrett, op. cit. at pp205 – 209. IPはこれを「共通の誤判原因（common causes）」と言う。

〔3〕 See Garrett, op. cit. at p18.

〔4〕 西村訳・前掲書『無実を探せ』92 頁以下、Garrett, op. cit. at pp14 –。なお、事件についてのコメントが付された冤罪被害者の写真集 The Innocents, 2003も参照。

〔5〕 See Garrett, op. cit. at p14 –

〔6〕 Ibid, at p37.

〔7〕「ミランダの矛盾」につき、小早川義則『ミランダと被疑者取調べ』（成文堂、1995 年）43 頁、252 頁以下参照。

院采用的标准是“情形的综合判断（totality of the circumstances）”[1]，但此条判断标准实质上并未发挥作用。盖瑞特指出[2]，虚假自白在任意性判断的层面无法在事前被排除的理由是，法官被白纸黑字打印出来的任意供述以及“（引用者注：被告人）在供述书上签字的事实”所左右，并且“在排除根据详细事实作出的、有强烈证明力的自白时会特别犹豫”。如此看来，美国也存在与日本审判实践相同的、将任意性判断趋同于真实性判断的一元化思考方式，可以看出这是导致肯定虚假自白任意性的不合理审判实践并产生误判的主要原因。因此，为防止误判发生，应当认识到从任意性判断和真实性判断两个方面如何运用自白法则这一课题[3]的重要性。

那么为什么法官和陪审员都无法识破虚假自白，反而愿意肯定其真实性呢？盖瑞特指出，“自白的力量源于将发生的事情叙述为长篇故事，简单的一句‘是我干的’是不会产生这样的力量的”[4]，并认为问题的关键在于虚假自白对法官和陪审员来说“看上去好像是可以相信的”[5]。明明是虚假的自白，但为了看上去真实而编造出详细的故事，这才是虚假自白的可怕之处。那么为什么无辜的被告人能够说出如同真相一般的虚假故事呢？

盖瑞特认为原因在于侦查机关（警察）的讯问过程，即“误判

〔1〕 See Arizona v. Fulminante, 499 U. S. 279 (1991), Oregon v. Elsted, 470 U. S. 298 (1985). なお渡辺修『被疑者取調べの法的規制』（三省堂、1992 年）57 頁参照。

〔2〕 See Garrett, op. cit. p39.

〔3〕『裁判員裁判と刑事弁護の課題」法学セミナー 651 号 41 頁（小田中聰樹教授発言）参照。

〔4〕 See Garrett, op. cit. p20.

〔5〕 Ibid, at p186.

案例中大多数是由于警察向犯罪嫌疑人泄露（disclosing）了犯罪事实从而污染（contaminate）了犯罪嫌疑人的自白"[1]。但在庭审中被问及讯问情况，警察都否认曾将犯罪的"关键事实（key facts）"泄露给犯罪嫌疑人，30件虚假自白案例中有27件，警察在庭审上都作出没有泄露的证言[2]。警察基于犯罪嫌疑人作为罪犯对社会存在危险的主观臆断，在讯问过程中不仅给犯罪嫌疑人施加压力（pressure），还暗示犯罪嫌疑人若如实供述，可获宽大处理，这就是警察讯问技术中的里德技术（Reid Technique）[3]，而该技术要求警察防范因重大事实泄露导致的自白污染[4]。也就是说警察可能是在无意识、不自觉的情况下泄露了"关键事实"导致自白被污染[5]。问题在于整个讯问过程是暗箱操作，无法查清自白被污染的过程。由此，盖瑞特提出了有效防止"自白被污染"的举措，那就是"讯问全程录音录像（recording entire interrogations）"[6]，即"根据录音录像查明讯问事实，虽然从根本上杜绝自白被污染是警察内部非常难以解决的问题，但是通过录音录像可以确保警察作为专业人员讯问的正当性，法官的审查也会更有效。改革刑事程序、提高讯问的可信度是排除虚假自白、获得真实自白的有效助力"[7]。盖瑞特还介绍了

---

〔1〕 Ibid, at p28.

〔2〕 Ibid.

〔3〕 リード・テクニックにつき伊藤・前掲『なせ無実の人が自白するのか』28頁以下、指宿信「取調べの高度化をめぐって」法律時報83巻9・10号18頁以下参照。

〔4〕 See Garrett, op. cit. at pp22 -

〔5〕 Ibid, at p28.

〔6〕 Ibid, at p43.

〔7〕 Ibid, at p44.

美国相关州实施讯问过程录音录像的做法，并指出以下问题〔1〕：20世纪90年代认可录音录像的只有明尼苏达州和伊利诺伊州，如今11个州和哥伦比亚特区法律都规定要进行录音录像，另外还有7个州的最高法院表明了要求实施录音录像制度的立场。至少有500个警察署对讯问过程进行录像。正如底特律市警察局局长所说，“这么多警察署的警察对于录音录像给予肯定评价，表明录音录像不会妨碍犯罪嫌疑人配合讯问。录音录像使得关于警察是否告诉犯罪嫌疑人案件事实以及是否逼供的争论变得简单”，录音录像在保护接受讯问的市民的同时，也记录下警察并未逼供的事实，“对警方来说是最大的受益者”。但是，“仅对讯问全程录音录像还是不够的，因为即使讯问过程被录音录像，也不代表警方没有逼供，并轻易地相信警察。实际上，根据录音录像也许能查明是否存在逼供或是因事实泄露导致自白被污染的情况。法官在对讯问的任意性和真实性进行评价时，应当对录音录像进行充分细致的考量……通过聚焦精密性（accuracy）来确保自白的真实性和正当性”。

盖瑞特提出的为了防止虚假自白而对讯问全程进行录音录像的改革建议，并没有特别革新，但其主张的意义在于有250件误判案件的实证分析做背书。美国的现状已是如此，那么日本也必须对讯问全程录音录像。另外，我们应当留意到盖瑞特主张中的一个视角，即对讯问全程录音录像不仅是为了确保自白的任意性，对自白的真实性评价也不可或缺。对于法官或陪审员来说，自白之所以具有强

---

〔1〕 Ibid, at pp241 – 244, pp247 – . なお、取調べの録音録画に向かうアメリカ合衆国の連邦と州の動きについてD. T. ジョンソン「風向きを知るのにお天気データは要らない」指宿信『被疑者取調べと録画制度』（商事法務、2010年）185頁以下参照。

力的有罪推定能力，是由于供述内容的翔实，因此为了使法官或陪审员能识破侦查机关导致的自白污染，必须对讯问全程进行录音录像。也就是说录音录像不仅具有确保讯问正当性的功能，还能使自白的真实性判断更为活跃、正当[1]。笔者认为这个观点是不可欠缺的，尤其考虑根据本次司法改革（至今仍未确定米兰达规则，而仅是在纠问式侦查和书面审判结构中加入裁判员制度），裁判员不得不面临判断口供笔录真实性的日本现状。盖瑞特所说的“精密性（accuracy）”观点在必须对自白真实性进行判断的日本裁判员制度下，应该是更为合适的。他的误判研究告诉我们，通过实现讯问全过程的录音录像，从任意性和真实性两方面对自白进行有效检验的改革不可欠缺。

正如滨田寿美男教授阐明的那样，口供笔录是在倾向虚假自白的心理磁场作用的场合下（“暗箱”般的讯问室），讯问人和犯罪嫌疑人相互作用的产物[2]。在美国有存在种种“矛盾”的米兰达规则，但在日本则完全不存在讯问犯罪嫌疑人的法律规制，所谓讯问人和犯罪嫌疑人相互作用的产物则更易变成由侦查机关诱导和强制过程得到的自白。那样看来，在不对讯问全程进行录音录像的情况下识别虚假自白并防止误判是非常困难的。

（二）目击证人的错误辨认（eyewitness misidentification）

在250件误判案例中有76%（190件）存在目击证人给出错误

〔1〕 同様の視点として前掲『無実の人がなぜ自白するのか』95頁以下参照。

〔2〕 浜田寿美男『自白の研究』（三一書房、1992年）、同『自白の心理学』（岩波書店、2001年）参照。”63. P56 注释2 修改为“Ibid, at P80.

的罪犯辨认证言的情况[1]，从其中 161 件案件的庭审记录分析来看，盖瑞特认为目击证人的罪犯辨认证言是产生“误判的主要原因（leading cause）”[2]，他介绍了目击证人给出错误辨认证言的案例，即美国纽约州布法罗公园发生的阿布道（Habib Abdal）强奸杀人案。舍克等人在《事实无罪》中介绍了赛德（Walter Tyrone Suyder）强奸案[3]。

针对目击证人辨认罪犯证言的“危险性”，盖瑞特引用了布伦南法官（William Brennan）的见解——“没有比那些站在证人席上，手指着被告人，说出‘就是他（引用者注：犯人）’这样鲜活的证人更具说服力的东西”[4]，他还指出目击证言一方面有强有力的证明力，另一方面又有“记忆的模糊性和顺应性（fraglity and malleable）”的弱点，在侦查阶段的罪犯辨认程序中，目击证人容易受到警察的诱导从而形成“错误确信（false certainty）”并倾向于在庭审中作出相应证言[5]。盖瑞特还进行了实际验证[6]，发现上述 161 件案件中的 125 件，因警察在侦查阶段的罪犯辨认程序中导致目击证言污染、使目击证人基于形成的“错误确信”而出庭作证的案例高达 57%（92 件）。

众所周知，美国联邦最高法院在 1967 年的韦德判决[7]和吉尔

---

〔1〕 See Garrett, op. cit. p79, Figure A. 5.

〔2〕 Ibid, at p80.

〔3〕 Garrett, op. cit. at pp45 – 48，西村訳・前掲書『無実を探せ』53 頁以下参照。

〔4〕 Watkins v. Sowders, 449 U. S. 341 ［1981］でのブレナン判事の反対意見。

〔5〕 See Garrett, op. cit. pp48 – 50.

〔6〕 Ibid.

〔7〕 US v. Wade, 388 U. S. 218 ［1967］.

伯特判决[1]中，依据辨认罪犯程序修正法则第6条的要求，确认了“在司法程序正式开启后，通过面对面的方式进行罪犯辨认的程序中，辩护人有权在场旁听”，但又认为比起1967年的斯多瓦判决[2]和1977年的曼森判决[3]，针对罪犯辨认证言的真实性判断采取“综合情节判断说”的标准更为妥当。而且，1975年的联邦证据规则认可了将记忆比较鲜明、较少受到他人影响的庭审外的罪犯辨认证言作为传闻例外规则[4]。联邦最高法院的这一系列动向表明，即使是违反正当程序的诱导性罪犯辨认程序，罪犯辨认证言如果“在别的方面具有真实性（otherwise‘reliable’）”，那么该证言就可以在庭审中被认可，并认为“警察、法官不会被证言牵着鼻子走，对于真实性问题会进行灵活综合的判断”。盖瑞特批判了这一观点[5]。这就是将目击证人的错误的罪犯辨认证言作为“主要误判原因”的理由。因此，在庭审中，仅是向陪审员说明曼森案判决中关于目击证人辨认罪犯证言的真实性判断标准是不足以防止误判的，有必要对罪犯辨认程序本身进行改革。

通过诉讼记录，盖瑞特确认了误判案件在侦查阶段“有一般诱导性的单独面对面辨认（show up）”占33%（161件中有53件），有倾向性的列队辨认占34%（161件中有55件），存在警察诱导的列队辨认占27%（161件中有44件）。盖瑞特认为罪犯辨认程序不

〔1〕Gilbert v. California，388 U. S. 263［1967］.

〔2〕Stovall v. Denno，388 U. S. 293［1967］.

〔3〕Manson v. Brathwaite，432U. S. 98［1977］.

〔4〕小早川義則「犯人識別供述をめぐるアメリカ法の動向（1）」名城法学47卷3号15頁以下参照。

〔5〕See Garrett，op. cit. p53.

应采取单独的面对面辨认而应采取列队辨认的方式，并在此基础之上提出三点改革建议：第一，列队辨认应该是“双盲程序”，实施列队辨认的警察不得知晓哪个人是犯罪嫌疑人，并且应当告知目击证人警察也不知道犯罪嫌疑人是谁；第二，为避免列队辨认中目击证人将相对相似的人辨认为罪犯，产生“比较购物”（二者之中必须选择一个更像的。译者注）的风险，应当告知目击证人队伍中可能没有犯罪嫌疑人；第三，要求实施辨认程序的警察必须记录下目击证人的辨认证言[1]。另外，盖瑞特对较早进行罪犯辨认程序改革的新泽西州给予了高度评价，在上述三点建议的基础上，建议对罪犯辨认程序进行录音录像，并向陪审员说明目击证人罪犯辨认证言的风险[2]。

虽然在日本也有人提出目击证人罪犯辨认证言在侦查阶段存在被误导的风险[3]，但是关于侦查阶段罪犯辨认程序的改革始终没有进展。英国已经汲取了20世纪70年代一系列误判案件的教训，创设了罪犯辨认程序中辩护人在场和录音录像等制度[4]。我们无须局限于盖瑞特的改革建议，但效仿英国和美国新泽西州的改革进行罪犯辨认程序改革恰是日本立法的当务之急。

---

〔1〕 See Garrett, op. cit. pp81 – 83.

〔2〕 Ibid, at pp248 – 252.

〔3〕 渡部保夫『無罪に発見』（勁草書房、1992年）133頁以下参照。

〔4〕 井上正仁ほか「イギリスにおける刑事手続改革の動向（1 – 4）」ジュリスト765号82頁～770号100頁など参照。

（三）存在缺陷的科学鉴定（unvalidated or improper forensic science）

盖瑞特指出，250件误判案件中有74%（185件）提交了科学鉴定证据，其中“无效的鉴定（invalid testimony）”中血型鉴定占58%（116件中有67件）、毛发鉴定占39%（75件中有29件）、咬伤鉴定占71%（7件中有5件）、足迹鉴定占17%（6件中有1件）、指纹鉴定占5%（20件中有1件）〔1〕。由上述错误科学鉴定带来的误判现在又被新的DNA科学鉴定所救济。在这一意义上，盖瑞特引用〔2〕的误判案件被害人布朗（Roy Brown）之言——“假科学（junk science）把笔者送进行了监狱，真科学（real science）又证明了笔者的无罪”正中要害。由错误科学鉴定导致的误判，这类典型案例有舍克等人在《事实无罪》中介绍的毛发鉴定和DNA鉴定错误的杜伦案（Tim Durham）、盖瑞特著作中介绍的毛发鉴定和血型鉴定错误的多特森案（Gary Dotson）〔3〕。

盖瑞特认为科学的证据也存在“真实性（reliability）和有效性（validity）”问题。前者是使用方法（method）的科学真实性问题〔4〕，这种科学真实性在毛发鉴定、咬伤鉴定和足迹鉴定方面是主要问题；而后者从“有效性”的视角出发聚焦鉴定制度的应然方式，他提出以下主张：提交科学证据的公诉方专家一般都是作为法律执

〔1〕 See Garrett, . op. cit. p90, p282 figure A. 10.

〔2〕 See Garrett, op. cit. p89.

〔3〕 西村訳・前掲書『無実を探せ』176頁以下、Garrett, op. cit. at p80 –

〔4〕 See Garrett, op. cit. at pp89 – 90.

行机关的犯罪科学研究所（crime laboratory）的法医学者（forensic analyst），他们会获得与科学分析无关的犯罪情况和信息，这会导致他们偏向于侦查方而非中立。极端的例子就是西弗吉尼亚州警察犯罪科学研究所所长塞因（Fred Zain）和俄克拉何马州警察犯罪科学研究所的吉尔克里斯特（Joyce Gilchrist），他们甚至篡改和隐匿检查结果。这种有缺陷的科学证据被检察官提交给法庭，辩护方必须在专家证人的帮助下才能进行有效的反询问和反证。但是因为资金不足且难以找到专家证人，这种当事人主义的审查模式效果缺陷明显。在“刑事案件中，法医学证言的提出往往是单方面的”，“由于美国刑事司法体系的结构性缺陷，进行完备的科学实验的责任由法医学专家承担”[1]。基于这种认识，盖瑞特依据2009年美国国家科学院（National Academy of Sciences，以下简称NAS）的报告，建议犯罪科学研究所“应当确立健全的实质控制和独立的监视监查制度”[2]，主张进行“法医学改革（forensic science reform）”，明确了美国近年来的改革动向。1993年西弗吉尼亚州最高法院决定对塞因的鉴定进行特别调查，退休法官霍利迪（James O. Holliday）被任命为负责人，他委托了美国犯罪科学研究所所长协会（American Society of Crime Laboratory Directors，ASCLD）犯罪研究所认证评议会进行调查。根据其调查结果，发现犯罪科学研究所并未对研究员的工作进行监督，也没有对鉴定质量进行审查，关于鉴定过程的记录也很不准确。该州最高法院要求彻查塞因参与的所有案件，并于2006年得

---

〔1〕 See Garrett, op. cit. at p115.

〔2〕 Ibid, at p116.

出结论，认为“犯罪科学研究所除了塞因负责的案件外，还存在很多的错误”。FBI 和其他州也进行了同样的调查，特别是休斯顿警察犯罪科学研究所在律师帮助下进行了彻查，确认血液鉴定中存在 21%、DNA 鉴定中存在 32% 的不正当鉴定结果。这样一来，彻底整改犯罪科学研究所成为改革目标。NAS 调查了犯罪科学研究所的鉴定错误，并提议建立国家独立科学机构（national independent scientific agency）来开展高质量的认证评价工作〔1〕。

由此，盖瑞特建议全美的犯罪科学研究所应服从外部监督，将犯罪科学研究所从法律执行机关（警察）中独立出来，对鉴定专家进行盲测，并保障辩护人查阅鉴定原始资料（实验笔记及报告书）的权利。“也就是有必要彻底整改法医学体系”〔2〕。舍克等人在《事实无罪》中也建议进行同样的改革〔3〕。而盖瑞特的建议因其实证性特点，显得格外具有说服力。

美国犯罪科学研究所的改革动向和盖瑞特的改革建议，从日本法的角度看也极具启示意义。在日本，以前述 4 起死刑再审案件为开端，在通过再审进行误判救济的过程中，也开始将目光转向造成误判原因的鉴定问题〔4〕，即主张对鉴定资料进行保存，保障被告人的查阅权和再鉴定权利，通过对附属于警方的科学警察研究所和科学侦查研究所设置方式的反思，寻求建立中立的鉴定中心〔5〕。这种

〔1〕 See Garrett, op. cit. at pp252 - 255.
〔2〕 Ibid, at p255.
〔3〕 西村訳・前掲書『無実を探せ』295 頁。
〔4〕 浅田和茂・大出良知「鑑定の評価」刑法雑誌 29 巻 3 号 384 頁。
〔5〕 日弁連編『続再審』(日本評論社、1986 年)、村井敏邦「再鑑定の保障」法律時報 83 巻 9・10 号 25 頁以下、徳永光「科学的証拠の証拠能力」村井古稀記念『人権の刑事法学』(日本評論社、2011 年) 609 頁以下など参照。

主张与盖瑞特的建议可以说不谋而合。

（四）举报人（informant/ snitch）的虚假证言

盖瑞特发现，250件误判案例中有21%（52件）的案件将举报人的证言作为证据。举报人分为看守所举报人（jailhouse informant）、案件同案犯和辅助型证人三种类型。一般来说，举报人（informant）是指为了奖金或者换取特殊利益而提供对他人不利信息的人或者是秘密为警察提供情报的人[1]，盖瑞特所说的看守所举报人就是前者，指那些在看守所里接近被告人的在押人员。问题最严重的是这类人的证言，相关案例有28件，其中93%（26件）存在警察诱导证言的情况[2]。盖瑞特介绍了看守所举报人导致误判的一个典型案例——格雷案（David Gray）[3]。

盖瑞特对于举报人证言存在的问题提出以下观点[4]：虽然联邦最高法院[5]对于利用举报人持默认态度，但那是在共同犯罪的情况下。在误判案件中，与之不同的是看守所举报人存在很大的问题，特别是在没有目击证人的谋杀（murder）案件中出现的看守所举报人的问题。看守所举报人出庭作证受到两项规则的限制[6]：一是为了验证其证言的真实性，要求向被告方开示有用的防御信息的布拉迪（Brady）规则；二是在向信息提供者进行询问时，保障辩护人在

---

〔1〕 Black's Law Dictionary, 4th pocket ed., 2011, p381.

〔2〕 Garrett, op. cit. p124, p279, p280 Figure A. 6.

〔3〕 Ibid, at pp118 -

〔4〕 Ibid, at pp118 - 142.

〔5〕 参见 Hoffa v. United States, 385 U. S. 293. 1966.

〔6〕 ブラディーにつき酒巻匡『刑事証拠開示の研究』（弘文堂、1988年）190頁以下、マサイアにつき、田宮裕『捜査の構造』（有斐閣1971年）362頁参照。

场权的弥赛亚（Messiah）规则。但是，在这两个规则无法发挥作用的情况下，如何验证举报人证言的真实性成为难题。最高法院对此仅表示“证人的诚实性问题应当可以通过反询问得到验证”。看守所举报人很可能与检察官或警察达成有利待遇（宽大处理）约定或者被威胁（更严厉处罚），而要确认这些约定或威胁是否存在基本不可能。再看误判案例，看守所举报人都是对检察官的举证主张进行补强，作证说没有公开的特别的具体事实是（无辜的）被告人告诉自己的。看守所举报人之所以能这样作证，只可能是检察官或者警察将犯罪事实泄露给了举报人，但现在也无法确认信息是否泄漏。在误判案例中，不仅是看守所举报人，谋求特殊利益而供述的同案犯的证言（52 件中有 23 件）和辅助型证人的证言（52 件中有 15 件）也存在同样的问题。

盖瑞特指出，误判案例给我们的启示是“在已经确认举报人的证言系谎言的情况下，不应在刑事审判程序中过分相信其证言”[1]。联邦最高法院一直以来遵循“证人的诚实性问题可以通过反询问得到验证”这一英裔美洲法律制度确定的安全法则[2]，但是该原则不能预防举报人证言的潜在风险。因此，盖瑞特介绍了要求向陪审员说明看守所举报人证言的潜在风险的加利福尼亚州改革（加利福尼亚刑法典 § 1127a（b））、要求将看守所举报人和检察官之间的所有交易“完全公开（complete disclosure）”的俄克拉荷马州改革（Dodd v. State，993 P. 2d. 778）、在庭审前由庭审法官（trial judge）

---

〔1〕 Garrett. op. cit. at142.

〔2〕 Hoffa，385 U. S. 293. 311.

就看守所举报人的真实性问题举行公开听证的伊利诺伊州改革［725 Ⅲ，Comp. stat. Ann. 5/115－21（d）］，以及庭审法官应当警告陪审员有关看守所举报人风险的加拿大最高法院的劝告等内容。在此基础上，盖瑞特主张“为防止举报人的证言、特别是看守所举报人证言的滥用，应当对现有刑事诉讼进行改革”，并提出了两点建议〔1〕：一是将看守所举报人和检察官、警察之间的全部对话过程进行电子记录（录音录像），二是应当向辩护人全面开示举报人与检察官或者警察间的交易内容。舍克等人在《事实无罪》〔2〕中也同样建议进行录音录像并对是否适用该证言进行严格审查。

盖瑞特指出的举报人证言问题在日本也同样存在。类似的为了追求自身刑事案件的特殊利益作出虚假证言的看守所举报人的例子有，2011年11月30日名古屋高等法院金泽支部决定开始再审的福井女中学生杀人案中的证人证言、死刑再审案件的松山案中看守所线人是否存在的问题、在已经确定无罪的引野口案件中也否定了看守所举报人证言（被告人坦白罪行的供述）的证明力和真实性〔3〕。如果对福井女中学生案中导致作出有罪判决的大多数证人（侦查辅助人）作证的全过程进行录音录像的话，可能该案就不需要拖到启动再审才进行救济了。烙下纠问式侦查和书面审判烙印的日本刑事审判，举报人证言被污染的问题比美国更为严重，盖瑞特的改革建议正是日本急需研究的课题。

---

〔1〕 Garrett，op. cit. at pp142－，p256.

〔2〕 西村訳・前掲書『無実を探せ』294頁。

〔3〕 福井女子中学生殺人事件につき、吉村悟「福井女子中学生殺人事件」刑法雑誌32巻4号559頁、松山事件につき、日弁連編・前掲『続再審』（日本評論社、1986年）147頁、引野口事件につき、今村核『冤罪弁護士が語る真実』（講談社現代新書、2012年）117頁以下参照。

（五）其他

盖瑞特列举了其他导致误判的原因，如检察官和警察的不端行为（misconduct）、不正当辩护（bad lawyering）以及法院对于误判救济的消极态度等[1]。这些原因也存在于日本的误判案件中。

同时，我们也注意到，从日本法观点应当关注的盖瑞特的改革建议有：

第一，死刑制度。盖瑞特分析的250件误判案件中有17件死刑案件。众所周知，伊利诺伊州州长瑞恩（George Ryan）针对死刑误判案件宣布了暂缓死刑执行程序，并给死刑囚区的所有服刑人员减刑。马里兰州为避免产生无辜的死刑罪犯，将死刑判决案件限定在有科学证据和讯问过程录音录像的案件中。盖瑞特介绍了上述情况，并批判了存在死刑误判案件却不进行死刑制度改革的佛罗里达州、得克萨斯州、弗吉尼亚州等[2]。同样，存在死刑误判案件的日本也应对死刑制度改革停滞的现状进行深刻反省。

第二，追诉制度[3]。盖瑞特认为检察官拥有广泛的裁量权和权力，居于有效防止误判发生的最合适地位，希望依靠检察官的主观能动性推进刑事司法改革，他对达拉斯郡地方检察院检察官沃特金斯（Craig Watkins）主导的改革给予了高度评价，即在有罪判决后实施DNA鉴定、实施列队辨认程序改革和讯问过程录音录像、保障辩护人查阅追诉方卷宗的权利（也就是open－file policy）等改革。

---

〔1〕 Garrett, op. cit. pp167－171, pp172－176, pp207－209, pp222－224.

〔2〕 Garrett, Ibid, pp257－258.

〔3〕 Ibid, at pp259－260.

同样的改革也在明尼苏达州的拉姆齐（Ramsey）郡检察院以及马萨诸塞州的萨福克（Suffolk）郡不断推进着，但是盖瑞特也批判了绝大多数检察院完全没有着手改革的现状。翻看最高检察厅对死刑再审四案件（1989 年）、志布志案和富山案（2007 年）以及大阪地方检察院特搜部篡改证据案（2010 年）的调查报告可知，日本检察院可能不会出现像沃特金斯那样的检察官[1]。报告中还可以发现缺乏公正性、客观性以及人权保障等日本检察的特质[2]。

第三，辩护制度。盖瑞特通过对误判案件的分析，指出“过去由于法官非常相信证据会受到‘法庭的严格试炼’，即在陪审员面前，依托优秀辩护律师的反询问对证据进行充分调查，所以法官不会将焦点放在提交给法庭的证据的真实性上”。但“相信这种庭审程序可能是错误的”[3]，原因就是庭审中辩护人的辩护不一定是有效的[4]。辩护时没有提出应有的主张或举证并不是因为辩护人的无能或缺乏干劲，而是因为存在许多制约因素，如较低的报酬、辩护经费的不足（在发生科学性证据争议时无法出具专家证言）、无法查阅检方证据等。另外，盖瑞特还认为有必要训练辩护人、创建公共辩护人事务所、扩张辩护人对追诉方证据的查阅权和对专家证人的邀请权等，并且在许多法律领域问题依然存在[5]。日本同样有人指出

〔1〕これらの検証結果につき、誤判問題研究会「最高検察庁『再審無罪事件検討結果報告』について」法律時報 61 巻 8 号 85 頁以下、守屋克彦「氷見事件・志布志事件に関する最高検察庁の調査報告書について」季刊刑事弁護 54 号 126 頁以下など参照。

〔2〕拙稿「日本検察の特質と検察改革の視点」法と民主主義 454 号 2 頁以下（本書第 2 章 I）参照。

〔3〕Garrett, op. cit. p260.

〔4〕Ibid, at pp165 – 167. pp205 – 207.

〔5〕Ibid, at pp260 – 261.

辩护人应当对误判的发生承担责任[1]。不正当辩护应当被批判，但必须从无法有效保障辩护权行使的制度性问题及其改革的视角出发。

三、刑事司法改革的视角——对日本法的启示

（一）美国刑事司法改革的动向

如上所述，美国正视误判产生的原因，在一些领域开始了刑事司法改革的尝试，因此我们梳理了美国整体改革的动向[2]。值得注意的是，北卡罗来纳州在误判案件的影响下，州最高法院院长雷克（I. Beverly Lake）自觉采取行动，在2002年设立了作为独立委员会的北卡罗来纳误判委员会（North Carolina Actual Innocence Commission）。委员会成员由法律执行机关、法官、检察官、律师、社会学家、法学家、被害人代表组成。经该委员会的积极活动，委员会的劝告被采纳，北卡罗来纳州于2002年出台了包含双盲测试的目击证人罪犯辨认程序改革法（Eyewitness Identification Reform Act）。为进行误判救济，该州又于2006年设立了作为独立机关的无辜者调查委员会（Innocence Inquiry Commission）。该委员会是效仿英国和加拿大制度[3]设立的，规定由法官、检察官、刑事辩护律师、县治安官、被害人代表以及若干名普通市民对案件进行审查，如果其中5名委员形成一致合意，就会任命3名法官对案件进行审查，如果存

〔1〕 佐藤博史『刑事弁護の技術と論理』（有斐閣、2007年）378頁以下参照。

〔2〕 Garrett, op. cit. at pp241 –

〔3〕 イギリスの刑事再審委員会の創設と活動実態等につき福島至「イギリスの刑事再審委員会の現状と課題」前掲『誤判救済と刑事司法の課題』173頁以下、カナダの刑事司法改革の動きにつき指宿・前掲『被疑者取調べと録画制度』119頁以下参照。

在强有力的无罪证据，法官就会撤销有罪判决（原有判决）并宣告犯罪嫌疑人无罪。到2008年，该州又出台了强化误判案件事后救济的改革法案，即要求对杀人案件的讯问进行录音录像、为确保DNA鉴定而保全证据并保障其信息公开权。在北卡罗来纳州实现了对讯问过程录音录像以及强化DNA鉴定的信息公开权等改革后，其他几个州也实施了类似的改革，但其他州并未设置由北卡罗来纳州创设的误判事后救济机关。

对比美国的上述动向，日本刑事司法改革的进展较为迟缓。为何两国改革的进程存在这么大的落差呢？笔者认为是因为明明面临误判问题，相关部门却既不正视，也不推进改革步伐，毫无疑问其责任重大。

（二）结构性误判原因的共通之处

虽然盖瑞特所列举的误判案件多数是在有陪审员参与庭审的情况下产生的，但是他所指出的误判原因与日本的误判原因相似。回顾1975年后通过再审得到救济的误判案例和过去对事实认定错误的救济案例可知，日本也存在侦查机关在讯问时获得虚假口供、通过诱导程序获得错误的目击证人罪犯辨认证言、科学警察研究所和科学搜查研究所出具的错误的科学鉴定以及看守所举报人的虚假证言等问题。不正当辩护和检察官、警察的不端行为也同样存在。盖瑞特将其表述为“结构性错误”，日本也存在这种结构性误判原因。

正因如此，可以说将盖瑞特提出的刑事司法改革建议原封不动地移植到日本也是可行的。这从盖瑞特的改革建议与日本早已提出的讯问过程录音录像等改革方案存在共通之处上就可以看出端倪。因此，盖瑞特的误判研究及其刑事司法改革建议也适用于同样有结构性误判原因的日本刑事司法。但日本在引入裁判员制度进行刑事司法改革时，欠缺了防止误判以及为防止误判而进行根本性刑事司法改革的视角[1]。故在引入裁判员制度三年后的制度审查期，盖瑞特的误判研究启示我们应当以克服结构性误判原因为方向，下大力气解决根本性刑事司法改革的课题。

虽然北卡罗来纳州无辜者调查委员会与英国刑事再审委员会一样，作为新型误判救济制度值得瞩目，但日本已经存在再审制度。日本的当务之急是充分发挥再审制度的误判救济功能。在创设由市民和专家组成的类似北卡罗来纳州这样的制度之前，日本应该竭尽全力发挥再审制度的作用（当然，组建调查误判原因并研讨对策的委员会组织仍是必要的）。盖瑞特指出，阻碍对有罪判决进行误判救济的是审判的终局性（finality）观念[2]。终局性观念过于固守审判的确定力，在日本的再审实践中也阻碍了再审作用的发挥[3]。美国的误判情况启示我们，应该克服终局性观念和固守审判确定力的观念，认识到发挥再审作为误判救济制度功能的重要性。

（三）与裁判员制度之间的关系

在与裁判员制度的关系问题上，美国的问题状况同样为日本提供了有益视角。

---

〔1〕 拙稿「刑事司法改革で刑事裁判はよくなるか」世界 707 号 179 頁以下（本章Ⅱ）参照。

〔2〕 Garrett, op. cit. p227.

〔3〕 拙著『刑事再審と証拠構造論の展開』（日本評論社、2003 年）参照。

第一，本次司法改革中，裁判员制度作为“强化司法国民性基础”的制度，却并不包含为避免误判发生而进行根本性刑事司法改革的理念。这也是为什么本次改革保留了产生误判的纠问式侦查和书面审判的诉讼结构，仅直接加入裁判员制度的原因〔1〕。如上所述，美国和日本的刑事司法有着共通的结构性误判原因，但是日本没有米兰达规则，再加上长期、长时间的讯问，代用监狱的存在以及证据开示范围狭窄等现状，日本刑事程序产生误判的结构性风险更大。因此，当务之急就是要学习美国陪审制下的误判研究，加快克服结构性误判的根本性刑事司法改革的步伐。

第二，有观点指出随着裁判员制度的引入，彻底贯彻当事人主义变得更加重要〔2〕。这当然没有争议，但其必须以人权原理作为支撑才有意义，即“有价值的当事人主义”〔3〕。同时我们还应注意盖瑞特提出的美国刑事程序中过分信赖“庭审时在陪审员面前由辩护人进行反询问”的问题。当然，为了克服依赖纠问式侦查的书面审判，必须强调反询问在庭审中的重要性。但为了真正打破依赖纠问式侦查的书面审判的局面，必须保障以人权为后盾的防御权。正如盖瑞特所建议的，日本也必须保障辩护人对检察官在案证据的查阅权、妥善保管可能成为无罪证据的生物性资料并确保 DNA 鉴定的信息公开、保障有效辩护并扩充辩护权、引入讯问过程录音录像制度等。盖瑞特等人的误判研究告诉我们，在无辜者不予处罚的理念下，

---

〔1〕 拙稿・前掲「刑事司法改革で刑事裁判はよくなるか」（本章Ⅱ）参照。

〔2〕 酒巻匡「証拠開示制度の構造と機能」同『刑事証拠開示の理論と実務』（判例タイムズ社、2009 年）1 頁以下など参照。

〔3〕 平野龍一『刑事訴訟法の基礎理論』（日本評論社、1964 年）10 頁参照。

彻底改革产生误判的刑事司法的同时，作为人权保障内在要求的“有价值的当事人主义”这一理念的重要性。

［补记］ 有关校正，见伊藤和子《从美国无辜者计划的发展看日本的课题》日本律师协会冤罪调查第三者机关 WG 编《冤罪调查》，劲草书房 2012 版，第 81 页之后。

第一章　裁判员制度与刑事司法改革

解　题

正如“序章”所述，2004年修订《刑事诉讼法》时所确立的裁判员制度，在直接主义、口头主义的审判要求下，内含彻底改革依赖纠问式侦查的书面审判的契机。但对侦查法和证据法等涉及书面审判结构的根本性刑事诉讼程序改革却被搁置，故该契机能否变为现实仍留有疑问。正如本章第三节“裁判员裁判的审理方式”中所论述的，裁判员裁判时进行连日开庭是为了加快审判速度、提高审判效率，有人担心这会导致依赖纠问式侦查的书面审判结构以变形的方式进行固化。从这个意义上说，裁判员制度能否发挥其彻底改革刑事司法的作用，还要看该制度的运行情况，特别是在确立犯罪嫌疑人国选辩护制度这一新形势下的刑事辩护实践。本章所收录的文章均写于裁判员制度实施之前，带着这样的问题意识来探讨裁判员制度运行的课题及理想状态。

裁判员制度生效（2009年）后，积累了大量关于该制度运行的文章以及验证材料，特别是在裁判员制度生效3年后的制度审查期内，最高法院、法务省以及日本律师协会发表了《报告书》和《改革方案》，汇总了关于裁判员制度实施情况的研讨及验证结果，在法学杂志上也发表了大量专题报道。专题报道普遍认为裁判员制度运行平稳，肯定了其推动公开审理中直接主义、口头主义的发展，完善保释及证据开示制度的作用，都是公众对裁判员制度的肯定性评价（司法国民性基础的显著进步）成果，但同时也认为存在需要研究的遗留制度问题，如：如何摆脱书面审判、审理中证据调查的适当范围、评议过程的可视化、事实认定与正当量刑、审判二分论的运用等问题（参见《（特集）裁判員裁判の改善に向けて》，载《刑事弁護季刊》第72号第16页以后；《（特集）裁判員制度三年の軌跡と展望》，载《論究ジュリスト》第2号第4页以后）。从这个意义上说，裁判员制度能否发挥刑事司法根本改革的制度功能，依然是今天裁判员制度所面临的问题，因此本章收录文章中提出的课题以及解决问题的方法至今仍具有现实意义。

本章第一节为裁判员制度的课题（与原文标题相同，初见《法律時報》2007年第79卷第12号），针对裁判员制度如何发挥"彻底改革以纠问式侦查和书面审判为结构特征的刑事诉讼"的功能，全面探讨了相关制度及实践课题，还探讨了部分判决制度（区分案件审判制度）之下法官与裁判员之间的"协作"、如何处理被害人参加刑事程序、讯问的可视化改革等课题。随后，众所周知，在最高法院的判例和审判实践中，出现了对羁押必要性进行严格解释以及改进保释制度运用的动向。

本章第二节为裁判员制度与事实认定理论（与原文标题相同，

初见《法律時報》2005 年第 77 卷第 11 号），随着自白任意性审查的振兴，带着在裁判员制度下如何确保正确认定事实的问题意识，以前法官木谷明等人的理论成果为依托，将证据结构理论作为裁判员裁判中正确认定事实的关键，认为应当在这种证据结构理论的基础上，利用传统事实认定理论的成果来论证事实认定的正当性。本文最初也是为了阐述《法律时报》第 77 卷第 11 号专题《变革时期的刑事审判与事实认定》的主旨而写。此后，又有人提出以证据结构理论为基础的《证据结构焦点化法（图表法）》的提案（参见三島聡《検察官提示の証拠構造の拘束力と可視化》，载《裁判員裁判の評議デザイン》，日本评论社 2015 年版，第 214 页以后），作为使裁判员和法官能够平等而又充分地参与评议的"评议会设计"。

本章第三节为裁判员裁判的审理方式》（与原文标题相同，初见《刑事弁護季刊》2008 年第 56 号），批判性研讨了司法研修所编《裁判员制度下重大不认罪案件的审理方式》（法曹会，2008 年）中为施行裁判员制度而提出的裁判员裁判的合理方式。本文批判了由法院在第一次审前准备程序中重视锁定问题和证据、并依此加快审判速度的审理方法的提案，认为该提案旨在"提高以法官为主导的、臃肿的审前准备程序所规定的审判效率"，却忽视了防御权。此外，本文还反驳了所谓的正确认定事实的方法，该方法以作为防御权保障理论的证据结构理论为基础。

此后，笔者又探讨了关于 2016 年《刑事诉讼法修正案》规定的，在裁判员裁判的对象案件和检察官自行侦查的案件中引入对拘留、逮捕后的犯罪嫌疑人讯问进行录音录像的制度问题（将在第三章中探讨)，特别是裁判员裁判中录音录像记录媒介等证据的使用问题，即针对能否把记录媒介作为实质性证据来使用以及任意性审查中记录媒介的审查方法问题。此次契机就是今市案（裁判员裁判）的一审有罪判决（宇都宫地方法院2016年4月8日判决，LEX/DB25542682)。笔者认为，从审判中心主义以及法律关联性的角度出发，应当反对将录音录像记录媒介作为实质性证据（参见《座談会・足利・村木事件の教訓と刑事訴訟法学の課題》，载《法律時報》第83卷第9、10号第50页川崎英明的发言)。此外，如本章第三节所述，鉴于自白任意性和真实性的审查与判断之间有密切关系，以及传统审判实践中适度否定自白任意性的状况，由裁判员参与自白任意性的审查与判断较为合适。裁判员可以通过审查录音录像记录媒介（包括录像以及播放的选择）来避免对自白任意性进行审查和判断而形成错误心证（实质判断）的风险（参见川崎英明、三島聡、渕野贵生编《2016年改正刑事訴訟法・通信傍受法条文解析》，日本评论社2017版，第136页以后渕野贵生执笔部分)。解决这一问题的办法应该是切实保障犯罪嫌疑人得到辩护人的援助、在讯问时行使沉默权，因为在讯问录音录像制度下，犯罪嫌疑人有刑事辩护的援助，可以自由、独立地决定是否作出供述（保障了沉默权）(参见秋田真志、森直也《可視化時代の捜査弁護実践》，载《刑事弁護季刊》第82号第31页以后)。

第一节　裁判员制度的课题

一、现阶段的裁判员制度

在2009年裁判员制度实施前，相关的准备工作已在进行中，包括各地进行的法曹三者模拟裁判员审判及其验证工作，以及法曹三者对裁判员制度下的审理方式进行汇总并提出建议〔1〕。在2005年11月第一次审前准备程序生效时，裁判员制度的媒体宣传也在同时进行。

另外，裁判员制度的状况发生了重大变化。其一，2007年6月《刑事诉讼法》的修订引入了被害人参加制度。被害人作为诉讼参与人可以开展诉讼行为，如向被告人提问、询问相关证人以及包括要求判刑在内的辩论等。但被害人作为诉讼当事人参加诉讼的理论依据尚未明确，且被害人参加诉讼在一定程度上是与无罪推定原则的实质相抵触的，被害人的报复情感可能会影响审判〔2〕。也有人担心在传统的犯罪被害人意见陈述（《刑事诉讼法》第292条第2款）制度的基础上，引入被害人参加制度会使裁判员出席审判的情况变质。

---

〔1〕最高検察庁「裁判員裁判の下における捜査・公判のあり方に関する試案」（2006年3月）、日本弁護士連合会「裁判員裁判における審理のあり方についての提言案」（2006年6月）、最高裁判所刑事局「裁判員制度の下における審理、評議及び判決のあり方に関する試案」（判例タイムズ1188号12頁以下）、「特集・模擬裁判員裁判を検証する」季刊刑事弁護45号34頁以下参照。

〔2〕犯罪被害者の訴訟参加の問題点につき、拙稿「刑事裁判への被害者参加制度の批判的検討」季刊刑事弁護50号89頁以下、「座談会・犯罪被害者と刑事訴訟」法律時報79巻7号88頁以下参照。

在被害人参加诉讼的情况下，该如何依托裁判员制度推进审判，这是值得探讨的问题。其二，《裁判员法》的修订引入了部分判决制度。据立法事务当局的介绍，当同一被告人有多个案件在审理时，为了减轻因审限过长等造成的裁判员的负担，将案件分类。不同的案件分别选任裁判员，在依次审理并作出有罪或无罪的部分判决后，由新选任的裁判员组成合议庭，在已有部分判决的基础上，对全案作出包括量刑在内的终局性判决。裁判员只参与被选任案件的审理和判决（也有参与全案终局性判决的情况），而法官则需参与所有案件的审理、判决以及全案的终局性判决〔1〕。因此，在适用部分判决制度的案件中，裁判员与法官在职权上存在制度性差异。虽然在可能损害被告人防御权益的情况下不适用部分判决制度，但部分判决中“与定罪事实有关的关联事实”的任意性书写事项，作为犯罪动机和方式可能是全案的共通事实，这样就在实践中不可避免地造成了法官与裁判员之间的信息不对称。裁判员制度下裁判员减负是必要的，但法官与裁判员之间的“协作”才是裁判员制度的核心要求，法官与裁判员之间的信息对称不可或缺。如此看来，部分判决制度缺乏法官与裁判员之间的对等，两者之间的“协作”恐怕难以实现。在法制审议会刑法（裁判员制度相关）委员会第2届会议上，有人认为部分判决制度下的差异是可以接受的，因为这种差异已经在只有法官参与的第一次审前准备程序中就设想过了。但法官与裁判员之间本来就存在知识和经验的不平衡，而在第一次审前准备程序的基础上又增加部分判决制度，只会导致法官与裁判员在职权以及信

〔1〕 法制審議会刑事法（裁判員制度関係）部会議事録参照。

息获取上的结构性差异的双重制度化[1]。虽然法制审议会刑法委员会解释了部分判决制度只适用于例外情形，但这并未消除大家的担忧。

回顾以往，从一开始，人们就对国民参与刑事司法的裁判员制度既抱有期望又满怀担忧和疑虑，而此时又引入了可能导致庭审变质的被害人参加制度和与裁判员制度存在法理冲突的部分判决制度。这些情况的变化似乎增加了人们对裁判员制度的担忧与恐惧。针对这些变化，本文试图从刑事诉讼改革的角度出发，重新审视裁判员制度的意义，思考在该制度实施之前就存在的制度及其运行课题。

二、裁判员制度与刑事诉讼改革

2004 年的《刑事诉讼法修正案》是现行《刑事诉讼法》的首次重大修改，它确立了裁判员制度、审前准备程序以及犯罪嫌疑人国选辩护制度，但是修订并未涉及拘留、逮捕、讯问犯罪嫌疑人等侦查的根基，也未涉及证据法的根基。2 号文书（译者注：根据日本刑事诉讼法第 321 条第 1 项第 2 号的规定，检察官制作的讯问犯罪嫌疑人笔录可以作为证据提交给法庭，又称检方笔录）仍被用作实质性证据，自白任意性审查制度也毫无进展。这意味着此次修订并未从根本上改革刑事审判的结构性特征——以讯问在押犯罪嫌疑人为中心的纠问式侦查以及因此形成详细的供述笔录以主导审判和事实认定的书面审判。早在 1985 年，已故的平野龙一博士就得出“诊

〔1〕 裁判官と裁判員との協働と格差の問題につき、三島聡「裁判員裁判における評議の進め方」法律時報 79 巻 1 号 107 頁以下参照。

断”，将审判变成追认侦查结果的现象是“病态的”“异常的”，刑事审判的未来“令人绝望”〔1〕。站在这一“诊断”的立场上看，不禁让人怀疑此次改革的实质是否就是将裁判员制度嵌入这种“令人绝望”的刑事诉讼结构之中。

话虽如此，但根据《司法改革审议会意见书》（2001 年 6 月），裁判员制度的目的是“让普通国民参与审判过程，使审判内容能更好地反映出国民健全的社会常识”，以“确立司法的国民性基础”，并不是刑事诉讼的根本改革。因此，平野博士的上述“诊断”并未得到司法改革审议会的认同。不过，《意见书》中却将裁判员制度作为“充实刑事审判、加快审判速度”的措施。可见在裁判员制度下，“在法庭上贯彻直接主义、口头主义原则进行审理”的“要求更加强烈了”。与此同时，此次修订却没能实现侦查法与证据法的根本改革，即裁判员制度所“要求”的“贯彻直接主义、口头主义进行的法庭审理”。正因如此，我们不得不质疑裁判员制度的确立能否彻底改革以传统纠问式侦查和书面审判为结构性特征的刑事诉讼，或者说是否会以与纠问式侦查和书面审判的结构性特征相调和的形式来运行裁判员制度。

对此，法曹三者一致推崇裁判员制度下代表刑事审判形象的核心司法〔2〕。但什么是核心司法尚不明确，对于侦查阶段形成的书证，特别是口供笔录，能否使用、如何使用，众说纷纭，后文会有

---

〔1〕 平野龍一「現行刑事訴訟の診断」団藤重光博士古稀祝賀論文集第 4 巻（有斐閣、1985 年）407 頁以下。

〔2〕 前掲注 1 掲記の文献の他、今崎幸彦「『裁判員制度導入と刑事裁判』の概要」判例タイムズ 1188 号 4 頁以下など参照。

论述。但可以明确的是核心司法的目的，即以定罪事实为中心锁定需要证明的事实，严格选择证据以平衡审判。最初提出核心司法理论的是平野博士。1999 年，此次司法改革初露端倪，平野博士就建议采用参审制度，并提出“在参审制度下，法官和参审员都只能以提交到审判庭上的证据来形成心证”，因此“无论怎样的形式（即便是自相矛盾的控辩式供述的形式）都必须有侦查记录”，“侦查记录应当简明扼要、直指案件核心”，但由于这会“影响到讯问方式和羁押期限”，因此“询问证人和反询问”也是其“核心”内容。依托这种“核心司法”就可以“在很大程度上摆脱现行刑事程序中精密司法与书面审判的弊端”[1]，但其前提是控辩式的侦查观，而这似乎与法曹三者的核心司法形象相背离。

裁判员在法庭外研读、探讨笔录（“侦查记录”）的书面审判方法虽然行不通，因为在裁判员制度下“法官与裁判员都只能以提交到法庭上的证据来形成心证”。然而，即使“摆脱”“精密司法”也并不直接意味“摆脱”了依赖纠问式侦查的“书面审判”。事实上，由于此次修订没有涉及侦查法和证据法，尤其是传闻例外规定，因此“讯问方式和羁押期限”不变，笔录仍然作为证据出现在庭审上，依赖纠问式侦查的书面审判结构仍然存续。所以即使提交给法庭的笔录是裁判员制度所要求的“简明扼要……直指案件核心”的，这种“简短的笔录更像是讯问结果报告书（引用者注：直接主义所排斥的书面审判），恐怕反而背离了侦查和审判相分离的要求”[2]。从

---

〔1〕 平野龍一「参審制の採用による『核心司法』を」平野龍一『刑事法研究最終巻』（有斐閣、2005 年）190 頁参照。

〔2〕 堀江慎司「公判手続における直接主義・口頭主義」刑法雑誌 43 巻 3 号 446 頁。

这个意义上说，笔录的简化并不能消除书面审判依赖侦查的弊端。与此同时，由于第一次审前准备程序是为选择在法庭上公开的笔录而服务的，核心司法可能会使第一次审前准备程序成为臃肿的审判前置程序。因此，该程序可能成为一种调节器，使纠问式侦查和书面审判的结构在裁判员制度下以核心司法的形式存续。换言之，核心司法不是摒弃“精密司法”和“书面审判”的刑事司法形象，而是通过第一次审前准备程序改良为简明扼要、快捷易懂的书面审判的刑事司法形象[1]。当然，问题在于有争议的案件，但毋庸讳言，即使在无争议的案件中，审判时也不宜依赖笔录。

在审判方式上，核心司法作为裁判员制度下的刑事司法形象，虽然得到了法曹三者的认同，但对于检方来说，即使力求减少书面证言的数量，在“庭审的举证意识”下使“供述笔录简明扼要、通俗易懂”，然而笔录在“事实认定上的重要性”并没有改变，传统书面审判采用的同意文书和（笔录）告知主旨的讯问方式依然屹立不倒。不同的是，法院和律师方除书证外，以证人举证为原则，同时辅以合意文书和简化笔录（但律师方更偏向宣读整个讯问笔录）。问题在于能否以核心司法为原则设计一套审判制度，从实质上改革书面审判。

以书面审判的核心（口供笔录）为例，早就有人指出，其实质是警察的讯问“作文”。的确，这种笔录记载的自白内容并不能保证

---

〔1〕 小田中聰樹『刑事訴訟法の変動と憲法的思考』（日本評論社、2006 年）280 頁以下は、核心司法という司法像の本質的性格を「防御・弁護活動を管理、抑圧、統制する糺問主義的機能を果たすであろうもの」と特徴づけられている。

与被告人供述相一致[1]。口供笔录的这一特点，是法院在肯定自白任意性的同时否定其真实性的原因之一。精密司法的方式是对大量的口供笔录进行理解分析，根据评价自白真实性的注意规则对自白进行分析审查，这种事实认定方式正符合口供笔录的这一特点。但在裁判员制度下，如果讯问方式和笔录制作方式不变，由于法庭只根据内容简略的口供笔录“形成心证”，就不能采用这种精密司法下的事实认定方法。否则，裁判员制度下的刑事审判有可能变成书面审判，缺乏对口供笔录的精密审查。正因如此，在裁判员制度下，如果要把口供笔录写成“简明扼要、通俗易懂”的形式，就更需要把整个讯问过程可视化（录音录像），保障辩护人在场以确保口供笔录的任意性而不是讯问人写的作文。其中，可视化是在此次保留纠问式侦查的改革框架内也能采取的一种选择。然而，此次改革在欠缺可视化的前提条件下仍保留了以口供笔录为基础的审理和事实认定方式，这可能会导致以简略的口供笔录为依托的粗糙的书面审判。讯问犯罪嫌疑人的可视化是实施裁判员制度的最基本的要求。

随着这些遗留的制度性课题以及庭审上出现笔录的预设，审判时应以询问证人为重点，避免依赖使用同意文书，严格适用2号文书的特信性要件。同时在审查自白任意性时，应严格执行“能准确证明”讯问情况的义务（《刑事诉讼法规则》第198条第4款）以实现讯问的“可视化”，这就是法曹三者特别是刑事辩护正在努力的方向。为了避免第一次审前准备程序在运行中沦为臃肿的审判前置

---

〔1〕 供述調書のこのような特質について、古賀康紀・船木誠一郎「刑事弁護と事実認定」法律時報77巻11号30以下参照。

程序，必须完善与裁判员制度相呼应的以审判为中心的诉讼程序。

在研究如何克服依赖纠问式侦查的书面审判这一课题的同时，与裁判员制度下连日开庭相对应的保障防御权的课题依然值得研究。

一是连日开庭审理需要确保被告人与辩护人能够及时、充分、准确地沟通，其前提条件是保障被告人的人身自由，即解除被告人的羁押。在这一点上，虽然已经有人建议法官合理运用保释措施[1]，但保释必须进行实践改革（使保释的运用更具弹性），特别是要严格解释隐匿毁灭证据的可能原因，因为这是排除保释的理由。此次改革叩问了隐匿毁灭证据原因的适用阐释方式，也改变了诉前逮捕的适用方式。当然，针对逮捕后的被告人，为应对连日开庭，必须保证其能在法庭、晚上以及周末、节假日与辩护人会见。

二是保障防御活动的事前准备工作。在充实第一次审前准备程序证据开示的前提下，必须为刑事辩护利用证据开示获得信息，从而为进行防御活动创造条件。特别是保障事先会见证人的权利，这是实现以询问证人为核心的审判方式和克服书面审判方式不可或缺的条件。根据《宪法》第 37 条规定的询问证人的权利和接受公平审判的权利，以及《宪法》第 31 条规定的正当程序的权利，被告人事先会见证人的权利有待确认[2]。

在裁判员制度下提倡的案例理论[3]这一辩护技巧（根据证据和

---

〔1〕 松本芳希「裁判員裁判と保釈の運用について」ジュリスト1312 号 129 頁。

〔2〕 証人事前面接権の意義について、田淵浩二「アメリカにおける弁護人の事前証人面接権」小田中古稀記念『民主主義法学・刑事法学の展望・下巻』（日本評論社、2005 年）232 頁以下参照。

〔3〕 ケース・セオリーにつき、日本弁護士連合会『法廷弁護技術』（日本評論社、2007 年）第 2 章、第 11 章参照。

事实，能够毫无矛盾地解释被告人为什么应该“胜诉”的蓝本案件）与全面贯彻无罪推定原则一起，是解决这些课题的前提条件。

三、裁判员与法官

裁判员“与法官协作，共同承担责任，主动地、实质性地参与决定裁判内容”，是裁判员制度的核心要素。法官与裁判员之间的“协作”，实质上是要求两者按照各自的角色实现地位与权力上的对等，即要求两者在“裁判内容的确定”上实现信息对等。而不容忽视的是，其前提条件是摒弃书面审判。

然而，为连日开庭而确立的第一次审前准备程序中内含阻碍法官与裁判员之间“协作”的结构性契机。在第一次审前准备程序中，法官应该对证据的认定、开示等进行裁定，以达到整理争点和证据、制订审判计划的目的。在这一过程中，法官不可避免地会接触证据、掌握案件事实。这是与预先排除原则相冲突的，即使能够解释这种冲突，参与第一次审前准备程序的法官也不可避免地会比没有参与的裁判员获得更多的案件信息，这就会导致裁判员制度的核心要素（法官与裁判员之间的“协作”）遭到破坏。这一点在裁判员制度的立法过程中就一直在讨论，虽然可以设想由不属于合议庭成员的法官来主持个别的审判准备程序，但这种个别化的审判准备制度并未被采纳。为此，需要有一个不会阻碍法官和裁判员之间的“协作”的审前准备程序。由此而出现的是前述的部分判决制度。然而，如果存在损害防御权益的风险就不适用这一制度，但分类案件的犯罪事实和间接事实不可避免地会相互关联，因此参与所有类型案件的审理和判决的法官，就其地位和权力而言，比只参与个别分类案件的裁判员有着制度上的优势，组成合议庭的法官与裁判员之间难免就会有信息上的不对等。从这个意义上说，在适用部分判决制度的情况下，应该以不妨碍法官与裁判员之间的“协作”为前提。但在该制度的结构下，要实现这个前提非常困难。正如法制审议会刑法委员会所强调的那样，至少应当将这一制度的适用限定在例外案件中。

在法官和裁判员的“协作”上，评议的方式方法也是一大问题。由于评议不对外公开，如果不能确保两者的地位对等，就无法获得国民对裁判员制度的信任。《裁判员法》第66条第5款规定，审判长有义务确保裁判员在评议过程中有充分发言的机会，该义务具体体现在法院在模拟裁判员审判中提出的“评议方针”上，如法官的发言应在裁判员之后〔1〕。因此不禁让人感慨，人文科学的研究成果在这个领域的运用是迟缓的。作为推进评议过程的审判长，要积极地运用法官和裁判员“协作”的相关知识开展审判和评议，如心理学上的沟通设计法则等〔2〕，问题在于刑事审判与心理学应如何“协作”。

四、裁判员与国民

裁判员与国民之间的关系也是一大课题。

---

〔1〕「大阪の法曹三者による第2回裁判員制度模擬裁判実施結果報告書」（以下、大阪実施結果報告書という）判例タイムズ1230号25頁以下参照。

〔2〕裁判員制度をめぐる法と心理学の「協働」の先駆的試みとして、「特集・裁判員裁判における評議」法律時報79巻1号107頁以下、「特集・裁判員制度——制度成立過程と法学的心理学的検討課題」法と心理5巻1号1頁以下参照。

（一）当国民被选任为裁判员时的课题

各种调查问卷显示，国民对被选任为裁判员参与司法的积极性并不高。毋庸讳言，日本应努力创造社会条件，让国民更容易作为裁判员参与司法，但更为重要的是如何让裁判员理解刑事审判的理念，如无罪推定原则以及无辜者不予处罚原则。我们应该认识到，在当前的犯罪报道情况以及社会的惩罚情绪之下，无罪推定原则、无辜者不予处罚以及沉默权等防御权的意义，并不一定能得到国民的正确理解〔1〕。虽然这实质上可能是需要对国民进行法制教育的问题，但在审判过程中同时开展法制教育也是必要的，在被害人参加诉讼的情况下也很重要。审判长有必要在选任过程中说明证据裁判主义和举证责任（《裁判员法》第39条第1款）。在庭审过程中，当事人特别是辩护人有必要在开庭陈述中说明与案件相关的举证责任原则以及沉默权等防御权的意义。虽然日本没有像陪审制那样的法官说明制度，但就《裁判员法》第39条第1款、第51款以及第66条第5款的主旨而言，审判长和辩护人对案件进行相应的“说明”是可行的，也是可取的。与此同时，也不应当限制辩护人在开庭陈述和结案陈词中的“说明”。

再者，拉近法律与裁判员的距离也很重要。例如，在法理学上可以在肯定口供笔录任意性的同时否定其真实性，但从任意性的字面含义来看，这种情况很难被理解。这就是自愿性概念的法律用法和日常用法之间的差异问题。传闻例外要件的特信性概念也是一样。

〔1〕 拙稿「刑事法という世界」法学セミナー582号6頁以下参照。

因此有必要让裁判员参与到作为法官判断标准的任意性和特信性的审查和评议中，同时，也需要在审查和评议方式上下工夫。虽然在模拟裁判员裁判中已经进行了这样的努力〔1〕，但必须向裁判员仔细解释法律概念与日常用法上的差异和不同，并获得他们的理解。

（二）当国民作为诉讼参与人站在裁判员面前时的课题

首先，是被告人被推定为无罪的问题。虽然这与上述法制教育问题也有关系，但这里要考虑的问题是，是不是一个将被告人推定为无罪的审判庭。假如被告人在法庭上打着领带、穿着白衬衫和皮鞋，坐在辩护人席上，直呼姓名，与公诉人相对而语会如何呢？被告人的形象似乎就会从一个被审判的罪犯变成一个被推定为无罪的公民。虽然腰绳和手铐涉及法庭戒护权的归属问题，但称呼和席位等问题是只需要审判长的诉讼命令就能立即解决〔2〕，而这关乎法官的公民意识。

其次，是被害人（国民）作为诉讼参与人参加诉讼的问题。如上所述，被害人参加诉讼，可以进行公诉方亦即检察官所承担的一部分主张、举证的诉讼行为，如向被告人提问、询问相关证人以及辩论。由于没有前置程序来确认被害人是否真的是被害人，因此被害人在诉讼中被当作被害人，除传统的意见陈述之外，还能开展上述诉讼行为。虽然在检察官的起诉书中，被害人只是在理论上被认定为犯罪被害人，但在裁判员的眼中，被害人则是独一无二的被害

〔1〕 前揭「大阪実施結果報告書」18 頁参照。

〔2〕 前揭「大阪実施結果報告書」5 頁参照。

人。在怀有强烈报复情绪的被害人面前，解释无罪推定原则以及无辜者不予处罚的理念，其效力是薄弱的，也容易导致重刑化，在被告人的罪责存在争议的情况下危害尤其大。刑事诉讼程序分为事实认定程序和量刑程序，如果将被害人的参与限定在量刑程序中，就可以在很大程度上控制危害，而这也只能交由实践去摸索了（《刑事诉讼规则》第198条第3款）。因此，在被害人参加诉讼的情形下，必须进行制度改革，以无罪推定为原则推进审判。

五、裁判员制度的展望

从这个角度看，裁判员制度存在许多制度性问题，而这也是关乎裁判员制度和刑事审判未来的迫切课题。实践中虽然出现了很多问题，但2009年裁判员制度生效的计划并未改变。过去，大家往往更重视让裁判员容易理解审判程序以及减轻他们的负担，但忽略了刑事诉讼改革的视角。从刑事诉讼改革视角来看，必须解决双重挑战，即解决裁判员制度遗留的制度性课题以及寻求与裁判员制度理念相适应的刑事诉讼运行方式。从这个意义上说，虽然针对此次刑事司法改革存在不同看法，但大家一致认为“新型刑事辩护人的重要任务”是“实现隐藏在显性改革（written reform）中的隐形改革（hidden reform）”[1]。

---

〔1〕四宮啓「司法制度改革と刑事司法」菊田幸一他編『社会の中の刑事司法と犯罪者』（日本評論社、2007年）103頁以下参照。

第二节 裁判员制度与事实认定理论

一、木谷、石井之争与事实认定理论

2004年4月，木谷明教授（以下简称木谷教授，前法官）出版了论文集《刑事审判的核心——事实认定的正确法则》（法律文化社，以下简称《核心》）。由于是著名刑事法官木谷教授所写的书，无论是在理论还是实践上都产生了很大影响，很快石井一正教授（以下简称石井教授，前法官）写了一篇书评（《ブックレビュー·木谷明著『刑事裁判の心』》，载《判例タイムズ》第1144号第42页以后）。针对这篇书评，木谷教授写了一篇反驳文章（《『合理的疑い』の範囲などをめぐって》，载《判例タイムズ》第1151号第18页以后）（以下简称反驳论文）。最近木谷教授出版了新的论文集《事实认定的正当化——续·刑事审判的核心》（法律文化社，以下简称《核心续》），其中第一章《刑事上的事实认定》一文继续提出了反驳观点。

正如木谷教授在上述反驳论文中所总结的那样，木谷教授与石井教授的争论集中在三点：（a）关于“怀疑的合理性”的思考，（b）判断自白任意性的方法，（c）判断自白真实性的方法。这些都是刑事审判中事实认定理论的核心主题，也是事实认定理论的当代课题。木谷、石井之争是一场触及刑事程序理念和事实观念的深刻的事实认定理论之争。

受这一争议的启发，本专题（《（特集）変革期の刑事裁判と事実認定論》，载《法律時報》第77卷第11号）试图从理论和实践两个角度切入事实认定理论的当代课题。

石井教授批判的要旨和木谷教授的反驳，以及木谷、石井之争的焦点和背景，在木谷教授的上述反驳论文中都有明确的解释，在本专题的座谈会（木谷明、中川孝博、白取祐司：《刑事裁判の理念と事実認定》）中也阐述了其意义，这里笔者想重申一下木谷教授的主张。

木谷教授强调了他在《核心》中阐明的“关于事实认定的基本态度”，并从“宁可放过真凶，也不错罚一个”的立场出发，认为“应该正视被告人提出的疑问并极力消除。如果审判不能消除证据上的重要疑问，不能提供令人信服的有罪解释，那么即使有形式上的有罪证据，法院也应毫不犹豫地宣告无罪”（《核心续》第6页）。

在这一“基本态度”下，他关于（a）的解释是“合理怀疑和不合理怀疑之间并没有明确的区分……”“也就是对属于中间地带的怀疑”“‘重视无辜者不予处罚原则的法官’应‘扩大’‘合理怀疑’的范围”（《核心续》第19页）。此外，他还阐述了“基于有的法官过于强调社会秩序，不合理地缩小了‘合理怀疑’的范围，希望这样的法官能够重视无辜者不予处罚原则，把‘合理怀疑’的范围放宽一点”（《核心续》第20页。对此，关于柏市少女被害案发回重审后的一审和再审法院的事实认定，“笔者承认当笔者看到这份判决书时几乎陷入了绝望，因为笔者看到的是证据审查方式和法官对‘合理怀疑’的看法的不同”，木谷教授的深刻感慨（《核心续》第157页）确实令人印象深刻）。

关于（b）的解释是，针对“作为讯问人，只要不停地提出争议就能保证自白任意性……所以，即使不采取可视化的手段，也不会有问题”（《核心续》第14页）的现状，认为应当实现讯问可视化，当被告人与讯问人围绕“证明审讯状况”而“争论不休时”，“有必要以‘讯问人连自己轻易能够进行的证明都无法做到’为由，判定讯问人一方败诉”（《核心续》第14页）。

关于（c）的解释是，“客观上存在两种互不相容的立场”：一是最高法院关于判断自白任意性的判例立场，认为应强调自白的直观印象，以内容本身的具体性、细节性、真实性为基础，并试图摒弃自白的转变及细节上的不一致，认为这些都是无关紧要的情形；二是认为不应局限于直观印象，而应“通过探讨自白是否变更及变更的程度、是否存在物证或客观上的确凿证据来进行更加仔细和客观的判断”。木谷教授重申了“应当支持后一种立场，认为其‘几乎与笔者达成了基本共识’”（《核心续》第15页），批评了石井教授的“任何一种立场都不是绝对正确”的说法，认为这“会掩盖事情的本质，缺乏正当性”（《核心续》第16页）。

不过木谷教授也指出，这种关于事实认定的基本立场和态度在法院中似乎是少数（《核心续》第4页）。问题是为什么像木谷教授那样对事实认定的“基本立场和态度”仍然“在法院中占少数……”他认为是因为“缺乏证明讯问情况的资料”以及“供述笔录是以第一人称的简易笔录形式写成的”，这使得判断被告人是真凶还是无辜者变得更加困难，也导致对现在的“刑事审判体系”的认识和评价出现差异（《核心续》第11页以后）。换言之，这是对“暗箱”式的纠问式讯问以及对口供笔录的认识和评价问题，对以书面审判为特征的刑事审判现状进行肯定或否定的评价，其中的差异就导致了事实认定上“基本立场和态度”的差异。

当然，事实认定理论并不能仅认定事实就结束，必须由包括侦查在内的刑事程序结构来确定。在当前司法改革运动关键组成部分的刑事审判改革特别是裁判员制度改革背景下，作为事实认定主体的审判机关自身的改制，可能会改变事实认定的方式。但在最近的司法改革趋势中，关于事实认定方式将如何或应该如何改变，探讨得还比较少。在这种情况下，不仅是木谷、石井之争所提出的课题，传统事实认定的理论成果今后也有可能得不到运用。本专题试图探讨的是在刑事审判改革中引入裁判员制度、第一次审前准备程序以及速裁程序等的情况下，如何运用木谷、石井之争的成果，使事实认定理论发挥最大作用。

二、刑事司法改革与事实认定

在当前的司法改革运动中，从司法制度改革审议会的讨论和《意见书》以及刑事裁判员制度、刑事研讨会与公共辩护制度研讨会的讨论来看，虽然涉及讯问犯罪嫌疑人和书面审判的现状问题，但没有进行充分的分析和探讨，也未探讨事实认定的方式。尽管对《刑事诉讼法》进行了大量修订，却未修订侦查法特别是讯问犯罪嫌疑人规则和证据法，以及与传闻法相关联的规则。因此，有人担心书面审判的情形没有任何改变。在新确立的裁判员制度下，裁判员不可能在法庭外精读或仔细审查供述笔录，必须在庭审时形成心证，因此必须改变庭审程序的方式，特别是庭审中举证和质证的方式。庭审中不再大量朗读传统的长篇供述笔录（后记：或者是告知主旨），也不再将其作为实质性证据使用。今后仍会有大量“以第一人称写成的简易笔录形式”的供述笔录被提交给审判庭并作为实质性证据使用，特别是在“没有资料能够说明讯问情况”的争议案件中。在新确立的裁判员制度下，这种书面审判方式应该改革。但是，由于侦查和上诉审制度变化不大，大家依然担心在裁判员制度下可能出现书面审判存续的奇怪局面。

克服纠问式侦查和书面审判是刑事程序改革的当务之急，现在首先需要考虑的是如何将现有的刑事程序改革机遇转化为现实。这在事实认定的问题中也不例外，即要考虑在裁判员制度下如何实现当代关于事实认定理论的课题。

（一）关于事实认定理论

首先，结合木谷、石井之争的主题来看，在裁判员制度下，不应改变怀疑的合理性观念。这是因为“疑点利益归于被告”的原则和无罪推定原则作为刑事审判的铁律，在裁判员制度下也是如此，因此作为该原则结果的合理怀疑观念也不应该有变化。引入参审制以实现“核心司法”的主张很有道理，因为“核心司法”是要单从庭审的宣读中形成心证，即使“不得不使用侦查记录”，“该记录也应简明扼要、直指案件核心”。“而庭审时询问证人以及反对询问都不是精密司法而是核心司法的内容”（参见平野龙一《参審制の採用による『核心司法』を》，载《刑事法研究最終巻》，有斐阁 2005 年版，第 190 页；堀江慎司《公判手続における直接主義・口頭主義》，载《刑法雑誌》第 43 卷第 3 号第 438 页以后）。“核心司法”的前提是改变依赖供述笔录的精密司法（书面审判），通过在庭审中贯彻直接主义和口头主义来形成心证，从而判断合理怀疑存在与否。既然“核心司法”的要求与裁判员制度相呼应，那么在裁判员制度下应该也能适用。

1. 如何判断自白任意性

在裁判员制度下，根据直接主义和口头主义的要求，应当摒弃传统的书面审判，但是如果笔录“简短扼要、直指案件核心”，那么该口供笔录依然可以作为实质性证据来使用。在这种情况下，就需要在裁判员制度中引入第一次审前准备程序，由法官在审前准备程序中判断口供笔录的任意性，这种判断的实质可能与过去没有什么不同。由于自白任意性是与真实性密切相关的“事实认定”问题，所以必须在有裁判员参与的庭审中予以判断和审查。如果裁判员对讯问的违法性和不公正性采取比法官更为严格的立场，那么任意性判断可能发挥更大的作用。但无论是由法官还是由裁判员来判断自白任意性，对犯罪嫌疑人进行“暗箱”式纠问式讯问的做法并没有改变，因此即使在裁判员制度下讯问人与被告人之间关于“证明讯问状况”的争议也不会停止。正如木谷教授所主张的，在有争议的情况下，应“以‘讯问人连自己轻易能够进行的证明都没做’为由，判定公诉方败诉”。

2. 如何判断自白真实性

“仔细而又客观”地判断自白的真实性，是在大量供述笔录被提交给法庭并作为实质性证据使用的书面审判的情况下，严格审查自白真实性的有效方法。但在裁判员制度下，采取“核心司法”的方式，精心挑选“简短而又直指案件核心的”供述笔录提交给法庭，那么自白是否变更以及变更程度等判断真实性的标准就可能失效，反而会导致凭“直观印象”判断真实性。本来如果将口供笔录作为实质性证据使用，那么在引入裁判员制度的同时，为了打破书面审判的局面，就有必要实行辩护人在场、讯问犯罪嫌疑人可视化等根本改革，但这种改革被搁置了。如上所述，在裁判员制度下，必须通过裁判员的严格审查发挥任意性判断的作用，同时采用与“核心司法”相适应的“仔细而又客观”的判断方法来判断自白的真实性。毋庸置疑，必须对传统事实认定理论成果的适用方式进行探讨，也必须实现讯问时辩护人在场、可视化等根本改革。

因此，对于木谷、石井之争中的这一当代事实认定理论课题，仍然是处于不断改革中的刑事审判课题。但是，如果在裁判员制度下，事实认定的主体发生变化，审判方式也相应地发生变化，就需要采取相应的新措施来确保“正确认定事实”。

（二）关于证据结构理论

笔者一直主张利用再审中发展起来的证据结构理论，将法官形成心证的“黑箱”式过程变得可视化、客观化，以达到“正确认定事实”的目的（参见拙作《刑事再審と証拠構造論の展開》第 215

页以后)。基于证据评价的注意规则等事实认定理论的成果，检察官在开庭陈述或发表公诉意见时明确犯罪成立的证据结构，法官以判断证据结构的成立与否来形成心证，这种在裁判员制度下适用证据结构理论的方法才是“正确认定事实”的有效措施。证据结构理论的构想是由检察官针对犯罪成立的证据结构明确指控个别事实与证据之间的对应关系、整理与诉因事实相关联的有机证据链，由裁判员通过对物证和客观证据的判断出发，掌握“无法动摇的事实”，进行客观的事实认定（参见木谷教授在《動かぬ事実は何か》中的观点，《核心续》第 28 页)。即以“仔细而又客观”的方法判断自白的真实性，同时在自白与客观证据链有机关联的基础上，判断检察官主张的证据结构是否成立并使之简化（参见《裁判員法》第 55 条)。特别是在需要通过相关证据认定事实的案件中，如果没有检察官整理单独的间接事实和相关证据、进而厘清间接事实群与主要事实之间的关联关系来明确证据结构、判断犯罪成立与否的话，裁判员将很难进行事实认定。利用证据结构理论进行举证和事实认定，对裁判员形成心证具有客观化、可视化、简明化的优点。从另一个角度看，利用证据结构理论进行事实认定，是为了让裁判员形成心证的过程变得可视、客观，尤其是站在被告人（刑事辩护）的角度。当然在非再审的普通一审阶段，对证据价值的评价和证据的地位通常会随着诉讼程序的发展、特别是证据审查的进度而发生变化，证据组之间的关系也会相应变化。因此，可以允许肩负明确证据结构义务的检察官，随着诉讼程序的推进灵活调整证据结构，并逐步使其更具实质性。然而，裁判员制度的内在要求是简化裁判员形成心证的过程，由此证据结构理论的适用势在必行。

木谷教授在他的《核心续》收录的论文（第四章“淀号劫持案”）中写道，检察官主张的诉因以同案犯 B 的证言作为事前共谋的“决定性证据”，“对被告人来说，要预测和预防‘即使 B 的证言完全站不住脚，仅凭其他证据也能认定共谋’的情形就过于为难了。作为法院……至少要让检察官明确列举出除 B 证言以外的证据来构成认定共谋的间接事实。而针对该事实本身以及能否综合认定共谋，被告人应当有防御的机会，这样才是堂堂正正认定共谋成立与否的方式”（《核心续》第 135 页以后）。适用证据结构理论的意义在于通过“调整证据结构”来避免这种突击性的认定。证据结构理论作为被告人在事实认定情形下的防御权理论，可以使心证的形成过程可视化、客观化、简明化。

不仅如此，在裁判员制度下，判决书（判决理由）是由法官独自起草的（《刑訴法規則》第 54 条）。然而，法官并不是裁判员本人，真的能够起草出一份准确反映裁判员心证的判决书吗？针对目前的审判实践，有人指出判决书中“并不会对合议过程中的所有问题进行说理论证”，“与其说是客观地展现法官的心证，不如说是更重视如何提高文书的说服力”（石塚章夫《ブックレビュー・川崎英明著『刑事再審と証拠構造論の展開』》，载《法律時報》第 76 卷第 8 号第 99 页）。如果现状都是如此，那么就不应该由法官起草能准确反映合议庭（由 6 名裁判员与 3 名法官组成）的结论以及裁判员心证的判决书。正因如此，在裁判员制度下，在起草判决书时适用证据评价的注意规则以及证据结构理论，也是心证形成过程可视化、客观化、简明化的必然要求。

三、事实认定理论的课题

木谷教授的这两本书、守屋克彦教授的著作（守屋克彦《自白の分析と評価》，劲草书房1988年版）以及渡边保夫教授的著作（渡边保夫《無罪の発見》，劲草书房1992年版），为正确认定事实理论提供了强有力的理论及审判实践上的支撑。正确认定事实的基础，就是木谷教授所说的作为“事实认定基本态度”的关于合理性怀疑的看法以及证据评价的注意规则。正如木谷教授所强调的那样，坚定地保持不惩罚无辜者的“基本态度”非常重要，但在目前木谷理论“在法院内”仍然是“少数派”的情况下，这项重任只能由刑事辩护来承担了。然而，对于不是事实认定者的刑事辩护来说，要成为正确认定事实的重要支柱，必须要有程序上的保障，程序保障之一就是证据结构理论。综上，正确认定事实的前提如下：一是根据证据评价的注意规则对检察官提出的证据结构成立与否开展控辩式刑事辩护实践；二是以检察官提出的证据结构为框架，坚持不惩罚无辜者的“基本态度”，“如果证据上出现了无法消除的疑问，也不能给出令人信服的有罪解释，即使存在形式上的有罪证据”，法官和裁判员都应毫不犹豫地宣告无罪。

在笔者看来，事实认定理论的当务之急就是在刑事审判的变革时期，在传统事实认定理论成果的基础上，深化证据结构理论。

第三节　裁判员裁判的审理方式

司法研修所于2008年4月出版的《裁判员制度下重大不认罪案件的审理》（以下简称“该书”，引用仅标注页码），引起经验丰富的刑事辩护律师界的担忧。精读该书，笔者也感受到同样的担忧。

从该书“序言”来看，是由5名法官对“2006年司法研究”的成果汇总。笔者认为，无论是以前出版的司法研究成果还是法院内部对该书建议的讨论（参见今崎幸彦《共同研究『裁判員制度導入と刑事裁判』の概要》，载《判例タイムズ》第1188号第4页以后），都不仅仅是5名法官的个人研究成果，其实质上代表了法院的官方政策。从这个意义上说，该书对未来裁判员裁判实践的影响将是巨大的。

在此期间，最高法院、最高检察厅以及日本律师协会制定了关于裁判员裁判方式的方针，法曹三者的讨论也已在《法学家》杂志上发表（《共同研究・裁判員裁判における審理等の在り方》，载《ジュリスト》第1320号及以后的5期连载）。在2008年5月第86届日本刑法学年会上，也以“裁判员制度实施的课题与展望”为联合研究的主题，讨论了在裁判员裁判中利用心理学知识的审理方式。在这种情况下，该书的意义在于从以前已定罪的刑事案件中，选取2个“只有关联事实”的案例、2个“在自白任意性上存在争议类型”的案例、1个“以2号文书的采纳与否来定罪类型”的案例作为

“重大不认罪案件”（根据序言的定义，为“存在严重的事实争议、需要大量的证人、以传统的审理方式需要审理1年甚至数年”的案件）的素材，从法院立场出发，基于审判过程和证据状况，对裁判员制度下的审理方式开展了实证研讨。这种实证研讨并未局限在重大不认罪案件上，而是扩大到裁判员裁判中的普通审理方式，这也是该书引起关注的原因之一。

下面的探讨将集中在该书提出的若干问题上，为了明确讨论的角度，笔者首先想澄清一下对裁判员制度的立场。

目前，大家对裁判员制度的评价仍褒贬不一。但笔者认为，裁判员制度对刑事司法改革既有消极的一面，也有积极的一面。一方面，虽然导入了裁判员制度，但忽视了刑事程序改革，特别是搁置了侦查法和证据法的改革，保留了传统的纠问式侦查和书面审判的程序结构，这可能会使以侦查过程中制作的供述笔录进行审理的书面审判在裁判员制度下以另一种方式存续。另一方面，裁判员制度又是先天的机遇，它要求必须在庭审时形成心证，摒弃了书面审判的方式。前者是消极的一面，后者是积极的一面，哪一面会最终实现，还要看今后裁判员制度运行的情况。笔者认为，在裁判员制度下要实现摒弃纠问式侦查和书面审判的刑事司法改革，最好还是依托个别案件中的刑事辩护实践。从这层意义上来说，笔者愿意批判性地接受裁判员制度。目前我们所追求的刑事司法改革是宪法层面的改革，应当是以《宪法》第31条规定的人权作为防御权依据的刑事司法，即立足于无罪推定原则、以接受辩护人援助为防御权的基础、以控辩式的侦查和审判中心主义为结构原理的刑事司法形象。

一、综合探讨——锁定争点和证据以及“核心司法”理论

在该书中，你首先会注意到，“锁定”一词及其同义词经常被用来描述审前准备程序中对争点和证据的整理。换言之，法院强调在审前准备程序中“锁定证明的对象事实”（第 24 页）和“锁定判断资料和证据”（第 25 页），并积极要求解释证据以“全面整理争点和证据”、制订“明确的审判计划”，再根据这个“计划”推进庭审的“快速审理”。这种锁定争点和证据的做法被认为有助于让庭审“通俗易懂”，但更主要的似乎是它被认为可以“缩短审判时间”，从而减轻裁判员的负担。也就是说，在审前准备程序中，在法院的主导下锁定争点和证据，以“审判计划”的形式为庭审做好准备，在庭审中这个“审判计划”不容变更，根据“审判计划”和当事人主导的主张和举证，“法官和裁判员仅通过目之所及、耳之所闻的证据来形成心证”（第 30 页）的快速审理的审判模式。因此，虽然从表面上看这是一种奉行当事人主义、以审判为中心的直接主义、口头主义的审判模式，但其重心是法院主导的审前准备程序。在笔者看来，这是一种由审前准备程序规定的、以提高庭审效率为目的的审判模式。

这种审判模式以“核心司法”理论为依据。裁判员裁判时并不能“广泛地采用当事人双方提交的证据，对其仔细研读、分析、探讨，尽可能地深入案件的背景中，以得出正确的事实认定”，而只能走“锁定事实核心、力求澄清案件的核心司法路线”（第 2 页）。“核心司法”的概念最初由已故平野龙一博士提出，它被设想为

“可以在很大程度上摆脱现行刑事程序中精密司法和书面审判的弊端”（参见平野龙一《参審制の採用による『核心司法』を》，载《刑事法研究最終巻》，有斐阁2005年版，第182页以后），是一种建立在基本的控辩式侦查观和审判中心主义上的司法形象的设想。然而，该书的“核心司法”理论虽然指出了改变侦查方式的必要性，但未阐明改变的方向。此外，该书还指出，侦查阶段形成的供述笔录在阅读上应简短且通俗易懂，在无争议的事实上使用合意文书或同意文书等“书证进行审理”（第30页），却也并未指出克服书面审判的方法。从这个意义上说，该书的“核心司法论”与平野教授的理论不同，应该称其为依赖审前准备程序的、以提高庭审效率为目的的“核心司法论”。

在这一“核心司法论”的背后，该书作者认为必须“缩短审判时间”以减轻国民担任裁判员的负担（序言第23页以后）。然而，由于刑事审判行使的是国家最为严肃的刑罚权力，因此参与事实认定和量刑的国民必须承担责任，即使有减负的必要，也不能将“缩短审判时间”作为绝对要求。从理论上来说，根据《宪法》保障被告人防御权的要求，“缩短审理期限”无非是制度运行中的政策性要求，但不应以优先“缩短审理期限”来制约被告人的防御权。由于刑事程序是当事人攻防的过程，而诉讼作为一个有生命的过程，其结果是难以预料的，故认为审前准备程序中制订的审判计划不可变更的观点是不符合刑事程序本质的。由此看来，通过在审前准备程序中锁定争点和证据、制订不可变更的“明确的审判计划”来加快速度、提高效率的审判模式，并不符合宪法性刑事程序的理念。如果这样，那么庭审就容易成为沿袭审前准备程序结果的形式化审判。有人担心即使在这种形式化的庭审中实现了“证据的通俗化和口头主义”，庭审仍然是一种没有实质内容的装饰。

这种审判模式，一方面，要求检察官“全面认真选择举证对象、精心列举证据和举证事项、制订简明细致的举证计划”（第 7 页）。在这种思路下，有人指出在“只有间接事实”的情况下“将审查对象锁定在有证明力的间接事实上，将无证明力的间接事实予以排除，这样的争点整理极为重要”（第 48 页）。但是，如果这样的框架适用于有利于被告人的消极间接事实，即使要求法官谨慎作出个别判断，根据以关联证据认定事实的特点，需要对各种具有不同程度证明力的间接事实进行综合评价，恐怕容易作出有罪认定。另一方面，根据《刑事诉讼法》第 316 条第 32 款规定的证据调查请求的限制，会导致要求被告人在审前准备程序中履行明确阐述具体主张的义务。在有任意性争议的情况下，体现在要求被告人提供有任意性怀疑的事件的“特定时间、对象以及内容等”（第 207 页），也体现在被告人有义务“提出有任意性争议的具体事实”（第 64 页）。但如果检察官尚未履行实质性的举证责任，根据举证责任的原则本应宣告被告人无罪，却要求被告人明确阐述具体犯罪事实的主张，就相当于将举证责任转嫁给了被告人。虽然“检察官必须积极地证明任意性”（第 208 页），但如果被告人提不出任意性怀疑的具体主张，“即可以假设其不可能提出‘非任意性怀疑’，那么法院就不需要对讯问情况开展证据审查……根据《刑事诉讼法》第 322 条第 1 款的第一句话，采用口供笔录也是合法的”（第 67 页）。这样看来，这种担忧并非杞人忧天。此外，要求被告人履行明确阐述具体主张的义务，应当避免将整个讯问过程作为举证对象（第 208 页），否则可能将每一次讯问都看作违法或存在不正当性。但是，根据无罪推定原则和举证责任原则，在检察官未履行举证责任的情形下，被告人不应承担明确阐述具体主张的义务。因此，是否阐述主张和阐述的程度，应根据《刑事诉讼法》第 316 条第 32 款规定的包含利害得失判断的证据审查的限制，交由刑事辩护进行自由判断（更何况证据审查限制规定是一个重要问题）。

从根本上说，锁定争点和证据、制订“明确的审判计划”的审前准备程序是不是裁判员制度的必然要求，原本是值得商榷的。事实上，美国陪审团审判中的审判准备程序无非是提出证据排除动议、确认证据开示、确定庭审日期、确认当事人是否完成庭审准备等一连串单独的听证程序（岛伸一《アメリカの刑事司法》，弘文堂 2002 年版；伊藤和子《誤判を生まない裁判員制度への課題》，现代人文社 2006 年版），而不是像日本这样由管辖法院的法官主持的死板的审前准备程序。由管辖法院的法官主导的审前准备程序应被视为日本的特殊刑事程序——纠问式侦查和书面审判结构所导致的一种独特的准备程序。换言之，确立审前准备程序是为了中和传统纠问式侦查和书面审判的结构与裁判员制度所要求的口头主义、直接主义审判程序之间的不协调。因此，是让传统的纠问式侦查和书面审判结构存续，还是改变口头主义、直接主义审判下的侦查方式，审前准备程序的运行似乎起到了界定分歧的作用。该书设想的审判模式与前者较为接近。

二、具体问题的探讨

（一）口供笔录的任意性和真实性

在该书中关于法院是判断自愿性的权力机关的解释中，指出了由于“对任意性的判断是与真实性判断密切相关的”，因此“假设裁判员通过对真实性的判断进而认定任意性”，那么对讯问状况的审查应交由有裁判员参与的庭审来进行，即以裁判员能够理解的方式审查任意性。因此，讯问时引用录音录像就是一种有效的手段（第69页）。

当然，考虑到任意性判断与真实性判断之间的密切关系，任意性审查也应当在庭审中进行。这样一来，我们应该更进一步将《裁判员法》的运行解释为法官在判断任意性时有义务听取裁判员的意见。该书似乎假设了在大多数情况下法官与裁判员之间关于任意性的有无不会有分歧，但是鉴于职业法官采取的传统做法是肯定自白的任意性、否定其真实性，因此这种假设没有任何依据。既然任意性在日常用语中意味着自发性，那么法官在接受自发性的情况下否定其真实性，对于裁判员来说就难以理解了。如果要真正实现法官与裁判员之间的“协作”，就必须让裁判员切实参与到任意性的判断中。根据对《裁判员法》第68条第3款的解释，在任意性判断上，法官有义务听取裁判员的意见。

问题是如何激发裁判员参与到任意性判断中去。只要讯问室是密室，那么关于任意性的审查，最终往往变成被告人与讯问人之间的无休止的辩论。解决这个问题的有效方法就是对讯问采用录音录像制度（可视化）。该书虽然没有明确要求对整个讯问过程录音录像，是否进行录音录像似乎由讯问人自行决定，但指出了在缺少录音录像的情况下就有可能否定任意性。换言之，“在缺乏客观决定性证据的情况下，如果没有 DVD，法官的传统判断会否定口供笔录的真实性，但可能也应当否定其任意性……在司法研修所的研究会上，有越来越多的意见认为如果没有对讯问状况录音录像，就必须否定口供笔录的任意性，这正是预设的想法”（第 83 页）。如果在裁判员制度下，上述适用能被推广，就会加快讯问（全过程）向录音录像（可视化）方向的发展。为此，该书本想明确主张将整个讯问过程可视化，但在这种可视化之外还有一个必须解决的问题，那就是一旦将讯问状况公开，法官和裁判员能否果断否定任意性的问题。

（二）2 号文书的审查

2 号文书面临着与口供笔录同样的问题。特别是根据最高法院的判例，同案犯的供述笔录被认为属于《刑事诉讼法》第 321 条第 1 款中的文书，问题就在于此。

2 号文书的特信性是判断真实性的一大要素，该书将 2 号文书的特信性视为是客观的、外在的附带特征，将 2 号文书的证明力交由法官判断，将对 2 号文书的审查与自白任意性审查一样交由裁判员参与的庭审去判断（第 95 页）。同时，也尽量让 2 号文书的供述内容在庭审上以引导讯问的方式呈现，为 2 号文书的证据采信留下空间。该书建议在侦查阶段询问证人也是出于同样的理由。法官对 2 号文书证明力的判断也应与对自白任意性的判断一样，要听取裁判员的意见。除此之外，该书对2号文书的处理意见，应该会使2号文书的特信性判断更为有效，而这正是裁判员裁判下克服书面审判弊端的实践性契机。

（三）证据结构理论的适用

长期以来，笔者一直主张将从刑事再审中发展出来的证据结构理论适用于普通程序，使事实认定成为被告人可以控制的、可见的客观过程（参见拙作《刑事再審と証拠構造論の展開》，日本评论社2003年版；拙作《刑事司法改革と事実認定論》，载《法律時報》第77卷第11号第56页以后［本章第二节］）。其要旨是检察官在开庭陈述中明确犯罪成立的证据结构（展示支持诉因的证据组之间的有机关联性），由法院来判断检察官提出的有罪主张中是否存在合理怀疑，其证据结构是否崩坏或（基本部分）动摇，进而认定有罪或无罪。因此有学者认为，传统刑事程序中检察官主张的犯罪成立的证据结构的约束力应延伸到发表公诉意见阶段。

阅读该书可以发现，在裁判员制度实施前夕，这些关于证据结构理论的主张已经被从业人员广泛接受。这可能是由于第一次审前准备程序的引入，使得检察官主张的犯罪成立的证据结构的约束力更容易被接受了。有明文规定，检察官在第一次审前准备程序中证明事实的同时，还需要“明确”事实与主要证据之间的“关系”（《刑事诉讼规则》第217条第20款）。《裁判员法》第55条也要求，检察官“根据审前准备程序整理的争点和证据，具体阐明证据之间的关系，以明确检察官在开庭陈述中需要证明的事实”。这些规定，可以说是明确了证据结构理论的适用，使裁判员在审判中对形成事实认定的心证更为可视化、客观化、简明化。证据结构理论适用的重要性，不光体现在对众多间接事实的综合评价上，还体现在以相关证据认定主要事实从而进行事实认定的情况。该书认为，对于属于这类证据理论的案件，应积极适用证据结构理论。换言之，在“只有间接事实”的案件中，“一旦在审前准备程序中彻底理清了争议，并根据检察官提出的证据结构确定了审判计划，检察官原则上不能在庭审中对该证据结构提出异议”（第 55 页）。“如果在审判过程中，检察官无法证明其主张的证据结构所支撑的事实情况，则应随即宣判无罪”（第 57 页）。

笔者提出证据结构理论的目的是，将法官“黑箱”式的事实认定过程以自由心证为表象进行可视化、客观化，使事实认定偏向当事人主义。正因如此，才需要推行支撑举证责任原则的利益原则（“疑点利益归于被告人”原则），即无罪推定原则和证据裁判主义。这是证据结构理论的理论依据。不过该书中证据结构理论的依据似乎与上述不同。该书试图将证据结构理论的依据作为审前准备程序的制度宗旨，认为“既然争议和证据已经在审前准备程序中厘清了，如果提出基本指控的检察官推翻了这些指控，就会否定审前准备程序，就会与限制证据的主旨相违背”（第 57 页）。如上所述，该书的构想是通过审前准备程序锁定争点和证据，制定“明确的审判计划”，根据这个不变的“审判计划”推进审判，并在依托审前准备程序进行高效审判的审判模式的基础上，发展“证据结构理论”。这也是该书“证据结构理论”中没有关于保障防御权的理论（支撑举证责任原则的利益原则和无罪推定原则等）以及审判中心主义理论的原因。在这一点上，该书的“证据结构理论”与笔者的建立在无罪推定原则和防御权基础上的证据结构理论有所不同。该书的“证据结构理论”带有效率诉讼理论的色彩，它以法院主导的先于庭审的审前准备程序为基础。

因此，在以与法官的“协作”为前提的裁判员审判中，使事实认定成为被告人可控、可见的客观过程，这种需求比以往任何时候都要强烈。但在控辩式的侦查观和审判中心主义下，在庭审的实质性审理结束之前，很难认可检察官提出的犯罪成立的证据结构的约束力。即使在裁判员裁判中，也需要在发表公诉意见的阶段，由被告人在结案陈词中提出反驳，检察官提出的犯罪成立的证据结构的约束力才会被认可。尽管如此，在裁判员制度下，证据结构理论依然很重要，因为它使裁判员从整理海量证据并厘清证据结构以得出有罪或无罪判断等的艰巨任务中解脱出来，无须再审查大量的未经整理且没有任何指向的证据，也无须作为事实认定者去对公诉意见和结案陈词进行判断。但从宪法性刑事诉讼的角度来看，这种证据结构理论必须以无罪推定原则和防御权保障理论为基础，而非法院主导的效率诉讼理论。

三、今后的展望

已故田宫裕博士曾指出，“变革中的刑法”面临着“两个问题”：一是打击现代犯罪的“现代化问题”，二是实现“二战”后刑事诉讼程序遗留的正当程序“近代化问题”（田宫裕《変革の中の刑事法》，有斐阁2002年版，第329页以后）。“近代化问题”可以重新表述为实现《宪法》第31条规定的刑事程序中的人权条款所面临的宪法性刑事程序问题（参见拙作《刑事訴訟法の半世紀と展望》，载村井敏邦编《刑事司法改革と刑事訴訟法・上》，日本评论社2007年版，第20页以后［本书第一章第一节］）。如上所述，此次刑事司法改革能否实现宪法性刑事程序目的，将取决于今后的刑事辩护实践，这正是田宫裕博士所说的“近代化问题”。

从这个角度回顾，本书所要描绘的裁判员制度下的审判愿景，一方面是要消除臃肿的审前准备程序导致的审判形式化，另一方面是要摆脱审判在处理口供及2号文书时对笔录的依赖。前者由于将刑事程序的重心放在纠问式侦查后的审前准备程序上，导致纠问式侦查以审前准备程序的方式无限接近于传统上支配庭审的书面审判结构。如果要避免这种情况的发生，就必须在审前准备程序中实现证据的全面开示并防止将侦查阶段形成的供述笔录提交给法庭。就此而言，该书对口供笔录和2号文书的处理态度可以说摆脱了依赖笔录的审判模式，能够适用于今后的裁判员裁判实践。但是该书对作为运行前提的、审前准备程序中的证据全面开示所持的态度并不明确。从该书锁定争点和证据的构想来看，比起证据开示的种类，其是将证据开示的重心放在了所主张的证据关联性上。然而，这样一来，审前准备程序就不再是锁定争点和证据的程序，而会以侦查和追诉优先，这可能在裁判员制度下形成新的追认侦查结果的“书面审判”模式。因此，审判是应当“适用书证”（第30页）还是排除笔录，对这种不确定性大家都抱有强烈的担忧。同样的担忧还针对尚未明确要求对犯罪嫌疑人和同案犯的整个讯问过程进行录音录像（可视化）。

围绕争点和证据，该书所设想的固有效率诉讼倾向和对防御权的忽视，导致了法官主导审前准备程序的职权主义运行模式以及先于庭审的审前准备程序的形式化，还可能导致裁判员制度下法官与裁判员“协作”原则的崩塌。该书关于审判模式的出发点似乎在制度运行的危机感上，即如果不缩短审限来为裁判员减负，那么将无法实施裁判员裁判制度。的确，该书所提及的重大不认罪案件，按照传统审判方式需要进行数年，“让裁判员参与如此长时期的审判较为困难”，因此，该书为“使裁判员参与成为可能”，“展示了蓝图”（《序言》）。但是，制定裁判员制度的出发点应该是让国民来承担这个负担，不管这个负担有多重，只要《宪法》规定的刑事诉讼制度框架不动摇，就应该避免一味追求提高庭审效率、缩短审限，使裁判员的参与成为摆设的情况发生。

面对“变革的”刑事司法，刑事辩护要承担的“近代化课题”任务极为艰巨。笔者并不是唯一一个阅读该书后有此感触的人。

第二章　检察制度改革与刑事司法改革

解　　题

2001 年 6 月 12 日颁布的《司法制度改革审议会意见书——支撑 21 世纪日本的司法制度》，围绕检察制度改革，提出“刑事司法制度改革”，建议将检察审查会作为“提起公诉的方式”，赋予其起诉决议一定的法律约束力，同时明确指出“检察官制度改革”的问题系“法曹的应有地位”问题，应当完善人事、教育、培训制度，以提升检察官的“素质、能力”，并且强化检察审查会承担的改善、劝告检察工作的功能。虽然强化检察审查会功能的提案备受关注，但在运行超过半世纪的现行《刑事诉讼法》下，检察机关的活动越来越受到质疑，其公正性、客观性和人权保障性遭受了严厉的批判（参见拙作《現代検察官論》，日本评论社 1997 年版，第 3 页以后）。从实质性改革的角度看，该提案没能达到改革的要求。在此背景下，对厚生劳动省不正当邮政案（村木案）作出的无罪判决（参见大阪地方法院 2010 年 9 月 10 日判决）和同案中大阪地方检察院特搜部检事篡改证据案件，使检察制度改革变得迫在眉睫。以这两起案件为契机，作为法务大臣的咨询机构而被设立的“检察机关的未来”讨论会，于2011年3月31日发表了名为《检察制度的复兴提案》。该提案提出，要对检察机关的组织、制度方面进行改革，虽然与根本性改革相去甚远，但提出了“重新思考侦查、审判的理想运行状态，为了构筑包含讯问可视化制度在内的新刑事司法制度，立即……设置研讨场所”的建议，因此该议案与标榜要构筑“新时代的刑事司法制度”的改革动向紧密相连，我们将在第三章做详细探讨。

在检察制度改革日益成为紧迫课题的情况下，本章以论述检察制度改革的两篇论文（本章第一节、第二节）为主体，还收录了与检察制度改革密切相关的讨论检察审查会制度改革（强制起诉制度）的论文（本章第三节）。本章第四节批判性地研究了根据2007年《刑事诉讼法修正案》创设的被害人参加制度，是一篇探讨刑事程序中被害人保护和抑制公民诉讼追行权的论文，也是本章的补论。

本章第一节为检察制度改革的视角（原题为《日本检察机关的特性和检察改革的视角》，初见《法和民主主义》2010年第454号）研究的是在上述厚生劳动省不正当邮政案（村木案）和大阪地方检察院特搜部检事的篡改证据案中发现的问题，即日本检察机关的“结构性病理”（缺失公正性和客观性、人权保障性），彻底改革该“结构性病理”才是检察制度改革的课题。基于这种认识，第一节概括性地研究了应如何进行检察制度改革，立足于现行《刑事诉讼法》下检察机关的实际运行情况及其存在问题的历史性考察，认为检察制度改革的课题应当是“克服行使检察权的不透明性、不可视性以及纠问性”和“加强对检察机关的民主制约”，提出在这种制度改革下，未来的检察官是“公民代理人”（参见拙作《现代检察官论》，日本评论社，1997 年版）的形象。

本章第二节为检察官的职责和行为规范（原题为《検察官の役割と論理》。初见《法律時報》2011 年第 83 卷第 9、10 号）着眼于大阪地方检察院特搜部检事的篡改证据案件，以检察官作为诉讼当事人为前提，在其公正、客观履职的基础上，寻求检察官的“法律专业性”。还从该视角出发，提出了检察官“作为法曹的伦理行为规范”。同时提出强化检察审查会的功能，来对检察制度进行民主性限制，确保检察官遵守“行为规范”，并在此制度基础上提出了作为“公民代理人”的未来检察官形象。早前，小田中聪树（渡边洋三、江藤介泰、小田中聡树著《日本の裁判》，岩波書店，1995 年版，215 页以后小田中聡树执笔的部分）在“检察的民主化视角”下，关注过检察官作为“法律专家”能否“独立地作出良心判断”的问题。此后，三井诚也在《座谈会·检察改革和新刑事司法制度的展望》（参见《ジュリスト》第 1429 号，第 23、26 页）一文中，着眼于检察机关内部正在制定检察官职务“基本工作准则”的动向，提出检察官的伦理和行为规范应当“以公共利益为前提，追求客观性、公正性”。

本章第三节为强制起诉制度和检察审查会制度的改革（原题为《強制起訴制度の課題と検察審査会制度》。初见《自由と正義》2016 年第 67 卷，第 12 号），立足于2004 年《检察审查会法修正案》创设的强制起诉制度的运行情况，根据起诉标准和审查程序改革（强化犯罪嫌疑人的防御权），提出了要克服内在于强制起诉制度中的强化起诉、处罚功能的片面性，还提议改革检察审查会（对检察官）的不当不起诉制约功能。

本章第四节为（补论）被害人和刑事程序（原题为《犯罪被害者と刑事手続——検討の視点と課題》。初见《犯罪と刑罰》2009年第19号），针对2007年《刑事诉讼法修正案》引入的被害人参加制度，从其利弊和公诉权理论（译者注：即实体的审判请求权说，认为公诉权就是请求法院作出有罪或无罪这一实体判决的权利，该观点为日本通说观点）角度出发，明确指出该制度不具有理论正当性，还探讨了与公诉权相对，被害人的法律地位和权利行使方式与被告人的诉讼追行权相关的问题，因此属于本章的“补论”。

第一节　检察制度改革的视角

一、检察机关因何被问责——问题所在

以大阪地方检察院特搜部当时的主任检事前田恒彦的篡改证据案为契机，当前，检察改革受到了国民的关注。

2010年9月10日，大阪地方法院针对不正当邮政案，宣判村木厚子无罪（确定无罪）。在5月26日确认的证据中，被认定为共犯作为证人的43份检方笔录中，有34份存在诱导讯问或与真实意思表示相反的情形，所以法院否定了上述笔录的特信性，驳回了检察机关调查证据的请求，人们推测该案可能会作出无罪判决，大阪地方法院对剩下的检方笔录也不予采信，认为其与客观事实相矛盾。

大阪地方检察院特搜部负责了该案的侦查、追诉、审判全过程。很明显，他们在侦查过程中存在诱导、强制等非法讯问行为，且制作了虚假供述笔录。我们可以明显看到产生误判、冤案的结构性问题，即“暗箱式”的纠问式讯问和检察机关依赖供述笔录进行起诉。该无罪判决也表明，承载国民信赖和期待的特搜部，其所主导的侦查和起诉过程与产生误判、冤案的结构性问题不无关联。以本专题（《特集・検察の実態と病理——真の検察改革を実現するために》，载《法と民主》第454号）列举的志布志、冰见、足利等地最近发生的冤案为契机，人们对讯问方式批判日益高涨的时候，又发生了不正当邮政案。

事态并未就此停止。9月21日，在一线指导侦查不正当邮政案的大阪地方检察院特搜部主任检事被怀疑篡改了作为无罪证据软盘的最终更新日期（见当天的《朝日新聞・朝刊》）。当天，最高检察厅以涉嫌隐匿毁灭证据罪迅速对主任检事进行讯问，并实施逮捕。据报道，当初否认嫌疑的主任检事在同月23日承认了故意篡改证据的事实。同日，最高检察厅开始听取时任主任检事上司的特搜部部长和副部长的情况说明。特搜部部长和副部长在特搜部内部发现主任检事有篡改软盘嫌疑的时候，选择包庇了他，因此在10月1日被最高检察厅以涉嫌包庇罪被逮捕。10月11日，主任检事以涉嫌隐匿毁灭证据罪被起诉，21日，特搜部部长和副部长以涉嫌包庇罪被起诉。

然而，特搜部部长和副部长仍矢口否认。最高检察厅特搜检察部对两人的侦查手段其实也是特搜部的侦查手段，即按照自己对案件先入为主的思路进行讯问，进而获得供述。最高检察厅后怕地认为，在特搜部部长和副部长的指示下，特搜部正企图在内部秘密处理上述篡改证据的违法行为，由此才引发了这起非正常的案件。

虽然难以快速判断事态的走向，但早在2010年2月，特搜部内部包括出庭检事在内的人员都掌握了主任检事篡改证据的事实，却仍在对村木的公开审判中主张其有罪。这毫无疑问引发了误判。检方责任重大，因为问题不在于责任检事的个人资质，而在于检察机关本身。以该案为契机，日本设置了作为法务大臣咨询机构的“检察机关的未来”讨论会，开始讨论检察改革问题，但对检察系统痼疾的讨论究竟能深入到什么程度，尚未明朗。

笔者最近在拙作《检察能否再生》（《法律時報》第82卷，第13号，第1页以后）中论述了问题所在和检察改革的方向，拟在下文作详细探讨。当然，如果要在当下讨论检察改革的理想状态，就必须关注检察审查会。众所周知，根据2004年《刑事诉讼法修正案》，检察审查会的起诉决议被认可具有提起公诉的效力，因此，检察审查会作出了对明石步道桥事故（2010年4月20日起诉）、JR福知山线脱轨事故（2010年4月23日起诉）以及小泽一郎涉违反政治资金法案（2010年10月4日第二次决议）等的起诉决议。对检察审查会决议的评价有所分化，其背后是检察机关的起诉决定和检察审查会的判断应该是什么样的问题，这些都是考虑检察改革时无法回避的问题。对于这一点，笔者拟在探讨如何对行使检察权进行民主制约的问题时加以论述。

二、检察改革是怎样的问题——从改革的视角

在不正当邮政案中，大阪地方法院采信证据时所批判的特搜部的讯问方式并不鲜见，在检察机关过去的讯问中也出现过。有不少刑事诉讼法学者和律师认为，主任检事篡改软盘的行为虽然不该被容许，但还是有可能发生的（参见村井敏邦《時評》，载《法と民主主義》第452号）。纵观现行《刑事诉讼法》（1948年颁布）下，检察机关60多年来的运转情况，正如本专题所列举的各种判例所表现的那样，检察机关在其中的行为绝对算不上公正和客观。

再审案件中检察机关的活动就是绝佳案例。以4起死刑再审案件为开端，到后来的众多再审案件，检察机关为阻止启动再审程序，反复提请上诉，即使在再审的公开审判中，也会固执地试图作出新的有罪举证，以维持有罪判决。本专题所列举的布川案件（第二次再审请求）中的再审请求和再审审判中检察机关的种种行为也印证了上述情况。

与普通程序中事实认定错误的案例一样，即使某个案件从客观上看肯定会得出无罪结论，检察机关依然会根据侦查结果，自始至终都维持有罪认定。只要起诉，就会坚持其正确性，无论如何都要得到有罪判决，这就是检察机关办理案件的姿态。

此处可以明显看出，检察机关一直引以为傲的精密起诉的实质，不仅不是精密区分有罪者和无罪者、保持价值中立的实体真实主义，而是依赖于侦查结果，无论如何也要确保处罚的必罚主义。

但很显然，造成误判的原因在于，依赖“暗箱”式的追究取证

和供述笔录（由讯问结果写成）进行公开审理与事实认定。在特搜部负责的案件中，这些主要由检察人员负责。正因为上述过程都是“暗箱”进行，所以出现了诱导、骗供以及强迫等违法行为。

本专题中志布志、冰见以及足利等地发生的案件都印证了这一点。不光是警方讯问，检察机关的讯问中也存在不少违法行为。20世纪60年代最高法院公布的违反自白任意性规则的判例，如“承诺的自白”和“骗供获得的自白”等（1966年7月1日《刑集》第20卷，第6号，第537页，最终判决；1970年11月25日《刑集》第24卷，第12号，第1670页，最终判决），其实就是检察机关讯问的判例；也有检方笔录（用文字处理机制作）因抄袭警方调查笔录而导致不被采信的判例（参见秋田真志《浮かび上がったワープロ調書》，载《刑事辩护季刊》第29号，第77页）。

不仅如此，在1990年的操纵股价案、1993年的建筑公司贪污案以及1994年的筑波市贪污案中，都发生过检察人员暴力讯问的情形。从这些案例可以看到，检察机关怠于直面客观事实，进行公正合理的判断，反而执着于对案件的片面判断（有罪情节），中间还夹杂着违法行为，比如通过“暗箱”的纠问式讯问来获得犯罪嫌疑人和其他参与人的供述并制作笔录。从无辜被告人的角度来看，这种讯问和制作供述笔录的行为只会形成虚假的有罪证据，和篡改证据没有本质差异。同样，检方保管的在案证据中可能存在无罪证据，但其拒绝开示的态度与前面并无二致。

在布川案件的第二次再审请求中，由于公开了审判时未提交的证据（目击证人的供述笔录和对犯罪现场遗留毛发的鉴定书等），才启动了再审程序。近期的案例在本质上也一样，即排除了本可以成为证据开示对象的讯问记录。在本专题所提到的松川案件中，作为不在场证明的记录被检方“隐匿”的事实也被查明。

这样一来，现行《刑事诉讼法》下，检察机关行使检察权的公正性和客观性确实值得怀疑（参见拙作《现代検察官論》，日本评论社，1997 年版，第 3 页以后），可以说这是检察机关的结构性病理。本次的篡改证据案就是一个典型案例。因此，我们有必要彻底厘清检察的结构性病理，探讨应如何进行根本性检察改革，以及如何行使检察权。

根本性检察改革还关注的，是检察审查会创设的起诉决议制度，由此引发了对检察机关起诉标准的探讨，即通过检察审查会的起诉决议，把握起诉方向（处罚方向），来纠正检察机关的不当不起诉决定。因此必须注意在起诉决议制度下，可能会有这样的危险性，即会推动原本就有必罚主义倾向的检察机关作出起诉决定，进行审理。需要深入研究的是，检察机关决定起诉的标准应该是在认识到检察机关结构性病理的基础上，坚持无罪者不予处罚的理念，进而抑制起诉。

三、检察改革寻求的目标——改革的方向是什么

笔者认为，检察机关的公正性和客观性受到质疑，导致这一结构性病理的原因在于战后刑事司法改革的不彻底性。众所周知，战后刑事司法改革的目标在于取消以检察机关主导侦查、审判为基础的纠问主义式检察官司法，实现“检察的民主化”（参见小田中聪

树《刑事訴訟法の歴史的分析》，日本评论社1976年版，第2页以后；《現代刑事訴訟法論》，劲草书房，1977年版，第25页以后）。“检察的民主化”的关键是缩小、分散检察权，并实现对检察权的民主性制约，然而在占领军和当时司法省复杂的对立和妥协下，这种“检察的民主化”没能贯彻到底。

在战后的刑事诉讼改革过程中，一方面，检察官虽然失去了侦查的主导地位，但是保留了侦查权，并通过独占公诉权确保了其诉讼裁量权，还在令状主义的法律框架下取得了强制处分权，检察官讯问笔录的优先效力也得到了法律认可。另一方面，由于搁置了对“暗箱”式纠问式侦查的改革，又缺少犯罪嫌疑人国选辩护制度和证据开示制度，因此在保障被告人防御权方面非常滞后。在对检察机关进行民主性制约方面遭遇的情形类似，占领军提出的引进检察官公选制度和大陪审制度的建议受挫，并且仅止步于设立检察官审查会和检察官适格审查会阶段，所以对检察机关的民主性制约非常薄弱。

从“检察的民主化”改革目标的角度去回顾检察改革时，突出问题是检察机关在克服行使检察权的不透明性、不可视性以及纠问性的不彻底。如果能实现讯问的全面录音录像，并有辩护人在场，应该能有效防止检方在讯问过程中的违法行为，也能防止通过修改警方调查笔录来制作检方笔录等问题。并且如果能将检方掌握的证据制成保管证据一览表，实现全面证据开示，应该可以有效抑制其隐匿和篡改证据的行为。

控辩式的侦查观和证据开示论等改革策略，都是战后刑事诉讼法学的当事人主义论中提出的内容。从这个意义上说，战后刑事诉讼法学的当事人主义论是一种“检察的民主化”理论，目的是克服行使检察权时的不透明性、不可视性以及纠问性。审判专从论也是一种当事人主义论，主张检察机关应该放弃侦查权，专心从事审理活动，进而排除检察官的侦查人员特性以及行使检察权的纠问式倾向。

但检察机关表现出了对当事人主义论强烈的拒绝态度，导致了其缺乏公正性和客观性的结构性病理。这样一来，检察改革的出发点就应该立足于战后刑事诉讼法学的当事人主义论。换言之，应基于当事人主义论，关注对检察权的诉讼性制约。已故田宫裕博士曾指出“当事人主义论在实质上表现为检察官论”（参见田宫裕《刑事手続とその運用》，有斐閣，1990年版，第105页以后）。这说的是，当事人主义论本身便是一种检察改革的理论视角，即想强调其具有检察改革的视点。当事人主义论中，实现讯问的可视化（将引进录音、录像制度作为权利）、控辩化（保障辩护人在场权）和全面证据开示，都是非常紧迫的课题。

从“检察的民主化”改革目标来看，另一个问题在于对检察机关的民主性制约较为薄弱。作为占领军提出的引进大陪审制度的代替措施，检察审查会对检察机关的民主性制约措施被制度化，但仅限于在审查检方的不起诉决定上，并且检察审查会的决议仅作为“参考”，对检察官并无约束力。2004年修改《检察审查会法》时，虽然确认检察审查会的部分决议具有提起公诉的效果，但仍缺乏核查起诉处分的功能。因为检察审查会在设立时就被定位为是“根据民意行使公诉权”（参见三井诚《刑事手続法Ⅱ》，有斐閣，2003年版，第36页以后）的制度，所以难以想象其会缺少核查起诉处分的功能。

首先，检察审查会制度不是一种强化诉讼（处罚）功能的制度，当该制度被赋予抑制不正当起诉功能时，就能真正成为核查检察权行使的民主制约制度。因此，检察审查会对起诉处分的审查制约功能是必须研究的课题（其具体程序问题，参见鯰越溢弘《公訴権の運用とその規制》，载《法律時報》第61卷，第10号，第30页以后）。

其次，有必要强化检察审查会对检察事务的改善劝告功能。正因为有此功能，当出现误判时，检察审查会会以误判为内容，对检事提出如何行使检察权的改革意见。这意味着将误判问题作为国民性的课题进行讨论，检察审查会也可以从防止误判的角度出发，提出讯问可视化的建议。随着检察审查会对检察事务的改善劝告功能的有效运作，检察审查会成为检察改革的国民论坛。

最后，可以考虑废除检察官适格审查会，将检察官的适格审查功能移交给检察审查会。检察官适格审查会制度虽然是占领军提出的检察官公选制度的代替方案，但成员仅限于国会议员、最高法院判事、日本学士院会员等，其民主基础薄弱，没有发挥实际作用。如果将该功能移交给检察审查会，当发现像本次的篡改证据问题时，检察审查会可以让检察机关提交资料、调查情况、审查相关检事，就能对检察官的适格性进行判断。但适格性审查需要一个标准。因为检察官与刑事辩护人同为法律专家和诉讼当事人，所以应当遵循相同的行为规范，法律明文规定他们应当共同遵守的法曹伦理是美国《ABA法律人员职务模范规则》（日本律师协会译《ABA法律家職務模範規則》，第一部法规，2006年版），其中“检察机关的特别职责”规定（《ABA法律人员职务模范规则》3.8）最为典型。如后文所述，如果把检察官视为“公民代理人”，那么，要将检察官自身和其与辩护人应当共同遵守的法曹伦理予以明文规定，就会缺少理论支撑。而以法曹伦理为标准，对检察官进行适格性审查的话，将有利于保证检察官履职（行使检察权）的正当性，进而实现透明化和可视化。

这样一来，要强化检察审查会制度对检察权行使的民主制约功能，必须改革检察审查会。问题在于：一方面，检察审查会的起诉决议具有强制效果，一旦批准将不予起诉的犯罪嫌疑人进行起诉处理，就会与无罪者不予处罚的理念相矛盾。检察审查会的民主制约功能必须具有实效性，因此又要承认其具有约束力。但是，如果要将不予起诉变更为起诉，就应当在无罪者不予处罚的理念下进行正当化审查。因此，检察审查会在审查时有义务保障犯罪嫌疑人的辩白权，并让检察官全面开示在案证据，同时，为了让检察审查会作出决议的资料无误，需要实现讯问犯罪嫌疑人和询问证人的可视化。另一方面，人们本来期望检察机关能够精密区分诉与不诉的界线，慎重作出起诉决定，但作为检察改革措施的检察审查会制度因作出起诉决议的标准低，把不该被起诉的对象决定起诉了，因此遭到批评。检察机关引以为傲的精密起诉，其实质尚有讨论的余地，精密起诉是依赖于侦查作出的起诉决定，与审判中心主义不相容。重要的是要确定好起诉标准，即一旦犯罪嫌疑人被认定为不予起诉，就要避免被不当起诉。

综上，克服检察权行使的不透明、不可视性、纠问性，强化对检察机关的民主制约，正是“检察的民主化”这一历史性课题所追求的目标。回到战后刑事司法改革的出发点，即“检察的民主化”，才是检察改革该有的视角。

四、检察官应该是怎样——未来的检察官形象

明治时期，日本的检察制度模仿德国检察制度进行了调整。在德国，检察官被标记为“国家（Staat）”“代理人（Anwalt）”（国家代理人，Staatsanwalt）。笔者曾通过研究德国检察制度产生、确立的历史过程，提出日本的检察官应当是“公民代理人”（参见前述拙作《现代検察官論》，第 270 页）的观点。在德国检察制度产生和确立的历史过程中，引入检察官制度、独占起诉权来抑制法官权力的“公诉权归属论”，该理论的实践结果是“公民的公诉权”理论，据此，将公诉权归属于社会的全体成员。在“公民的公诉权”理论下，公诉权归属于公民，检察官被视为“公民代理人”，代理行使公民们委托的公诉权，维护他们的普遍利益。检察官不仅是行政官员，也能立足于“独任机关”固有的组织原理，被赋予相当于法官的身份保障，这是为了把检察官从政治权力中分离出来，确保其具有“公民代理人”的实质。而为了保证检察官具有“公民代理人”特性，应当对行使检察权和检察组织采用有效的公民制约手段，这就是检察审查会制度。由此便赋予了检察审查会改善劝告检察事务的功能。

不仅如此，如果检察审查会制度成为对检察机关的公民制约制度，那么具备核查检察官违法行为和适格的功能就是合理的。因此，应该将检察官适格审查会的功能转移给检察审查会。如果检察官不是“国家代理人”，而是“公民代理人（Bürgersanwalt）”，那么职能就与犯罪嫌疑人、被告人的辩护人相同，本质上都是“公民代理人”。这样的话，检察官和辩护人同为法律专家，理应遵守相同的行为规范。也就是说，可以考虑让检察官也遵守与辩护人一样的伦理规定，范例就是《ABA法律人员职务模范规则》。于是，在可视且透明的伦理规定下，检察审查会制度有了对检察机关进行公民性制约的功能，在诉讼中，检察官维护的将不是主观利己的个人利益，而是普遍客观的公民共同利益。进而，检察审查会制度作为对行使检察权进行公民性制约的制度，不仅要审查不起诉的情形，还要根据被告人的申请，对起诉决定进行审查。

从“公民代理人”这一检察官形象中引申出的上述制度构想，与加强对检察官的民主制约而提出的制度构想相重合。因此，立足于“公民的公诉权”理论而产生的“公民代理人”的检察官形象，可以作为引领检察改革的现代检察官理论，可能会得到有益的结果。

需要补充的是，从迄今为止的检察工作实际来看，检察官保留侦查权的做法引发了其侦查官意识，导致了检察权行使上的必罚主义倾向和纠问式讯问方式。正如审判专从论所主张的那样，检察官应该放弃侦查，专心致力于审判活动。这恐怕也是在裁判员参与审判的时代，检察机关应有的姿态。这样的话，检察官可能就会立足于在审判中进行举证的法律专家（lawyer）的视角，从法律上核查警方的侦查结果，像英国检察厅（CPS）那样实现“诉讼过程的法律专家性”（参见小山雅龟《公訴権の運用とその規制》，成文堂1995年版，第191页以后）。但这样的话，警方就会独占侦查权，又会出现“警察司法化”问题（参见小田中聡树《現代司法と刑事訴訟の改革課題》，日本评论社1995年版，第303页以后），因此必须研究如何防止出现该问题。这一警察改革的问题需要在权力论的观点下单独进行研究。检察官不参与侦查，从法律专家的角度核查警方活动是一种权力的分散，虽说检察官作为诉讼当事人去进行核查是片面且局限的，但不会造成负面影响。当然，我们要记得还有一个需要研究的重要课题，即如何将警察改革成为更为公正的侦查机关。

第二节 检察官的职责和行为规范

一、冤案和检察机关的行为问题

2010年9月10日，大阪地方法院在厚生劳动省不正当邮政案中，宣判村木厚子无罪（确定无罪）。在5月26日确认的证据中，被认定为共犯作为证人的43份检方笔录中，有34份存在诱导讯问或与真实意思表示相反的情形，所以法院驳回了检察机关调查证据的请求，人们推测该案可能会作出无罪判决，大阪地方法院对剩下的检方笔录也不予采信。不正当邮政案由大阪地方检察院特搜部立案，并全程参与侦查、追诉、审判。但在政府官员勾结的背景下[1]，以询问犯罪嫌疑人以外的人员得到的口供（笔录）为依据，形成有罪主张的证据结构脆弱地崩溃了，原因是一旦检方形成对案件的判断，就会执着于取得相应的口供（笔录），采取依赖纠问式讯问的侦查方法。大阪地方法院作出的证据认定和无罪判决，严厉批判了通过纠问式讯问产生虚假口供（笔录）的侦查方法。在过去，特搜部检事因违法办案、非法讯问而被指责的案例有不少。1993 年的建筑公司贪污案和 1994 年的筑波市贪污案等案件中也发现了检察官的暴行。产生这一现象的原因在于检察机关的结构性问题，即一旦形成对案件的判断，检察机关就会采用依赖纠问式讯问的侦查方法，以获得相应笔录，还有被《证据法》中检方笔录效力优先条款所支撑的书面审判的审判结构。

大阪地方检察院特搜部主任检事篡改证据的行为事发后，不正当邮政案有了意想不到的进展。难以相信特搜部主任检事篡改了作为村木氏无罪证据的软盘上的日期数据。这背后不能忽视的问题是上述依赖纠问式讯问的侦查方法。篡改证据不仅是主任检事用上述侦查方法作出的作茧自缚的行为，通过讯问获得虚假供述，进而得到有罪证据，其实也跟篡改证据没有本质差异。让人不禁想起在松川案件中，检察机关内部隐匿了证明犯罪嫌疑人无罪的调查记录，该隐匿行为曝光后，导致原先由自白（笔录）构成的案件面貌彻底崩坏，全体犯罪嫌疑人也因证据不足而被判无罪。[2] 篡改证据问题

〔1〕「座談会・郵便不正利用事件はなぜ起こったのか」季刊刑事弁護 65 号 96 頁以下参照。

〔2〕さしあたり伊部正之「検察の犯罪」法と民主主義 454 号 22 頁以下参照。

的背后，可以明显看到依赖纠问式讯问和书面审判这一造成误判、冤案的结构性因素[1]。

在不正当邮政案中还发现了特搜部检事废弃讯问记录的事实。在志布志案中，发现了检察机关为避免把讯问小票进行证据开示而与警方协商的事实[2]，这与废弃讯问记录、隐匿无罪证据一样，都是有违法嫌疑的行为。废弃讯问记录是在2008年7月9日和10月21日最高检察厅刑事部部长下发通告后实施的行为。通告虽然强调“适当的保管讯问记录”，但其内容其实是要求“适当的废弃”，从主张无罪的被告人角度来看，就是要求废弃无罪证据，这和篡改证据并无区别[3]。因此被怀疑是有组织的废弃，事态非常严重。

由此看来，不正当邮政案中的侦查方法和篡改证据行为提出的问题是，如果像2010年12月最高检察厅报告书一样[4]，从主任检事的个人资质和大阪地方检察院特搜部的特殊性方面追究原因的话，很难从本质上解决问题。对主任检事篡改证据的怀疑，从2010年1月至2月就在特搜部内部扩散开来，甚至连审判部检事和特搜部领导都知晓，但没有进行恰当的处理。在对村木和上村的审判中，检

---

〔1〕 高田昭正「検察改革の課題」法律時報83巻3号1頁以下、村岡啓一「検察改革の先にあるもの」自由と正義62巻3号82頁以下、拙稿「日本検察の特質と検察改革の視点」法と民主主義454号4頁（本章I）など参照。この意味では、検察の在り方検討会議第6回会議で配布された「今後の検討事項（座長案）」が「今後の検討課題」に「捜査・公判構造」の「見直し」を掲げたのは正当だった。

〔2〕 梶山天「むき出しの権力犯罪」法と民主主義454号48頁以下参照。

〔3〕 刑事部長「通達」によれば、適正保管とは、調書の任意性が争われると予想される場合には取調べ時の言動等の立証のために保管し、そうした必要のないものは廃棄すべきものとされている。

〔4〕 最高検察庁は2010年12月24日の「検察の在り方検討会議」の第3回会議に「いわゆる厚労省元局長無罪事件における捜査・公判活動等の問題点について」と題する報告書を提出した。

察机关依然隐瞒了篡改证据的事实，主张、举证其有罪，其责任极大。2011 年 4 月 17 日，大阪地方法院对篡改证据案进行宣判，判处主任检事以实刑，并批评道：“即使存在妨碍有罪证明的消极证据，也应诚实面对，要持严格追求公正的态度，而不应将其隐藏”，认为篡改证据的行为“有可能也破坏了刑事司法的根基”。该判决指示应当向全体检察人员公开。问题在于，即使直面了篡改证据的事实，检方自身仍然没能主动采取纠正措施〔1〕。

与此相对，在足利案中，警方负责侦查，检方直接采用了警察的侦查结果，依据警方出具的错误 DNA 鉴定和虚假供述提起了公诉，而怠于从公诉人立场出发，对侦查结果进行核实。不仅如此，在起诉后对犯罪嫌疑人菅家利和的讯问中，尽管犯罪嫌疑人有翻供的现象，检方仍然让其撤回，以维持虚假供述，在再审审判时也在尽量维护警方所出具的错误 DNA 鉴定的权威〔2〕。故从本质上看，与不正当邮政案一样，检察机关为获得虚假供述而采取纠问式讯问的同时，也能看到其阻碍误判救济的身影。

在不正当邮政案和足利案中，检方的行为问题与战后刑事司法中显现的检察机关存在的问题相重合。他们隐匿无罪证据，为获得口供（笔录），按照自身对案件的设想采取纠问式讯问；一旦起诉，就将有罪主张贯彻到底，在再审阶段阻碍对误判进行救济。从缺乏公正性、客观性以及保障人权性的问题来看，这些都是日本检察机

---

〔1〕 拙稿・前掲「日本検察の特質と検察改革の視点」5 頁（本章 I）参照。

〔2〕 佐藤博史「足利事件——再審無罪判決を検証する」自由と正義 62 巻 3 号 8 頁以下、同「弁護人から見た警察庁と最高足利事件検証報告書」東京大学法科大学院ローレビュー 5 巻 229 頁以下など参照。なお、最高検察庁「いわゆる足利事件における捜査・公判活動の問題点等について（平成 22 年 4 月）」参照。

关的结构性病理〔1〕。因此，要在这个认识下去谈论检察的再生。本文的宗旨是从检察官的作用和伦理的视角出发，对检察的再生之道作理论性探讨。

二、检察官的职责——当事人性和客观性、公正性

检察官当然是诉讼当事人。从宏观来看，战后刑事诉讼法学反映了当事人主义论的发展过程〔2〕，当事人主义论的基本观点是在无罪者不予处罚和保障正当程序的理念下，保障犯罪嫌疑人和被告人的防御权，因此，当事人主义论的目标是抑制检察官的诉讼功能。“当事人主义论的本质观点”直接表现为“一方面是检察官论，另一方面归结于被告人论”〔3〕。的确，从当事人主义论的理论成果来看，控辩式侦查观是以沉默权和辩护权为基础的抑制诉讼功能的理论，证据开示论和公诉权滥用论也是防御权理论，可以抑制检察官不当的强制应诉。限缩检察官侦查功能的审判专从论，相对于在战后刑事司法改革过程中，战前司法制度革新论构想下出现的赋予检察机关的强制处分权和司法警察直属论等强化检察官诉讼功能的理论，主张对检察官提起公诉、追诉的职能加以限制和提纯。审判专从论提出的限缩侦查功能和使（公诉人的）职能更加纯粹化的发展方向，应该与刑事诉讼法学的观点相通。对警察侦查进行专业核查

---

〔1〕 高田・前揭「検察改革の課題」3 頁、村岡・前掲論文 84 頁等参照。

〔2〕 「刑事訴訟法の半世紀と展望」村井敏邦他編『刑事司法改革と刑事訴訟法・上巻』（日本評論社、2007 年）1 頁以下（本書序章 I）参照。

〔3〕 田宮裕「当事者主義訴訟のあゆみと課題」同『刑事手続とその運用』（有斐閣、1990 年）309 頁参照。

的英国检察官（CPS）是一个样板[1]。但以上检察官论并没有被检察实务所吸纳。

20世纪60年代到70年代出现了检察客观义务论和准司法官论，其目的是抑制因偏重当事人而被其诉讼要求片面支配的诉讼活动。在这种问题意识下，导致了证据开示和公诉权滥用的诉讼结果，产生了作为媒介概念的理论，主张检察官具有客观义务和司法官性。但该理论与当事人主义论的一致性受到质疑，即检察官的客观义务论和准司法官论作为媒介理论，导致了证据开示和滥用公诉权的诉讼后果，该理论并非不可或缺，反而让人担忧可能会弱化检察官本该具有客观性与公正性的诉讼职能。客观义务论不是检察官抑制自我的理论，检察官既是行政官员，又是当事人，所以可能会偏向于当事人的诉讼需求而作出有违法风险的诉讼行为，针对这样的诉讼行为，为保护犯罪嫌疑人和被告人的防御权，对检察机关的诉讼行为进行规制很有必要，这就是当事人主义论的观点[2]。

在德国刑事诉讼中，按照检察官的客观义务论和司法官论，检察官不是当事人，与法官共同审查实体真实，这是职权主义诉讼结构正当化理论随历史变革衍生出来的功能[3]。在客观义务论和准司法官论中潜藏着上述理论契机，积极评价了检察官作为精密司法的载体起到了法官的作用，同时也肯定了支撑精密司法的纠问式侦查和书面审判的审判结构。但客观义务论和准司法官论并没有形成通

[1] 小山雅亀『イギリスの訴追制度』(成文堂、1995年) 参照。

[2] 例えば、田宮・前掲論文「当事者王義訴訟のあゆみと課題」316頁、抽著『現代検察官論』(日本評論社、1997年) 195頁以下参照。

[3] 抽著・前掲『現代検察官論』73頁以下参照。

说。在刑事诉讼法理论中，因为检察官既是行政官员，也是诉讼当事人，可能会侵害正当程序，所以其诉讼职能应依据防御权而被抑制。

尽管如此，《检察厅法》第4条的检察事务规定，只要在行使公权力，检察权就自然要具备客观性和公正性。根据防御权理论，在当事人主义理论框架下，对检察官的诉讼职能进行限制时，如何保证作为诉讼当事人的检察官客观公正地进行诉讼活动，仍是有待解决的课题。正如小田中聪树教授强调的那样[1]，解决的关键在于对检察官的法律专业性予以确认。由此可以得出，与承担刑事辩护职能的律师一样，检察官作为承担刑事诉讼职能的法曹，也应当遵守法曹的伦理规范开展刑事诉讼活动，以保证客观性和公正性[2]。但问题在于，该设想是否具有理论可能性？

三、检察官的行为规范——检察官伦理得以成立的基础

检察权的核心是公诉权，但在民主主义国家，由于权力正当化的理论依据来自公民意愿，从理论上说，检察机关是被委托行使公诉权的“公民代理人”。作为公民代理人的刑事诉讼机关，检察官是制度规定的法律专家。我们从历史上和比较法学上都能确认检察官的法律专业性，这也是规定检察官刑事诉讼活动领域的由来。检察

〔1〕渡辺洋三・江藤介泰・小田中聰樹『日本の裁判』（岩波書店、1995年）207頁以下（小田中執筆部分）参照。

〔2〕「検察官の倫理」という視点の下での本格的研究は村岡啓一教授を代表者とする平成16年度（平成19年度まで）の科学研究費補助金による研究「刑事弁護人の役割と倫理」が嚆矢であろう。なお、指宿信「検察官倫理を考える」自由と正義62巻1号94頁以下、2号74頁以下参照。

官是担任公民代理人行使公诉权的法律专家，与担任公民（犯罪嫌疑人、被告人）代理人的法律专家——律师，基本上没有区别。

当然，在现行法中，一方面，检察官作为行政官员，在法务大臣的（被制约）指挥监督下，同时基于检察官同一体原则，也在以总检察长（译者注：日本最高检察厅长官）为首的双重指挥监督下形成了检察系统，于是检察机关和普通行政组织一样，被编成行政机构。另一方面，检察官被赋予与普通行政机关不同的强有力的身份保障，并且成为独任制的官厅，独立行使检察权〔1〕。检察机关固有的组织原理——“独任机关制”与身份保障相结合，使检察机关得以摆脱政治权力的束缚，保障自身的自律性和独立性。因此，既有支撑检察官法律专业性的组织基础，也与遵守《国家公务员法》和《国家公务员伦理法》行为规范的公务员不同，有与律师共同遵守的法曹伦理的制度基础。

明治时期，日本目睹了视为榜样的德国检察制度的历史性成立过程。19 世纪中叶，日本检察制度由纠问式诉讼向近代控辩式诉讼结构转变。在纠问式诉讼中，纠问判事是承担刑事诉讼功能的法律专家，由此可以确认检察官承担公诉权并担任公民代理人的检察官制度构想登上了历史舞台〔2〕。立足检察制度确立的历史过程，检察官的当事人性和法律专业性被重新确认。检察官和律师，前者承担起诉功能，后者负责刑事辩护，在职能上虽存在差异，但两者都是作为公民代理人的法律专家，性质相同。美国的“ABA 法律家职务

---

〔1〕 司法研修所検察教官室編『検察講義案』（法曹会、平成 21 年版）9 頁参照。

〔2〕 拙著・前掲『現代検察官論』73 頁以下参照。

模范规则”（以下简称ABA模范规则）[1] 是法律专家的行为规范，适用于律师和检察官。该行为规范成立的基础应该是律师和检察官都是法律专家这一点上的同质性。因此，我们可以认为，日本的检察官与律师都是担任公民代理人的法律专家，应遵守共同的法曹行为规范。在过去的检察官论中，似乎不太关注检察官的法律专业性[2]。如果是以检察官的法律专业性为基础的法曹伦理行为规范，就可以避免像客观义务论或准司法官论那样与当事人主义论在理论上的不相容。

当然，检察官虽然是法律专家，但从其所拥有的权力性质来看，不能否认其是具有侵犯人权危险性的权力机关，所以有必要通过特别的行为规范加以制约。实际上，ABA模范规则在与律师共同遵守的行为规范之上，鉴于作为刑事诉讼机关的检察官所具有的特别权限和功能，明确规定了检察官的“特别职责”。ABA模范规则的3－8规定，a项“不能证明有足够的嫌疑，应该避免起诉”，b项“被告人有获得辩护人的权利并被告知相关程序，同时必须合理且尽力地保障给予其申请到律师的机会”，c项“没有律师的被告人不得剥夺其参加预审等审判前的重要权利”，d项“检察官知晓的否定被告人有罪或是有减罪倾向的证据或信息，应当适时地全部向律师方公开”等，均明确记载为检察官的特别行为规范。不正当邮政案中检察官的讯问违反了b项，主任检事的篡改证据、审判部检察官及特搜部领导的包庇行为违反了a项和d项。大阪地方法院对篡改证据的检

〔1〕 日本弁護士連合会訳『ABA法律家職務模範規則』（第一法規、2006年）193頁以下参照。
〔2〕 但し、渡辺・江藤・小田中・前掲『日本の裁判』207頁（小田中執筆部分）参照。

事判以实刑时，在判决中有这样一句话："代表公共利益的检察官，即使存在阻碍有罪证明的消极证据，也应诚实面对，而不应将其隐藏，要有严格追求公正的态度"。让人不禁想起 d 项的规定。足利案件中检察官的行为违反了 c 项和 d 项，志布志案件中检察官对会见情况的讯问和对警方讯问票证的不予开示则违反了 b 项、c 项和 d 项的规定。如果可以赋予该行为规范以法律约束力的话，将有助于抑制检察机关不公正的诉讼行为。

这一检察官行为规范被明文规定为检察官的"特别职责"，因具备法律专家的职业伦理规范，承担着起诉职能，所以与检察官作为行政官员、诉讼当事人的诉讼地位并不抵触。ABA 模范规则所规定的检察官"特别职责"，即保障犯罪嫌疑人、被告人的沉默权、会见权和证据开示义务，因为都是检察官行为规范的反映，所以与主张保障防御权理论的当事人主义论也不矛盾。

问题在于如何保证该行为规范的实效性？在以往体系中，《国家公务员法》和《国家公务员伦理法》规定，检察官可能因存在违法行为而被免职，也有可能因检察官适格审查会的审查被免职。但如果检察官是被委托行使公诉权的公民代理人，那么运用他们的行为规范就要有明确性和透明性，也应该考虑让公民参与到审查和决定处分的过程中。主任检事的篡改证据案告诉我们，检察机关内部的监督机制不全，要想让检方遵守行为规范，外部监督也不可或缺。应探讨进行一些制度调整，来确保适格性审查的实效性，如废除检察官适格审查委员会，将其职能转移到检察审查会，引进法律顾问等来强化检察审查会的审查功能，确保适格审查的时效性等问题仍值得探讨。考虑到检察审查会一直以来承担的改善劝告检察事务的功能，那么，在明确的行为规范下，把对检察官违法行为进行审查和决定处分的权限赋予检察审查会就并非不合理。原本检察官适格审查会是在“二战”后日本改革的过程中，与占领军提出的检察官公选制度相妥协而被引入的制度，考虑其功能不全的现状，将适格审查功能转移至检察审查会的理由充分且正当。

当然，在不正当邮政案和足利案中提到的检察机关的行为问题和篡改证据行为是“二战”后日本检察机关的结构性病理造成的。只有认识到这一点，才会明白根本性的对策只能是寻求彻底的刑事诉讼改革。因此，需要完善控辩式讯问和全面可视化制度，强化全面证据开示和传闻证据规则，以保障犯罪嫌疑人、被告人的权利。在根本性改革的基础上，如果检察审查会按照明确的行为规范对检察官的违法行为进行审查、决定处分的话，应该就能建立起一个确保检察官公正性和客观性的合理体系。这是当事人主义论所寻求的制度构想，即通过保障犯罪嫌疑人、被告人的防御权，来抑制检察机关的诉讼职能，以此为前提构建一个确保行为规范（履职客观性和公正性）具有实效性的制度，来完全控制检察权的行使。

四、检察改革的观点

以篡改证据案为契机设置的“检察机关的未来”讨论会，在2011年3月31日公开发表了《检察制度的复兴提案》，提出了制定、公布与检察官职能有关的基本准则，强化检察机关内部监督机制，如构建“横向检查”和监察体制，完善外部建言体制，扩大讯问可视化范围和1年后查证等方案。但是，提案没有明文记载对讯问犯罪嫌疑人和询问相关证人实施全面可视化、实行全面证据开示、强化传闻证据规则等内容，因此没能让人看到以强化犯罪嫌疑人、被告人防御权为中心进行的根本刑事诉讼改革。在“二战”后日本检察机关存在的问题下，对不正当邮政案和足利案中检察机关的行为问题和这次的篡改证据问题进行结构性考察时，这样的“提案”真能改革检察的现状吗？“讨论会”继续深入，围绕可视化的利弊及其范围产生了对立意见，这些意见折中后形成了提案中的表述。此后根据提案，法制审议会设立了“新时代刑事司法制度特别委员会”，开始进行讨论，但结论指向未明，包括是否保留特搜部在内的根本性改革课题依然存在。

一直以来，检察官在国家追诉主义、起诉垄断主义的背景下，被认为是行使公诉权的国家机关，德语中将检察官标记为 Staatsanwalt（直译为国家代理人）就说明了这一点。当然，了解到检察机关是权力机关，是认识到检察机关可能会侵害当事人权利的基础。但只要检察官提起公诉、进行追诉，其使命首先就应该维护普通人的共同利益。从这个意义上说，检察官作为公民代理人，不应该片面地追求国家正义（维持治安），而应该成为维护普通公民正义的法律专家。为了使这样的检察官形象成为现实，需要在以控辩式讯问、全面可视化、全面证据开示等方式对刑事诉讼进行彻底改革的基础上，创设对作为法律专家的检察官来说行之有效的行为规范〔1〕。

〔1〕 このような構想は「アメリカを日本の検察改革の良きモデルとみなすもの」（デビット・T・ジョンソン「検察改革を真剣に考える」自由と正義62巻4号79頁以下）ではない。

第三节 强制起诉制度和检察审查会制度的改革

一、强制起诉制度的现状和起诉标准

（一）强制起诉制度的运用情况

检察审查会在作出应当起诉的决议后，检察官再次作出不起诉决定时，检察审查会开始第二阶段的审查，如果还是作出了应当起诉的决议，该起诉决议就具有法律约束力，这就是强制起诉制度。该制度于2009年（平成21年）5月21日开始实行。根据《平成26年刑事案件概况（上）》（《法律時報》第68卷，第2号，第540页以后），直至2014年，作出起诉决议的案例只涉及11人（第二阶段的审查中，未作出起诉决议的涉及9人）。加上2016年2月，因福岛第一核电站事故，东京电力公司原会长等3人被强制起诉。截至目前，在被提起强制起诉的14人中，已被作出审判结果的有9人，其中被认定有罪的有2人。另外，在引发社会关注的JR福知山线事故和陆山会案件等案件中，以犯罪嫌疑人被判无罪为契机，出现了批判检察审查会作出起诉决议过于草率的声音。

强制起诉案例虽然不多，但其被作出有罪判决的概率与超过99%的普通刑事案件被作出有罪判决相比确实很低。从检察审查会制度施行（1949年）到2014年的统计数据来看，检察审查会作出应当起诉的决议或不起诉不当的决议后，检察官起诉，并以一审审判为终局的人员累计达1477人，有罪率为93.4%，这比普通刑事案

件的有罪率低得多。从运行状况来看，检察审查会作出应当起诉的决议或不起诉不当的决议后，检察官再次起诉的起诉率下滑严重，此后一直保持递减趋势。

（二）是精密起诉，还是“轻率起诉”

日本刑事审判以作出超过99%的有罪判决而自豪，但众所周知，这种司法形态有时被称为精密司法。有文章指出，支撑精密司法的是以有没有让“有罪判决得到充分预见”为标准，检察官细致周密地作出起诉或是不起诉的判断（参见松尾浩也《刑事訴訟法·上》，弘文堂1999年版第15页以后；司法研修所检察教官室编《检察讲义案（平成21年版）》，法曹会2010年版第63页）。从精密起诉的观点来看，在前述对涉及9个人的强制起诉案件中，确定有罪判决的才2人，由此担心强制起诉制度是不是一种极易产生冤案的制度，并出现了对强制起诉制度的否定消极评价。另外，也出现了肯定该制度的评价，即检察机关只是主张起诉，应当通过审判来最终确定是否有罪，当下精密司法的反常状态是，一旦起诉，便会基本定位有罪，而适用强制起诉制度的有些案件却被作出了无罪判决，因此不能直接认为该制度不合理。强制起诉制度被评价为“大方侦查和轻率起诉”，这与平野龙一的控辩式诉讼观（参见平野龙一《刑事诉讼の二つの方法》，载《訴因と証拠》，有斐閣，1985年版，第186页以下）有着密切联系。关于对强制起诉制度的争论情况，可以在《朝日新闻》的2010年10月9日早刊和2012年4月27日早刊（均为大阪本社第10版）“点评”栏目中清楚地看见。

是精密司法、精密起诉观，还是控辩式起诉观（轻率起诉），在观点对立的背后，是侦查构造论和刑事审判理想状态论的深层次理论争议。换言之，从精密司法、精密起诉的立场来看，起诉阶段为了准确区分罪与非罪，必须以讯问犯罪嫌疑人为中心进行有力调查，以查明真相。因此，这就必然会导致纠问式侦查和根据侦查结果进行审判（书面审判）的情形发生。但从控辩式起诉观来看，侦查只是侦查机关所做的审判准备活动，审判才能决定罪与非罪，因此要实现控辩式侦查和审判中心主义（排除书面审判）。这里暗含着对强制起诉制度现状评价的本质对立。从学说来看，一方面，控辩式侦查观持续存在，有人主张应以作出起诉决议为标准，来支撑精密起诉（参见中岛宏《検察審査会と公訴のあり方》，载《法学セミナー》第698号第14页）；另一方面，有人预测根据强制起诉制度，检察官对精密起诉的运用会向控辩式起诉观的运用转变（参见三井诚《検察審査会制度の今後》，载《現代刑事法》第7卷第1号第85页），并表达了对该转变的期待（《鼎谈・刑事司法改革の現状と問題点》，载《現代刑事法》第45号第9页后藤昭发言部分）。此外也有人预测，无论强制起诉制度被如何运用，检察官运用公诉权时的精密司法形态将越来越稳固（参见石井一正《わが国刑事司法の改革とその変容》，载《判例タイムズ》第1365号第29页以后）。

2016年5月24日通过了《刑事诉讼法修正案》，但标榜"构筑""新刑事司法制度"的改革直接契机是厚生劳动省不正当邮政案（村木案件）被大阪地方法院作无罪判决（2010年9月10日），以及大阪地方检察院特搜部检事的篡改证据案。从这个意义上来说，对依赖纠问式侦查的书面审判实行根本性改革才是本次刑事司法改革的出发点。对于《刑事诉讼法修正案》是否与改革出发点相吻合，评价呈分化态势。但总之，精密司法、精密起诉的实体基础是依赖纠问式侦查的书面审判，对其进行根本性改革才是本次刑事司法改革的课题，刑事辩护律师对这一点都没有异议。对这一改革课题认识的正当性在于，在精密司法、精密起诉观念下，超半个世纪的检察工作在实际中存在必罚主义的倾向，没能主张公正性、客观性以及人权保护性（参见拙著《现代検察官論》，日本评论社，1997 年版，第 3 页以后）。因此，如果参照刑事司法的根本性改革课题去研究强制起诉制度今后的改革方向，就需摆脱以依赖纠问式侦查的书面审判为前提的精密司法、精密起诉状态。

（三）抑制滥诉

但如果摆脱了精密司法、精密起诉，在控辩式起诉观下由审判来确定罪与非罪的话，那么会造成检察官想要提起公诉、寻求审判，因此可能会造成滥诉。

原本，起诉是检察官这一国家机关的专有权力，被起诉的被告人会被强制要求应诉。这种强制应诉给被告人带来了很多不利影响，不仅要承担被处罚的危险，还要受到包括羁押在内的许多程序上的控制，以及种种社会经济损失。因此，在定罪前应按照无罪推定原则，最大限度地将其与普通公民同等对待，充分保障被推定无罪的被告人，在面对国家（检察官）强制起诉时的正当防御权。这便是《宪法》第 31 条的要求。在《宪法》第 39 条禁止双重危险原则所规定的、在定为有罪或无罪的实体裁判中保证一事不再理。该原则也是以起诉对被告人的不利影响为前提。对犯罪嫌疑人更不用说了，一旦检方作出了不起诉决定，犯罪嫌疑人就取得了诉前防御的成果，可以摆脱受处罚的危险以及各种程序上的负担，但强制起诉制度会把他们又置于原先的不利境地中，因此带来了双重不利处分的效果。

因此，如果从犯罪嫌疑人、被告人权利论来考虑，就必须在强制起诉制度中防止滥诉。第一，起诉要具有合理性（参见田宫裕《公訴権の運用と検察審査会》，《判例タイムズ》第19卷，第10号，同《日本の刑事起訴》，有斐閣1998年版，第181页）。起诉会把被推定为无罪的被告人置身于受处罚危险与种种不利影响中，因此必须要有相应的正当化依据（合理依据），也就是要有合理的证据基础。关于这一点，在对请求国家赔偿诉讼的芦别案件的判决中（最高法院第二小法庭判决昭和53年10月20日）（《民集》第32卷，第7号，第1367页），作为起诉的（《国家赔偿法》上的）合法性要件，要求“综合考虑各种资料，通过合理判断，来认定有罪嫌疑”，这意味着在起诉时需要合理性，但并不是说把存在犯罪嫌疑作为诉讼条件。对没有犯罪嫌疑的人进行起诉，通过迅速审理，作出无罪判决也是合理的解决方式。就像英美法系的无罪判决指示制度一样，在检察官举证阶段结束时，就应对缺乏合理性的起诉作出无罪判决（参见礼崎七绘《刑事訴訟における事実観》，日本评论社，2006年，86页以后）。第二，在检察审查会作出起诉决议的两个审查阶段中（第一阶段审查不起诉或不起诉不当决议，即审查是否应当起诉；第二阶段审查后作出起诉决议）都要保障犯罪嫌疑人的防御权。该防御权是指犯罪嫌疑人对审查程序有参与权和辩护权，具体指在检察审查会的审查程序中，犯罪嫌疑人享有含国选辩护人在内的辩护人委托权，接受审查开始通知的权利，得到含不起诉裁定书等检察官掌握的全部资料、所有证据开示的权利，证据调查请求权和讯问在场权，还有意见陈述权等（实现讯问犯罪嫌疑人和询问证人的全程可视化是使检察审查会不作出误判的必不可少的一环）。无论是起诉要有合理性，还是审查程序中的保障防御权，其实效性都有赖于犯罪嫌疑人的辩护人和担任审查辅助员律师的实践，关于这一点，笔者将在后面论述。

2016 年 9 月 15 日，日本律师协会发表的《检察审查会制度运用改善及改革意见书》，把检察审查会制度评价为“审查检察官起诉垄断主义，使公诉权的行使更能反映公民意志的制度，与裁判员制度一样……都是今后应当扩充、发展的制度”，并提出要运用和改善该制度来保障犯罪嫌疑人防御权的建议，即“从《宪法》第 31 条正当程序规定的辩护权出发”，寻求认可犯罪嫌疑人意见陈述的方法，作为制度改革，创设了审查申请开始时通知犯罪嫌疑人的制度，提出应当保障犯罪嫌疑人口头或书面陈述意见权和辩护人选任权的建议。不过，该意见书对于精密起诉或是“轻率起诉”等所谓的起诉基准，提出了保留意见，“在目前情况下很难做出任何决定，有必要考察一下运用情况”。从刑事程序根本性改革的角度来看，虽确实需进行充分验证和探讨，但摆脱精密司法和精密起诉结构仍然是不可回避的课题。

二、强制起诉制度的功能和改革

虽然认为应赋予检察审查会决议以法律约束力的主张早前就得到了刑事诉讼法学者们的认可，但创建强制起诉制度的直接契机来自司法制度改革审议会的《最终意见书》（2001 年 6 月 12 日），该意见书作为刑事司法改革的一环，提出“应该引进将法律约束力赋予检察审查会部分决议的制度”。但原本由市民组成的检察审查会只是为审查检察官的不起诉处分正确与否而创设的制度，因此，从对检察官作为国家机关行使检察权进行民主制约的角度来看，该制度仅审查“不当的不起诉处分”其实是片面的。强制起诉制度针对的是因不起诉而暂时脱离处罚危险的犯罪嫌疑人，但检察审查会的决议会突然又将其置于被告人的境地且面临处罚危险。因此，检察审查会也是防止漏罪的追诉机关，是一种强化刑事司法处罚机制的制度。

正因如此，强制起诉制度在运用时，可能会导致发生处罚无罪者的误判，这也是产生上述批判性评价的原因。强制起诉制度的弊端如上所述，因此，为了使强制起诉制度得到正当的运用，需要具备前文所述的两个要求。司法制度改革审议会的《最终意见书》在提出赋予检察审查会决议以法律约束力时，还提出“应注重对犯罪嫌疑人正当程序的保障”恐怕就是出于这一考虑，但在强制起诉制度化时，还是没能充分“注意”到这一点。

不仅如此，如果要让检察审查会真正发挥对行使检察权的民主制约作用，就要进一步推进制度改革，考虑赋予其对检察官不当起诉的审查功能，由此使得检察审查会制度从片面强化处罚功能的制度，向民主制约制度复兴，让检察官的案件处理过程变得透明化、可视化，并从公民视角审视检察官的追诉判断。这是深化检察审查会制度改革的问题。

三、检察审查会制度的改革

（一）战后刑事司法改革和检察审查会制度

在刑事司法改革过程中，战后占领军提出引进大陪审团制度和检察官公选制度后，遭到了日本方面的反对，加之占领军内部意见也不一致，作为替代，创设了检察审查会制度，这无疑是对检察权行使进行民主制约的制度，体现了战后刑事司法改革的“检察民主化”理念（关于检察审查会的制度化历史过程，参见小田中聪树《刑事訴訟と人権の理論》成文堂1983年版，第310页以后；出口雄一《検察審査会法制定の過程》，载《法社会学》第72号第153页以后等）。正是因为正确认识到了这种制度理念，才提出了改革建议，以解决检察审查会的起诉决议缺乏法律约束力、缺乏对不当起诉的抑制功能以及对检察事务的改善劝告功能实效性不强等问题，在此基础上提出了强制起诉制度。

回顾战后刑事司法的历史过程，有时会对检察机关的实际司法行为提出严厉批评，热烈讨论其应该如何，并反复提出要克服检察民主化的不彻底性（参见拙著《现代検察官論》，第3页以后）。厚生劳动省不正当邮政案（木村案件）和特搜部检事的篡改证据案从根本上颠覆了人们对检察机关的信赖，以这两个案件为契机，举办的“检察机关的未来”讨论会提出了包括讯问可视化在内的改革和改善检察机关组织、制度的建议（2011 年 3 月的《检察制度的复兴提案》）。然而，最终仅止步于对组织、制度进行温和改良的提案阶段。“检察机关的未来”讨论会没能提出根本性的改革提案，如通过让检察权行使变得彻底透明化、可视化，来进行检察机关的组织、制度改革，以及强化对检察权行使的民主性制约。这样一来，为了强化检察审查会的功能，本应对强化检察权行使的民主性制约进行探讨，但最后没有提出这样的议案。作为检察改革的重点，必须强化检察审查会功能：使其改善劝告检察事务的功能变得具有实效性（赋予法律约束力）；基于犯罪嫌疑人的防御权，对强制起诉审查程序进行改革；对不正当起诉进行抑制。尤其是要使检察审查会对检察事务的改善劝告功能有实效，能彻底实现侦查的可视化和证据开示，使检察机关的透明性、可视性得到大幅度提高（这既是制度改革的课题，也是实践课题）。

（二）刑事辩护的实践

由此，为强化检察审查会功能，在制度改革的同时，从刑事辩护实践来进行改革的视角也很重要。

在强制起诉制度下，在判断检察官的不起诉决定是否恰当的第一阶段，律师作为检察审查会的审查辅助员，被酌情选任；在判断是否必须作出起诉决议的第二阶段，审查辅助员必要地被选任。审查辅助员的选任与审查程序息息相关，他们的职责是对案件涉及的法令及其解释进行说明；对案件的事实认定、法律适用问题和涉案证据进行梳理，进而从法律角度对案件的审查提出建议（《検察審査会法》第 39 条第 2 款)。审查辅助员制度的宗旨很明显是为了实现检察审查会民主制约功能的实效性。因此，审查辅助员在履行职务之际，必须遵循这个制度宗旨，将对检察官（国家机关）作出不起诉决定案件的审查过程置于公众视线下予以重新审视，把其中出现的法律事实问题结合证据，公正、客观地向检察审查员出示。应该说按照制度宗旨，只有独立于国家的律师才能担任审查辅助员，他们可以在追求无罪者不予处罚和防止误判的立场上，从刑事辩护的角度重新分析案件的处理过程。这在第一和第二阶段的审查中都一以贯之。指定律师扮演负责强制起诉的检察官角色进行辩护活动时，其职务、权限和检察官一样，都是起诉者，也应当遵守独立于国家的法曹职业规范，公正、客观地履行职务。而对于被告方来说，基于这个原因，他们对证据开示的要求与检察官不一样。所以要充分运用日本律师协会发表的《检察审查会中审查辅助员、指定律师的年度报告》，该报告是被选任为审查辅助员和指定律师的工作指南。

根据上述制度改革要求，要想在检察审查会审查时将包含辩护人请求权在内的防御权转变为制度，保障因作出起诉决议而成为犯罪嫌疑人的当事人的防御权利益，就要让其辩护人在辩护律师应当出现的情形也到场，虽然该情形就是诉前刑事辩护活动，但要认识到其中的检察审查会功能，即对公诉权进行民主性制约的功能。

［补记］本稿总结了日本律师协会“第六届审查辅助员、指定律师的全国经验交流集会”（2016 年 2 月 22 日）中笔者的报告《起诉决议制度的意义和保障防御权》的概要。

第四节 （补论）被害人和刑事程序

一、问题之所在

（1）2008年12月1日开始实施被害人参加制度，被害人（被害人死亡，其配偶、直系亲属或者兄弟姐妹——参照《刑事诉讼法》第290条第2款）可以参加刑事裁判程序。2009年5月21日开始施行《裁判员法》，裁判员参与刑事裁判的对象案件与被害人参加制度的对象案件有部分重叠。因此极大改变了以前刑事裁判中，职业法官的座席下，检察官和被告人、辩护人相对的情形，在法官席中加入了裁判员，在检察官席中加入了被害人。由于在评价这一变化时涉及对裁判员制度和被害人参加制度的评价问题，所以存在争议。

（2）众所周知，20世纪70年代人们才认识到被害人保护是日本的一个社会问题。以1974年发生的三菱重工爆炸案等为契机，要求救济“可怜被害人”的舆论高涨，1980年制定了《犯罪被害人等给付金支给法》，从社会政策层面的国家赔偿观点来看，保护被害人政策自此开始实施。

但进入20世纪90年代，保护被害人的要求开始进入刑事程序的发展进程。以1994年奥姆真理教的东京地铁沙林毒气案和1997年神户儿童连续被害案，再就是1998年和歌山咖喱投毒案等一系列特别恶劣案件的发生为背景，驾驶机动车过失致人死伤与少年犯罪等案件中的被害人家属对刑事程序中忽视被害人的批判声日趋强烈。这些批判得到了舆论的支持，警察厅从 1996 年起、检察厅从 1999 年起，开始制定犯罪被害人等的通知制度，把犯罪嫌疑人的姓名和住所，侦查情况和是否起诉的处理结果，受诉法院以及审判日期，审判结果等进行告知。对于被害人参加刑事程序的要求：a. 提供有关刑事案件的处理和刑事程序情况，b. 在刑事程序中防止二次伤害，c. 能够集约地参加刑事程序。首先，在警方和检方的工作实际中，形成了应对 a 要求的措施。其次，根据被害人要求，2000 年产生了与犯罪被害人保护“二法”相对应的制度。根据《关于在刑事程序中保护犯罪被害人等的附带措施法》，允许其优先旁听并享有对案卷的阅览、抄录权，根据《刑事诉讼法修正案》，增加了证人接受讯问时的陪伴人遮挡措施、电视交互式询问措施（《刑事诉讼法》第 157 条第 2 款）以及保障被害人享有的陈述被害心情及其他意见的权利（《刑事诉讼法》第 292 条第 2 款）等。从引入制度以来的运用情况来看[1]，实施以上措施的案件数显著增加。2007 年年末实施人数累计：采取陪伴人措施的有 469 人，采取遮挡措施的有 7557 人，采用电视交互方式询问的有 1210 人，陈述意见（包含书面）的有 5998 人。此后，基于 2004 年的《犯罪被害人基本法》及由此产生的《2005 年犯罪被害人等的基本计划》，2007 年《刑事诉讼法修正案》对 c 的要求制定了相应制度，前述的被害人参加制度便从

---

〔1〕「平成 19 年における刑事事件の概況（上）」法曹時報 61 巻 2 号 573 頁参照。

2008年12月1日开始实施〔1〕。根据新闻报道〔2〕，在2009年1月末申请参加诉讼的有64件98人，其中，驾驶机动车过失致人死伤案件占到了半数以上。

与之相关联的是，在少年司法领域也进行了相同的改革。2000年《少年法修正案》采纳了犯罪被害人的陈述意见权（《少年法》第9条第2款）和对案卷的阅览、抄录权（《少年法》第5条第2款）等。从2001年4月1日至2006年3月31日这5年的实施情况来看，累计涉及抄录、阅览案卷的有2836件，听取被害人陈述意见的有791件〔3〕。2008年修订《少年法》时进一步允许部分案件的犯罪被害人可以旁听庭审（《少年法》第22条第4款）。

根据《宪法》第13条和第25条，犯罪被害人因受到伤害而享有接受国家社会援助的权利，对此应该不会有异议。但对于刑事程序的要求，特别是上述b和c的要求，由于与被告人的防御权以及刑事程序的构造原理存在对立、矛盾，所以将其变为制度并不容易。特别是参加诉讼这一观点，即使在政策维度上可能是正当的，但在《宪法》和理论层面却很难正当化。被害人参加制度既然已处于实施阶段，要明白该制度在将来该如何运用，就必须明确问题所在。

（3）首先，要从刑事司法政策的角度明确2000年犯罪被害人保护"二法"和2007年《刑事诉讼法修正案》的定位。

回顾20世纪90年代刑事司法的特征，其实是刑事辩护的活性

〔1〕 犯罪被害者と刑事手続をめぐる議論と立法の経緯につき、拙稿「犯罪被害者保護と刑事弁護」日弁連研修叢書『現代法律実務の諸問題（平成12年版）』495頁以下、「座談会・犯罪被害者と刑事訴訟」法律時報79巻8号88頁以下（浅田和茂発言）参照。

〔2〕 朝日新聞2009年3月3日朝刊（大阪本社・14版）。

〔3〕 葛野尋之『少年司法における参加と修復』108頁参照。

化和刑事立法的活性化。刑事辩护的活性化是指值班律师制度的出台和发展，在此背景下刑事辩护产生质的发展〔1〕。刑事立法的活性化是指1999年制定《通讯监听法》时所象征的强化侦查、追诉功能的立法路线。从保护犯罪被害人的立法角度来看，询问证人时保护被害人的措施构成了防御权的中心，制约、消解了反询问权，加之被害人参加制度补全、强化了检察官的追诉职能，因此可以了解到20世纪90年代刑事立法路线的内核。而且，20世纪90年代强化侦查、追诉功能的刑事立法不仅仅增加了侦查、追诉权限的数量，还带来了质的变化，向提前侦查、裁量化、秘密化方向转变，特别要注意的是，转变的正当性依据是面对有组织犯罪和大规模恐怖犯罪时，要确保公民生活的安全〔2〕。也就是说，近代刑事诉讼所设定的国家对公民、权力对人权这样的对抗结构，已难以应对严重危及公民安全的恐怖犯罪和有组织犯罪。应把21世纪刑事程序中的对抗结构设定为犯罪组织对公民、犯罪对安全的结构。在此基础上，结合指导20世纪90年代政治、经济政策的新自由主义思想和政策来看，2007年《刑事诉讼法修正案》中加入了被害人参加制度，体现了“刑事司法的私事化、私人现象化”及其衍生的“权利保障和正当程序的相对化、功能主义化”〔3〕。这样看来，如何把握保护被害人及其参加诉讼在刑事程序中的存在意义，与这一本质问题相结合，就可以提出包含修复性司法在内的未来刑事司法制度和刑罚制度构

---

〔1〕 その動きにつき、拙稿「刑事弁護と権利運動」『転換期の刑事法学——井戸田侃先生古稀祝賀論文集』（現代人文社、1999年）177頁以下参照。

〔2〕 拙稿「刑事訴訟法学のあり方」法律時報71巻3号34頁参照。

〔3〕 新屋達之「被害者参加と刑事裁判の変容」法の科学39号131頁。

想这一具有广度和深度的课题。

另一个值得关注的问题是，在刑事司法改革过程中，2004 年《刑事诉讼法修正案》引入了裁判员制度，于是刑事程序的变化开始引人注目。裁判员制度会如何改变刑事程序这一问题与对该制度的评价有关，对此，产生了对立观点。笔者认为，裁判员制度蕴含着引发书面审判根本性改革的契机，为了对纠问式侦查与书面审判的基本结构进行改革，可能产生重整刑事程序，即“改变书面审判”的结果〔1〕。从现实来看，对于裁判员制度的评价不容乐观，刑事程序改革正处于十字路口。站在十字路口，我们应该弄清如何用被害人参加制度来推进刑事程序改革。着眼于裁判员和被害人都是公民这一点，有人说刑事司法的“公民时代”已经到来，但这只是一种幼稚的看法。可以期待运用被害人参加制度后，能从被害人角度看清“案件真相”以及要求作为“罪犯”的被告人发自内心的道歉。由于这一制度以讯问犯罪嫌疑人为中心，从侦查阶段开始深入探寻被告实施犯罪行为的过程和内心动机，要求得到“案件真相”的说明，所以会强化刑事司法的处罚功能，导致维持和引发纠问式侦查和精密司法〔2〕，由此可见，这些措施距离摆脱书面审判，实现控辩式侦查的根本性刑事裁判改革还很远。

如前所述〔3〕，少年司法领域保护被害人的趋势是回应“国民的期待”，这份期待根植于“被害人的期待”与被害人共鸣，被认为与《少年法》从重处罚、必罚性的修订方向相关联，也与刑事程序

〔1〕 拙稿「裁判員裁判と刑事弁護の課題」法学セミナー 649 号 38 頁以下参照。

〔2〕 新屋達之「被害者参加と裁判員裁判」法律時報 81 巻 1 号 59 頁参照。

〔3〕 葛野・前掲「少年司法における参加と修復」107 頁以下参照。

中保护被害人的趋势、强化刑事司法的处罚功能倾向密切关联。正如有人指出[1]，自 2001 年修订以来，应被害人提出的严惩要求，修订《刑法》的基调是从重处罚和扩大处罚范围。近期，应被害人要求废止公诉时效制度的这一做法也引发了人们的关注[2]，说明刑事程序中被害人的要求强化了刑事程序的处罚功能。关于公诉时效制度，存在实体法说和诉讼法说、竞合说，还有新诉讼法说（尊重不起诉的事实状态）等对立的见解，但至少从必罚主义观点出发，公诉时效制度难以实现正当化[3]。这样看来，在战后刑事诉讼法学的当事人主义论发展之下，被克服的必罚主义思想以保护被害人的新面貌再次重生。可以看出，支撑战后刑事诉讼法学的合宪性刑事程序变得岌岌可危[4]。

（4）由此可见，围绕被害人和刑事程序的问题并不是刑事程序中政策论的表层问题，而应该是与刑事诉讼法理念和理论核心相关的深层问题。笔者曾尝试过对 2000 年犯罪被害人保护“二法”和 2007 年《刑事诉讼法修正案》进行批判性的探讨[5]，本文是在有关讨论的基础上，综合上述观点，聚焦被害人参加制度，围绕被害人和刑事程序，总体研究其存在的问题。

---

〔1〕 安達光治・武内謙治・豊崎七絵「刑事司法の変容と法」法律時報増刊『改憲・改革と法』142 頁以下参照。

〔2〕 2009 年 2 月 25 日朝日新開朝刊（大阪本社・10 版）参照。法務省内に設置された公訴時効制度「勉強会」の議論は廃止を含めた公訴時効制度見直しの方向にあると報道されている。2009 年 4 月 3 日朝日新聞夕刊（大阪本社・3 版）。

〔3〕 井戸田侃「公訴時効理論の再構成」同『刑事訴訟理論と実務の交錯』（有斐閣、2004 年）104 頁以下参照。

〔4〕 拙稿「憲法学と刑事訴訟法学」法律時報 81 巻 5 号 57 頁以下（本書終章Ⅱ）参照。

〔5〕 拙稿「犯罪被害者保護二法と犯罪被害者の権利」法律時報 72 巻 9 号 1 頁以下、同「刑事裁判への被害者参加制度の批判的検討」季刊刑事弁護 50 号 89 頁以下参照。

二、关于参加刑事诉讼的具体问题

（1）2007年《刑事诉讼法修正案》（《刑事诉讼法》第316条第33款以后）规定部分案件中的犯罪被害人，被赋予“参加诉讼被害人”的法律地位，可以出席审理，就情节询问证人，对被告人提问，陈述辩论意见。原本，这些是通过检察官提出申请，法院裁量后认为其具有正当性才能行使的权利。因为不能进行复议，所以这些权利的权限很小。日本的全国犯罪被害人会议（明日之会）形成的诉讼参加制度纲要[1]里提出，要赋予被害人诉因变更权、上诉权和证据调查请求权，但没有获得认可。因此，本次《刑事诉讼法》修订只是在维持当事人主义的基本构造，而将被害人参加诉讼的权利限制在了一定的范围内。但是，对于“案件事实和法律适用”的陈述意见，以及为此询问被告人和证人，都是法院在刑罚权的范围内为作出实体判断而直接进行的诉讼行为（主张、举证行为），在这个意义上，也可以说被害人取得了诉讼当事人的地位与权利。2000年《刑事诉讼法修正案》关于被害人参加制度，仅允许其对于“有关被害的心情等”陈述意见，在刑事程序中的地位在证人之下。而2007年《刑事诉讼法修正案》一下子改变了这个框架，根据《犯罪被害人保护随附措施法》，被害人等对于某些刑事案件，可以请求法院作出损害赔偿命令。

问题是，被害人作为诉讼当事人的参加权在当事人主义论和诉讼构造下，能否正当化。

---

〔1〕 全国犯罪被害者の会（あすの会）ホームページ参照。

（2）2007 年《刑事诉讼法修正案》中认为，被害人参加制度以所有犯罪被害人享有个人尊严受到尊重的权利和尊严的处遇得到保障的权利（被害人等基本法第 3 条第 1 款）为前提，在不违反当事人主义基本构造的限度内对于能否参加诉讼的问题，是在综合考虑个别利害得失的情况下，从政策层面研究其正当化。给予被害人“参加诉讼被害人”地位不等同于其具有诉讼参加权的法律地位，而是以重新赋予被害人诉讼参加权为前提，让被害人具有相应的“资格地位”〔1〕或是“称呼”〔2〕，这一说明给予其诉因设定、变更权和上诉权，进而承认其处罚请求权。立足于政策层面的研究可以说违反了国家处罚请求权为前提的刑事诉讼基本结构〔3〕。

但这样的政策研究并没有抑制被害人诉讼参加权的扩大。原本“参加诉讼被害人”这一法律地位只是一种“资格地位”或“称呼”而已，但例如认可他们有证据调查请求权等新的诉讼参加权，就不能起到抑制被害人诉讼参加权扩大的作用。如前所述，赋予犯罪被害人诉因设定、变更权和上诉权会违反刑事诉讼的基本构造，如果用政策论进行研究的话，这是一个违反程度的问题。如果采取措施来应对审判对象任意的无限扩张和审理混乱等，就可以允许被害人参加诉讼。

被害人参加诉讼的理论根据是什么？被害人在什么样的情况下会被允许参加诉讼，其依据必须清晰明了。这是被害人参加制度支持者所探寻的问题。

---

〔1〕「座談会・犯罪被害者の権利利益法案をめぐって」ジュリスト1338 号244 頁（大谷晃大発言）。
〔2〕 同上 29 頁（川出敏裕発言）。
〔3〕 同上 29 頁（川出敏裕発言）、24 頁（大谷晃大発言）。

(3) 被害人诉讼参加权的依据，有人引用“所有犯罪被害人享有个人尊严受到尊重的权利和尊严的处遇得到保障的权利”〔1〕来进行说明。确实，保障被害人“个人尊严”的合宪性根据是《宪法》第13条，因此，毫无争议的是，被害人应该有权利接受国家社会的援助。

但问题是，能否进一步明确被害人具有诉讼参加权的依据。在立宪主义的宪法思想下，《宪法》第31条以后规定的刑事程序上的人权，指的是与国家刑罚权相对抗的公民绝对权利，这构成了宪法刑事程序的核心。如此一来，刑事程序的对抗关系就变成了被害人和加害人之间，即国民之间的对抗关系，因此有时想要保障某方公民的绝对权利是不可能的，所以符合宪法的刑事程序，应当没有设想将犯罪嫌疑人与被告人进行对抗，让被害人作为诉讼当事人参加诉讼。实际上，《宪法》第31条以后的刑事程序条款中，并没有规定被害人应有的权利。更不用说，一方面符合宪法的刑事程序想要将被害人作为证人放置于刑事程序中，另一方面被告人的反询问权也受《宪法》保护。如果追溯这一符合宪法的刑事程序框架的历史依据的话，应该归结于近代刑事程序的思想和理论〔2〕，即在公共刑罚制度下，实现国家刑罚权的刑事程序中，基于无罪推定原则来确立被告人的权利主体性。

由此看来，很难找到被害人参加制度在宪法层面的正当性。更遑论一旦被害人参加诉讼成为制度，会动摇符合宪法的刑事程序的

〔1〕 堀江慎治「刑事手続上の被害者関連施策について」法律時報79巻5号80頁参照。

〔2〕 刑事訴訟の近代化の過程での検察制度創設の思想と論理について、拙著『現代検察官論』73頁以下参照。

思想和理论基础。

（4）被害人参加诉讼的理论根据是否存在呢?

在过去，被害人被认为是“案件当事人”，有人主张应在刑事诉讼上拥有被特别保护的地位，由此产生了应使其具有参加诉讼权利的见解〔1〕。但“案件当事人”观念是以其作为被害人为前提产生的实体观念，所以根据无罪推定原则，在还没确定加害人和被害人的刑事诉讼过程中，不能引入该概念，这不言自明。正因如此，最近为了明确被害人这一假说性概念，有人作出说明，认为“在刑事程序中出现的被害人是指在那个时间点依据证据等被设想为的被害人”，故可以认为这样的被害人具有“一定的法律地位”〔2〕。也有人表达了同样的想法：“被害人”“说到底只是未确定的（假设的）被害人”，“至少在那个时间点根据证据可以认定是被害人（作为诉讼法上的事实），承认其在刑事程序中有一定的地位或诉讼权限，也没什么不当”（是否能说“没什么不当”本身就有问题）〔3〕。

《刑事诉讼法》第230条关于控告权的规定中已经出现了犯罪被害人这一概念。告诉权人是“遭受犯罪伤害的人”（犯罪被害人），是刑事程序上的假定概念，所以只是“被作为遭受犯罪伤害的人”。但应注意的是，所谓告诉权人的犯罪被害人的假定性可以由诉讼体系来确认，在诉讼过程中，告诉权人处于证人地位，并被确认其是否因被告人的“犯罪”行为而遭受伤害。换言之，作为证人的诉讼

---

〔1〕「対談・犯罪被害者の刑事手続上の地位」法学セミナー537号87頁以下（椎橋隆幸発言）参照。

〔2〕川出敏裕「犯罪被害者の刑事手続への参加」ジュリスト1302号41頁参照。

〔3〕堀江・前掲「刑事手続上の被害者関連施策について」70頁参照。

地位保证了告诉权人——被害人是一个假定概念，拥有就情节询问证人、对被告人提问、陈述辩论意见、提供证言的权利。与此相对，“参加诉讼被害人”只是一个包含“资格地位”或“称呼”的概念，而没有实际内容，因而无法保证其假定性。这样一来，即使认为被害人是“遭受犯罪伤害的人”，赋予其行使主张、举证等诉讼权利，其假定性也无法在刑事程序上得到保障。作为“参加诉讼被害人”参加诉讼的，大致是“在公诉事实中被认定为被害人的人”，而并没有确定“在公诉事实中被认定为被害人”。因此，这里也无法保障其享有相应的诉讼程序。

（5）即使阐释〔1〕“在公诉事实中被认定为被害人的人”，因而被赋予参加诉讼的权利，但也没有对赋予权利的依据进行理论论证。

只有在检察官承担公诉权的控辩式诉讼框架下，与被告人相对，赋予被害人行使主张、举证等诉讼权利的话，那么就自然可以从检察官的公诉权中去寻找被害人参加诉讼权的依据。在赋予“在公诉事实中被认定为被害人的人”以诉讼参加权的说明里，应该也包含这一层含义。那么，该说明在理论层面是否具有正当性呢?

检察官承担的公诉权可以理解为在控辩式侦查观和审判中心主义（当事人主义）下的实体判决请求权〔2〕，所以检察官也是诉讼当事人。为对抗检察官行使实体判决请求权的追诉活动，被告人基于应诉权开展防御活动，这便是认为被告人具有诉讼当事人性的依据。围绕公诉这一基本诉讼行为，现实诉讼利益相对立的检察官和被告

〔1〕 川出敏裕「犯罪被害者の刑事裁判への参加」刑事法ジャーナル9号18頁。

〔2〕 平野龍一「刑事訴訟における実体判決請求権」同・刑事法研究第3巻197頁以下参照。

人，在这两个诉讼当事人对抗的关系内，形成了追诉对防御的当事人主义诉讼构造的基础。但在这个构造中，以被害人为诉讼当事人的权利和义务基础的诉讼关系并不存在。换言之，在检察官追诉和被告人防御这样的对抗关系中，看不出赋予"在公诉事实中被认定为被害人的人"作为"参加诉讼被害人"以主张、举证的诉讼权利及其义务的根据。如果"在公诉事实中被认定为被害人的人"就是实际的被害人，就能弄清谁是加害人，那么被害人可以在诉讼过程中寻求的权益和负担也能得到认可，由此，被害人的诉讼参加权也能变得正当化。但这是以有罪判决请求权为公诉权得出的结果。简言之，检察官和被告人之所以能作为当事人进行诉讼，是因为他们各有追诉和防御这一诉讼基本利益，因此，如果"参加诉讼被害人"拥有诉讼当事人的权利，可以进行主张、举证的话，就必须确定其具有诉讼权利〔1〕，而一旦认为检察官通过有罪判决请求权来行使公诉权，就可以认定被害人具有诉讼权利，这是因为，"在刑事程序中出现的被害人是指根据那个时间点的证据设想成为的被害人"，说明〔2〕"这样的"被害人被承认有"一定的法律地位"，或者说，虽然"被害人""说到底只是还未确定的（假定的）被害人"，但"至少在那个时间点，根据证据可以认定是被害人（作为诉讼法上的事实），因此承认其有一定的地位或是诉讼权限，也没有什么不当"〔3〕。问题是，如果"一定的法律地位"和"诉讼权限"指的是提出主张、举证的诉讼当事人的地位和权限，那么就会产生为什么"会在那个时

〔1〕 鴨良弼「刑事訴訟における当事者概念』刑法雑誌6巻3－4号251頁以下参照。
〔2〕 川出・前掲「犯罪被害の刑事手続への参加」41買。
〔3〕 堀江・前掲「刑事手続上の被害者関連施策について」79頁。

间点被设想成为被害人”或者为什么“根据那个时间点的证据，就可以认定为被害人（作为诉讼法上的事实）”的疑问。所以笔者认为，恐怕只有在有罪判决请求权理论的基础上才能理解这一说明。即使以被害人是“案件当事人”为理由来进行解释，从公诉权理论的观点来看，这也属于有罪判决请求权理论。

这样想来，“不具备国家刑罚请求权的被害人，在检察官行使公诉权时，依据什么能够参与刑事裁判”[1]的问题，果然应当与“公诉权本身的性质”密切相关。在这层意思上，赞成被害人参加诉讼制度的观点中，包含了对公诉权论发展过程的评价，任务公诉权论经历了实体法的诉讼观向实体判决请求权说的转变，也承担着从理论层面说明被害人参加诉讼依据的责任[2]。

（6）近期，从刑事诉讼目的论出发，也有人主张应使被害人参加诉讼变动正当化[3]，这一主张表现出对迄今为止政策论层面研究的担忧。他们想通过实体正义、程序正义、社会和平等充足的公共利益创造出“法治社会秩序”。如果刑事诉讼的最终目的是创造出“法的和平”，就可以主张被害人作为“解决案件的重要角色”，允许其参加诉讼。

但与民事诉讼不同，刑事诉讼的本质是实现刑罚权的过程，这

---

〔1〕 川出・前掲「犯罪被害者の刑事裁判への参加」19 頁参照。

〔2〕 長沼範良「被害者の刑事手続への参加」（刑法雑誌 47 巻 3 号 391 頁）は、公訴権論の観点から批判する私の見解（拙稿・前掲「刑事裁判への被害者参加制度の批判的検討）に対して、「被害者参加が、検察官を経由した申出に基づき一定の範囲に限って訴訟活動を認めていることに対する正当な批判たり得ているのか、疑問が残るように思われる」と指摘するが、その理由は全く示されていないので趣旨が明らかでなく、私の見解に対する「正当な批判たり得ているのか」、まさに「疑問が残る」。

〔3〕 田口守一『刑事訴訟の目的』47 頁以下参照。

一事实我们难以否认。这意味着无论刑事诉讼的目的论由什么构成，都不得不认识到刑事程序过程中国家刑罚权和犯罪嫌疑人、被告人的人权在本质上存在对立关系。而且公共刑罚制度及其产生的国家追诉主义，以由被害人个人的追诉诉求转为普遍的公共的追诉诉求和检察官担任“公诉人”为前提，被害人仅限于参加诉讼，这应该能够说明检察官作为“公诉人”不能完全满足被害人的追诉诉求，因此需要被害人参加诉讼来补充完善个人的追诉诉求。实际上，被害人参加诉讼也是为了从被害人的角度补充检察官的追诉活动。从这一层面看，刑事诉讼过程中被害人参加诉讼也是国家刑罚权的一部分。上述“在公诉事实中被认定为被害人的人”概念也是从国家刑罚权的角度站在被害人的公民立场想出来的。原本，刑事程序中犯罪嫌疑人、被告人的防御权作为《宪法》赋予的权利，来自身为公民的犯罪嫌疑人、被告人与国家刑罚权的对抗关系，但被害人参加制度是被害人公民站在国家刑罚权的框架内行使的制度，其中蕴含着对抗关系转变的契机，即“国家对公民、公权力对人权”这一直以来刑事程序上的本质性对抗，向“犯罪对安全、犯罪者（犯罪嫌疑人、被告人）对公民”的转变。这也是为什么有人认为在刑事程序中，被害人参加制度引发了国家对公民、国家权力对人权这一本质对抗轴转变的契机。上述想要用刑事诉讼目的论来证实上述被害人参加制度具有正当性的主张，就积极地肯定这一转变。这意味着围绕被害人和刑事程序的问题不仅仅停留在政策论层面，还需探寻刑事程序存在意义的宪法层面问题。

三、刑事程序的变化和被害人参加诉讼

在即将实施裁判员制度的当下，必须考虑被害人参加诉讼会对裁判员参加刑事裁判有什么影响。

有人指出，被害人参加诉讼会给裁判员参加刑事裁判带来的负面影响有[1]：a. 参加诉讼的被害人往往会因为被视为真的被害人而影响裁判员预断；b. 参加诉讼的被害人同时拥有原告和证人的地位，因此其主张和证据易发生混同；c. 从被害人角度来看，因“要求阐明案件的全部真相”，产生了“对真实的诉求”，这与核心司法理念相矛盾；d. 在量刑方面存在从重处罚的危险，如果采用与参加诉讼被害人的处罚要求相悖的量刑，可能会给被害人带来打击，并因此令裁判员左右为难。这些都是亟待解决的问题。

在实际刑事审判中，即使不违反无罪推定原则，假设性地说明参加诉讼被害人只是“在公诉事实中被认定为被害人的人”，也无法阻止参加诉讼的被害人以真正被害人的姿态去行动。而且当他们作为真的被害人与可能为加害人的被告人对峙，对被告人提问，就情节询问证人，陈述辩论意见时，在他们面前，裁判员是难以冷静、客观、公平地进行事实认定与量刑判断的，也不能无视被害人阐明案件真相的要求。假设可以期待法官以专业法曹的资质和工作经验去抑制情绪性的判断，但也只是压抑情绪的程度问题，法官和裁判员本质上其实没有差异。这样想来，不能忽略现在关于犯罪报道的现实，被害人参加诉讼确实给裁判员参加刑事裁判带来了负面影响。

---

〔1〕 新屋・前揭「被害者参加と裁判員裁判」55 頁以下参照。

最近，法官之间开始在量刑理论上探讨，应如何对待被害人要求处罚的心情和他们的量刑意见[1]。虽然应当欢迎超越政策论维度进行理论探讨的动态，但正因为法官和裁判员相互协作的裁判员制度援用了有着显著发展的法律心理学成果，包括可否让被害人形象进入法庭等具体的问题，因此，有必要从经验科学的角度对广泛的事实认定和量刑作深入探讨。

四、被害人和刑事程序

思考如何在刑事程序中合理保护被害人时，有必要从根本上探讨刑事程序是否原本就是保护被害人的领域。

由于刑事程序需遵守无罪推定原则，当"被害人"在参加诉讼时，因其被害人身份尚未被确定而无法获得被害人应有的对待时，会觉得愤怒和不适应吧。但刑事程序在行使国家刑罚权时，也必须保障被告人的权利。在保护犯罪嫌疑人、被告人合法权利的刑事程序中引入犯罪被害人概念，不论是对犯罪嫌疑人、被告人还是被害人来说，都是一种不幸。

如前所述，进入20世纪90年代，对于刑事程序而言，虽然保护被害人的要求得到了舆论支持，即使能理解该情感，但在理性思考并认识到刑事程序不是保护被害人的领域后，应当在刑事程序外寻求对被害人的充分保障。在日本，并不是只搁置了对被害人的保护，犯罪嫌疑人、被告人的权利也被置之不理。如果把保护两者的

---

〔1〕 34例えば、横田信之「被害者と量刑（1）～（4）」判例タイムズ1272号43頁～同1275号40頁など参照。

要求放在对立位置上再来考虑如何保护被害人的话，恐怕就难以得到正确的答复。因此，有必要观察被害人参加诉讼的现实，研究相关问题。同时，还应该回到讨论刑事程序是否本来是保护被害人的领域这一根本问题上。

从广泛的刑事追诉过程和公民的观点来看，必须注意到一个重要问题，即被害人参加制度背后的构想是怎样的。众所周知，在国家追诉主义和起诉便宜主义背景下，如何控制检察官追诉是战后刑事诉讼法学的历史性课题。该课题的问题意识是如何抑制追诉，其理论成果之一是公诉权滥用论。但从历史层面和比较法角度来看，抑制追诉问题是从公民广泛参加追诉过程的观点来论述的，因此被害人参加制度并不仅限于保护被害人的领域，还涉及检察官应如何进行追诉的问题，因为这背后是更大的理论实践课题，即对检察官的追诉决定和追诉过程的公民性制约问题[1]。因此在这广阔的视野下，笔者想在最后确认研究课题遗留的问题。

[追记] 众所周知，根据2010年《刑事诉讼法修正案》，关于死刑犯罪的公诉时效已被废止。

---

〔1〕 問題の所在と解決の視点について、「特集・刑事訴追論の今日的課題」刑法雑誌45巻3号425頁参照。

第三章　“新时代刑事司法制度”与刑事司法改革

解　　题

如第二章《解题》部分所述，以厚生劳动省不正当邮政案（村木案）的无罪判决（大阪地方法院 2010 年 9 月 10 日判决）和以该案中出现的篡改证据案为契机设立的“检察机关的未来”讨论会上提出了《检察制度的复兴提案》（2011 年 3 月 31 日）。根据该议案启动的标榜构筑“顺应时代的新刑事司法制度”的刑事司法改革，在经过三年多“新时代刑事司法制度”特别委员会的审议后，以 2016 年第 190 届国会决议通过的《刑事诉讼法修正案》的形式得以落实。从 1999 年制定《通讯监听法》开始，到引入裁判员制度和审前准备程序的 2004 年《刑事诉讼法修正案》，以及设立了被害人参加制度的 2007 年《刑事诉讼法修正案》，再到 2016 年《刑事诉讼法修正案》，这一系列刑事司法改革，极大地改变了 1948 年公布的现行《刑事诉讼法》（《昭和刑事诉讼法》）的面貌，这或许可以称为《平成刑事诉讼法》的诞生。

以上述两个案件为契机，本次刑事司法改革非常值得期待，它可能彻底改革产生误判的结构，即依赖纠问式侦查的书面审判。然而，2016年《刑事诉讼法修正案》一方面限定、制约了讯问可视化等对书面审判进行的根本改革，另一方面扩大、强化了侦查、追诉权，如设立侦查、审判协助型协议、合意制度和刑事免责制度、扩大监听通讯的对象犯罪范围，以及实施监听程序的秘密处分化等。正如本章第二节指出的那样，引入合意制度和扩大监听通讯的适用对象犯罪范围等所取得的证据会在讯问中得到灵活运用，而这反而会进一步强化依赖纠问式侦查的书面审判。由此，对本次刑事司法改革的评价分为两极：一方积极肯定本次刑事司法改革，认为可以通过引入裁判员制度推进审判改革，继而推进侦查改革；另一方则认为这些都是逆向性的反改革。

根据法制审议会"新时代刑事司法制度"特别委员会的审议经过，本章第一节"'新时代刑事司法制度'和刑事司法改革的初衷"（原題は「改正の経緯と刑事司法改革」。初出は川崎英明・三島聡・渕野貴生編『2016年改正刑事訴訟法・通信傍受法条文解析』［日本評論社、2017年］）和第二节"'新时代刑事司法制度'的审议经过"（原題は「刑事司法改革の原点と『新時代の刑事司法制度』」。初出は川崎英明・三島聡編『刑事司法改革とは何か』［現代人文社、2014年］）对本次刑事司法改革做了概括性评价，确认了对依赖纠问式侦查的书面审判进行根本改革的这一制度性、实践性课题。笔者认为，此次刑事司法改革一方面限定并制约了讯问可视化等根本性制度改革，另一方面也有意强化并扩大了侦查、追诉权，因此有着强烈的逆向性反改革立法的特质。基于这种认识，本课题旨在直面以下双重课题：通过克服讯问可视化等改革的局限性，为刑事司法的彻底改革铺平道路的同时，严格限制（并进一步排除）运用各项反改革制度（如侦查、审判协助型协议、合意制度，刑事免责制度和监听通讯等）。该课题主要还是刑事辩护所要承担的实践性课题，在看清刑事司法即将面临的根本性制度改革课题后，也让人更期待刑事辩护实践，这也是笔者对此次刑事司法改革的基本立场（そのような視点から2016年改正刑事訴訟法の解釈論を展開したものとして、前掲『2016年改正刑事訴訟法・通信傍受法条文解析』を参照）。特别是第一章《解题》部分所述，在讯问可视化制度下进行讯问时，基于辩护人的援助来有效保障沉默权正是本课题以刑事司法的根本改革为目标所追求的侦查辩护实践（この点で、秋田真志・森直也「可視化時代の捜査弁護実践」季刊刑事弁護82号31頁以下参照）。

本章第三节为修订《通讯监听法》的问题（原题为《通信、会话的监听》，初见《犯罪与刑罚》2014年第23号）将焦点放在本次刑事司法改革的各项“反改革”制度上，如监听通讯的对象犯罪范围的扩大和实施程序的合理化、效率化（秘密处分化）的立法提案等，针对现行《通讯监听法》在实践运行中出现的问题进行了批判性讨论。

本章第四节为修订《通讯监听法》的经过（原题は「通信・会話の傍受（盗聴）」。初出は犯罪と刑罚23号［2014年］）是对法制审议会“新时代刑事司法制度”特别委员会上《通讯监听法修正案》的审议经过及争论焦点的跟进文章。同时，从批判的角度对《通讯监听法修正案》进行逐条的解释性探讨，可参见川崎英明、三岛聪《通讯监听法修正案》（前掲『2016年改正刑事訴訟法・通信傍受法条文解析』所収）。

第一节 “新时代刑事司法制度”和刑事司法改革的初衷

一、对《刑事诉讼法》的修订及评价

法制审议会“新时代刑事司法制度”特别委员会（以下简称“特别委员会”）自2011年6月29日第1届会议始，历经三年审议，在2014年7月9日第30届会议上全会一致通过了包含“法制整顿”“要点”的《构建新刑事司法制度的调查审议结果》（以下简称《法制整顿要点》）。两个月后，法制审议会总会向法务大臣提交了该报告。此后，历经一系列法案审议工作，在第189届国会（2015年）上提出的《刑事诉讼法修正案》，经过继续审议，在2016年5月24日第190届国会上被众议院大会表决通过（包含《通讯监听法修正案》等，以下简称《刑事诉讼法修正案》）。《刑事诉讼法修正案》的内容非常丰富，包括在公布（2016年6月3日）后的六个月内（2016年12月2日之前）实现证据开示制度的改革，两年内（2018年6月2日前）实现犯罪嫌疑人国选辩护制度范围的扩大、配合侦查、审判的司法交易制度（协议、合意制度）与刑事免责制度，三

年内（2019年6月2日前）实现讯问犯罪嫌疑人录音录像制度（可视化）和新的通讯监听程序改革。本次修订再加上2004年修订《刑事诉讼法》时引入的裁判员制度，使《刑事诉讼法》的面貌发生了巨大变化。

从特别委员会的审议到推行刑事司法改革的过程中出现了许多担忧，因为《刑事诉讼法修正案》在进一步保障犯罪嫌疑人、被告人的诉讼防御权的同时，扩大和强化了侦查、追诉的权限，由此造成了对本次刑事司法改革评价的分化。作为有识之士代表的委员周防正行（电影导演）在参加特别委员会时，主张对讯问进行全程录音录像（可视化）和事前全面证据开示制度等根本性刑事司法改革。2014年7月10日的《朝日新闻》（朝刊、大阪本社第14版）发表了对他的访谈，他认为本次修订虽有不尽如人意之处，但期待“小契机”可以成为迈出“大改革”的第一步，因此他赞成《法制整顿要点》（なお、周防正行『それでもボクは会議で闘う』［岩波書店、2015年］参照）。当我们在此后回顾特别委员会的讨论经过时，可以理解周防正行在对改革内容表达“不满”的同时，为何又对今后的“改革”抱有期待。然而，对依据特别委员会提交的《法制整顿要点》所修订的《刑事诉讼法》这样评价是否合适，对其又究竟该报以怎样的期待？对此，我们必须追溯并探讨本次刑事司法改革的初衷。

二、刑事司法改革的初衷和经过

本次刑事司法改革主张构筑“新时代刑事司法制度”的直接契

机是大阪地方法院对厚生劳动省不正当邮政案（村木案）作出的无罪判决（2010年9月10日），以及大阪地方检察院特搜部检事篡改证据案。这些案件带来的刑事司法改革课题，是对原侦查、审判方式的改革，即改变依赖“暗箱”式纠问式讯问获得的供述笔录进行侦查、审判的方式，并克服由此产生的侦查、追诉过程中不可视、不透明的问题。同时，该改革课题的背后是对足利案件的再审作出的无罪判决（2011年3月26日宇都宫地方法院判决）和对志布志案件作出的无罪判决（2007年2月23日鹿儿岛地方法院无罪判决）等表明的造成误判、冤案的刑事审判结构的原因，即依赖纠问式侦查的书面审判的病理。本次刑事司法改革的初衷便在于此，在主张构筑“新时代刑事司法制度”的改革中，通过侦查和审判来强化犯罪嫌疑人、被告人的防御权，并以此为基础对纠问式讯问和依赖供述笔录的侦查、审判方式进行根本性改革，从而实现侦查、追诉过程的可视化、透明化。

回顾刑事司法改革此后的历程，这一根本性改革倾向在一开始就存在偏颇。以厚生劳动省不正当邮政案（村木案）和篡改证据案为契机，为开展检察改革研究，设置了作为法务大臣咨询机构的“检察机关的未来”讨论会，该会议在2011年3月31日发表了《检察制度的复兴提案》。该议案虽然没有提出具体的制度改革方案，但以“彻底重新审视过度依赖讯问和供述笔录的侦查、审判现状，构筑包括可视化制度在内的新刑事司法制度，……立刻设置场所开始研讨”为目标。然而，“检察机关的未来”讨论会未能实现可视化的制度建立，这也被认为是规定今后刑事司法改革方向的一个重要因素。根据《检察制度的复兴提案》，时任法务大臣的江田五月于2012年5月在法制审议会上发布了《第92号咨询》，指出，“鉴于近年来围绕刑事诉讼的诸多现象，为构建顺应时代要求的新刑事司法制度，需要重新审视过度依赖讯问和供述笔录的侦查、审判状态，并导入记录制度，对讯问犯罪嫌疑人进行录音录像。希望征求大家的意见，以进一步整顿刑事实体法和程序法的状态”。此外，被选为特别委员会的有识之士委员名单也让我们对刑事司法改革的进展有了期待。《第92号咨询》表明了通过引入可视化来重新审视侦查、审判现状的改革课题，这也是为构建“顺应时代的新刑事司法制度”的“程序法整顿”课题。因探讨“鉴于近年来围绕刑事诉讼的诸多现象……需整顿刑事实体法和程序法”，故更能深刻地领会解决“近年来刑事诉讼的各种问题”的必要性，如对有组织犯罪的对策和获得供述困难等问题。因此，扩大监听通讯的适用对象犯罪范围、引入配合侦查、审判的司法交易制度（协议、合意制度）等来扩大并强化侦查、追诉权，该改革课题在逻辑上可以成立。无论是“鉴于近年来围绕刑事诉讼的诸多现象”，还是“整顿刑事实体法和程序法”，这些模糊的表达方式可以认为本次刑事司法改革的课题中包含扩大与强化侦查、追诉权限的意图。“重新审视过度依赖讯问和供述笔录的侦查、审判状态”与“检察机关的未来”讨论会上的“议案”一样，如果将有必要纠正“过度”依赖的现状作为主旨，那么本次刑事司法改革就只能做到纠正讯问的“过度”状态，而无法实现根本性改革。

这样一来，便可看出法务大臣发布的《第92号咨询》中表明的设立特别委员会的问题意识与本次刑事司法改革出发点相背离的地方，即特别委员会的《法制整顿要点》和基于此修订的《刑事诉讼法》中混杂着与本次刑事司法改革初衷相悖的各项反改革制度（维持依赖纠问式侦查的侦查、审判方式，扩大、强化侦查、追诉权的倾向，扩大监听通讯的适用对象犯罪范围，引入配合侦查、审判的司法交易制度等），因此潜藏着改革不彻底的问题。当时，法务大臣江田五月在发布《第92号咨询》后，在《访谈·关于修订刑事诉讼法的思考》（［法律時報88巻1号］8頁以下）中对法制审议会提交的报告如此评价，“作为法务大臣来看，里面有可圈可点之处”，并认为引入配合侦查、审判的司法交易制度和扩大监听通讯的适用对象犯罪范围也在“预料之中”。

三、特别委员会的审议经过和国会审议

特别委员会从第1届会议开始，历时一年半，在2013年1月29日第19届会议上确定了“顺应时代要求的新刑事司法制度的基本构想”（以下简称“基本构想”）。同年1月18日第18届会议上虽然提出了以“基本构想”为蓝本的《委员会会长试行方案》，但该方案同时呈现出了肯定现状的姿态与消极改革的姿态，因此人们对此有强烈的异议。该方案肯定了依赖讯问进行侦查和审判的现状，将可视化的适用限定在裁判员参加裁判的案件中，同时保留了将可视化的裁量权交给侦查机关的制度方案（以下简称可视化裁量性方案），而证据开示制度的改革则表现为交付检察官掌握的证据一览表，使得现行证据开示制度的改善戛然而止。另外，“为了使证据收集方法

正当化、多样化”而提出的扩大监听通讯适用的对象犯罪范围、实现监听通讯实施程序的合理化、引入会话监听制度以及侦查、审判协助型协议、合意制度和刑事免责制度等提案，由于存在强化侦查、追诉权的强烈倾向而引发异议。因此，在特别委员会上有人批判这是侦查机关的“灾后重生”。虽然该试行方案针对这些批判进行了一定的修订，但依然保持了原先的架构，并在第 19 届会议上被通过。

此后，为了制定基于“基本构想”的具体制度法案，成立了由法律专家组成的两个作业分科会，特别委员会接收并审议两个作业分科会的研讨结果，两个作业分科会在接到审议结果后继续进行研讨，如此不断推进审议工作。作业分科会分别于 2013 年 6 月 14 日和 11 月 7 日的第 20 届和第 21 届特别委员会上作了题为《作业分科会研究（1）》和《作业分科会研究（2）》的报告。在特别委员会上进行审议后，作业分科会在 2014 年 2 月 14 日第 23 届特别委员会上提交了以《作业分科会讨论结果（关于制度设计的草案）》（以下简称《草案》）为最终报告的提案。之后，特别委员会基于该《草案》不断推进讨论并制定了最终方案。然而，围绕《草案》和“基本构想”产生的根本性观点对立并未消除，特别委员会上针对改革基本方向的对立观点也依然存在，于是有了广泛的讨论：是案件全程可视化，还是裁量性可视化？是事前全面证据开示，还是在现行的证据开示制度内进行改革？是否要扩大监听通讯的适用范围并使之合理化？是否要实现监听会话的制度化？是否应当引入侦查、审判协助型协议、合意制度和刑事免责制度？尽管这些对立意见难以轻易弥合，但在 2014 年 3 月 7 日第 25 届会议上，5 名有识之士委员提出在全案可视化的原则下，阶段性地落实《汇总意见》（2014 年 3 月 7 日），并以形成最终方案为目标开始了讨论。

2014 年 4 月 30 日第 26 届特别委员会上提交了《事务当局试行方案》的最终报告。《事务当局试行方案》比《草案》更为进步，因为它排斥裁量性可视化方案，也放弃引入被告人证人资格和会话监听制度。然而，可视化的适用仍然以裁判员裁判案件为主，只是增加了检察官讯问的情形，是有一定限度的可视化制度方案，（侦查机关案件裁量判断的存在——追记）且保留了大量的例外事由，也缺少排除供述笔录的担保规定等，这与 5 名有识之士委员在《汇总意见》中提出的可视化制度方案存在巨大落差。与此同时，在扩大监听通讯适用的对象犯罪范围、实现监听通讯程序的合理化、引入配合侦查、审判的司法交易制度等方面，改革也无甚进展。可喜的是，在修改《事务当局试行方案》的基础上，出台了《关于新刑事司法制度的调查审议结果（方案）》，并作为一体化制度改革方案于同年 4 月 30 日第 29 届特别委员会上被提出，并于同年 7 月 9 日第 30 届会议上被一致通过（就是上述《法制整顿要点》）。5 名有识之士委员赞成该方案，全体委员也都一致同意，这得益于特别委员会所确认的《法制整顿要点》中“附带事项”的主旨，即尽管一些侦查过程没有被作为可视化对象，但“在实际运用中，将尽可能地扩大录音录像的范围”，并且未来会据此重新修订该制度。有识之士委员们由此看到了未来扩大可视化范围和推进刑事司法改革的契机。

作为刑事法学者，我们担心刑事司法的根本改革被搁置，故两次向特别委员会提出有关刑事司法改革未来的意见书，得到了 100

多名刑法学者的赞同（2013 年 9 月 10 日「新時代の刑事司法制度に対する刑事法学者の意見」季刊刑事弁護 76 号 180 頁以下、2014 年 4 月 26 日「『新時代の刑事司法制度』取りまとめに当たっての刑事法学者の意見」季刊刑事弁護 79 号 209 頁以下参照）。其主要内容是对照本次刑事司法改革的初衷，以彻底改革依赖纠问式侦查的书面审判为改革课题，以强化犯罪嫌疑人、被告人的防御权为中心，通过全案全程可视化和事前全面证据开示制度等实现根本性改革，同时排除各项反改革制度，如扩大监听通讯的适用对象犯罪范围、实现监听合理化、引入配合侦查、审判的司法交易制度和刑事免责制度等。遗憾的是，特别委员会并没有采纳该意见书。

回顾特别委员会的讨论经过，全体委员能一致通过《法制整顿要点》很不可思议。因为在特别委员会的讨论中，一方主张立足本次刑事司法改革的初衷，对依赖纠问式侦查的书面审判结构作根本性改革，另一方从肯定刑事审判现状的立场出发，反对可视化等改革并意图扩大、强化侦查起诉权，双方观点呈现严重的对立状态。于是总结《法制整顿要点》所形成的改革方案变成了一种矛盾化的方案，限制了可视化等改革，推进了强化侦查、追诉权的反改革。若对照本次刑事司法改革初衷所追求的根本性改革要求，我们恐怕都无法反驳“这是逆向性的反改革方案”这一批判。

我们作为刑事法学者，针对基于《法制整顿要点》形成的《刑事诉讼法修正案》，在众议院法务委员会和参议院法务委员会上提交了与在特别委员会上主旨相同的意见书，要求在国会审议时添加根本性的修订（衆議院法務委員会に対し2015 年 5 月 12 日「刑事訴訟法等改正案に対する刑事法学者の意見」季刊刑事弁護83号141頁以下参照。参議院法務委員会に対し2016年4月15日「刑事司法の抜本的改革を求める刑事法学者の意見」季刊刑事弁護87号165頁以下参照)。两份意见书都以彻底修订《刑事诉讼法修正案》为目标，推动实现全程可视化和事前全面证据开示制度等改革，同时排除扩大监听通讯的对象犯罪范围与监听的合理化、配合侦查、审判的司法交易制度等反改革措施。《刑事诉讼法修正案》不仅未能改革依赖纠问式侦查的书面审判、充分回应刑事司法改革的初衷，还被认为可能侵害正当程序和防御权。不过，虽然进行了些微的修订，增加了“附带事项”，但在国会审议中依然没有对法案进行根本性修订。

四、对刑事司法改革的评价和刑事辩护

由上述经过可以看出，在追求刑事司法根本性改革的过程中，人们对《刑事诉讼法修正案》的评价不可避免地存在分化。一个极端认为，这将《刑事诉讼法》改得更糟了，自由法曹团体、青年法律家协会以及社会文化法律中心等5个法律家团体都持此评价（「刑事訴訟法・盗聴法の改悪に強く抗議する共同声明」法と民主主義510号39頁以下参照。また、小田中聰樹「刑事訴訟法『改悪』の現代史的位相」川崎英明・三島聡編『刑事司法改革とは何か』［日本評論社、2014年］253頁以下参照)。与此相对立的，是开头提到的周防正行的肯定评价。后藤昭（同「刑訴法等改正案の全体像」法律時報88巻1号4頁以下参照）与周防正行一样，认为除了

“利用好法案”，完全实现保障权利的立法是不可能的，因此“即使是伴随着新风险的有限改革立法……仍具有重要意义”，他将本次改革视为基础性改革，以实现审判中心主义为契机，通过引入裁判员制度继续推行侦查。笔者认为，绝不能容许监听通讯范围的扩大和实施程序的合理化，从正当程序和无罪者不予处罚的观点出发也不能容忍引入配合侦查、审查的司法交易制度，因此从根本性刑事司法改革的要求来看，无论是可视化制度还是纠问式讯问和依赖供述笔录的侦查、审判改革都太过局限，《刑事诉讼法修正案》具有强烈的逆向性反改革立法的特征。

但是，无论怎样评价《刑事诉讼法修正案》，只要我们追求彻底改革刑事司法，就必须正视修订后的《刑事诉讼法》，在实践中思考如何最大限度地抑制反改革的风险，充分利用改革的进步方面，进而开辟出刑事司法根本性改革的前景。该课题最重要的任务就是刑事辩护。对此，三井诚指出，本次刑事司法改革构筑新的刑事司法其实是克服书面审判中“讯问中心主义造成的刑事司法扭曲”，因此关键在于刑事辩护实践，即“探寻刑事辩护的真正价值”（同「鍵は刑事弁護」論究ジュリスト12 号110 頁）。笔者认为三井诚的观点切中要害。“探寻刑事辩护的真正价值”意味着在改革与反改革矛盾并存的《刑事诉讼法修正案》中，在刑事辩护中，一方面为了克服依赖纠问式侦查的书面审判，必须利用讯问录音录像和证据开示制度等新型防御方法。对于可视化，不应将适用情况局限于《刑事诉讼法修正案》所限定的案件，而应利用好《法制整顿要点》中的“附带事项”和“任务通知”（2014 年6 月 16 日增加），将可视化的实施（试行）扩展到全案全过程，出现例外情形时必须采纳限定适用的解释，而不应由侦查人员自行判断。枥木县（今市）女童被杀案的第一审判决（宇都宫地方法院2016年4月8日判决），表明了以录音录像作为实质性证据的危险性，刑事辩护实践需要对录音录像的证明力和真实性判断两个方面进行制约。第32届近畿律师协会座谈会（2015年11月27日）报告《是的，将可视化法制化》被认为是对刑事司法进行根本改革的刑事辩护实践模范，该报告指出，“当下的可视化立法……还不是全面的讯问可视化”，认为“虽然存在一个蚁穴般的漏洞……但扩散漏洞的责任非辩护人的辩护实践莫属”，因此从实践角度提出要在“可视化的立法时代”寻求侦查辩护和审判辩护的理想状态。另一方面也不能忽视反改革制度的危险性对刑事辩护提出的挑战。对于配合侦查的司法交易，要根据波及无辜的风险性，对口供采取一定的应对方式，将犯罪嫌疑人的辩护人与检察官商谈的全过程可视化。对于监听通讯，需要严格解释适用新型监听通讯的对象犯罪的组织性要件，也需要严格解释监听实施程序的该当性要件。因此，不仅要推进改革，还需要抑制反改革倾向，追求这种两面性的刑事辩护实践才真正意味着探寻“刑事辩护的真正价值”。

在这种问题意识下，本书（川崎英明·渕野貴生·三島聡編『条文解説·改正刑事訴訟法2016』日本評論社、2016年）正视了《刑事诉讼法修正案》的局限和风险，最大限度地利用《刑事诉讼法修正案》中“微小”的改革契机以实现刑事司法的根本性改革，同时拟通过解释，最大限度地排除蕴藏各项反改革制度的可能性。

在这过程中，刑事辩护起着关键作用。但是如上所述，我们应该注意《刑事诉讼法修正案》并未提供根本性改革的途径来改变依赖纠问式侦查的书面审判，而仅在《刑事诉讼法修正案》的框架内进行刑事辩护实践也无法真正实现刑事司法的根本改革。因此，本书拟对依赖纠问式侦查的书面审判进行根本改革，以此奠定刑事辩护的实践基础，并通过实现全案全程可视化、辩护人在场权和事前全面证据开示制度等来描绘通往刑事司法根本性改革的路径。

第二节 “新时代刑事司法制度”的审议经过

一、特别委员会的审议经过

（一）“基本构想”

为“构筑顺应时代的新刑事司法制度”而设立的法制审议会下的特别委员会，自2011年6月29日第1届会议至2013年1月29日第19届会议，历时一年半，该会议确定了“顺应时代要求的新刑事司法制度的基本构想”（以下简称“基本构想”）。

在2013年1月18日第18届会议上，一方面，提出了作为“基本构想”蓝本的《委员会会长试行方案》，该方案肯定了传统的依赖讯问的侦查和审判方式，即依赖纠问式侦查的书面审判；且提出讯问拘留、逮捕后的犯罪嫌疑人时，将适用录音录像（以下简称可视化）的情况限定在裁判员裁判案件中，将可视化的范围交由侦查机关自由裁量（以下简称可视化裁量方案）；否定事前全面证据开示制度。另一方面，特别委员会上对这种认同反改革的态度产生了强烈的批判，因为该方案标榜“证据收集方式的多样化”，以扩大监听通讯适用的对象犯罪范围，引入监听会议制度，以及侦查、审判协助型协议、合意制度和刑事免责制度来强化侦查、追诉权。有人甚至认为，特别委员会的讨论作用到现在都没能表现出来。但特别委员会对这些反对意见置之不理，仅对《委员会会长试行方案》进行微调便确立了“基本构想”这一提案。因此，对于“基本构想”构筑的“新时代刑事司法制度”，有人强烈地批判其偏离了刑事司法改革的初衷〔1〕。

特别委员会为了根据“基本构想”制定具体的制度法案，成立了由法律专家委员和干事组成的两个作业分科会。但反观上述过程，我们可以轻易推断，从作业分科会制定具体的制度构想到提交给特别委员会进行讨论的阶段，很容易再次引发基本意见的对立。

（二）《作业分科会研究（1）》

2013 年 6 月 14 日，根据各作业分科会讨论结果形成的《作业分科会研究（1）》（以下简称《研究（1）》）被提交给第 20 届特别委员会。如上所述，由于制度法案中仍保留了此前讨论时存在的对立问题，故在特别委员会上再次发生了同样的争论。关于讯问的可视

---

〔1〕「（特集）適正手続を冒す『新時代の基本構想』」法と民主主義 477 号、「（特集）徹底批判『新時代の刑事司法制度』同 484 号、「（特集）刑事手続の構造改革」法律時報 85 巻 8 号、「（特集）新時代の刑事司法制度」季刊刑事弁護 75 号、「（特集）新時代の刑事司法制度」犯罪と刑罰 23 号など参照。また、多数の刑事法学者の批判として「『新時代の刑事司法制度』に対する法学者の意見」季刊刑事弁護 76 号 180 頁以下および「『新時代の刑事司法制度』とりまとめに当たっての刑事法学者の意見」季刊刑事弁護 79 号 209 頁参照。

化，除了讨论将可视化情形限定为裁判员裁判案件是否妥当以外，还讨论了认可一定例外情形的全程可视化方案和裁量可视化方案，“采取全程可视化还是裁量可视化的根本性问题”与“如何处理例外情形”成为本次讨论的焦点。同样，扩大监听通讯适用的对象犯罪范围、引入会话监听制度，以及审前准备程序下对检察官掌握的证据一览表进行公示的证据开示制度等也成为讨论的焦点。

（三）《作业分科会研讨结果》（草案）

经过讨论，作业分科会继续制定具体制度法案。2013 年 11 月 7 日第 21 届特别委员会上提出《作业分科会研究（2）》（以下简称《研究（2）》）后，在 2014 年 2 月 14 日第 23 届特别委员会上，总结此前作业分科会的讨论结果，作了《作业分科会研讨结果（关于制度设计的草案）》的报告。此后，以特别委员会为平台开始了最后阶段的讨论，并以《草案》为基础开始制定《最终方案》。

为了具体落实《草案》中的制度方案，特别委员会针对具体问题展开了讨论，但因为《草案》中的制度方案并未消除围绕《基本构想》产生的观点对立，故特别委员会延续了对改革基本方向产生的对立观点。

关于可视化。是将可视化的适用限定在裁判员裁判的对象案件，还是实现所有刑事（羁押）案件的可视化？有关可视化的范围是实行（保留一定例外）全面可视化方案还是（除宣读供述笔录等特定场合以外，其余均由侦查机关决定）裁量可视化方案？这些对立观点反映的是将哪些情形确定为实行全面可视化的例外（将例外情形限制在出现机器故障和犯罪嫌疑人拒绝录音录像的情况，还是限制在犯罪嫌疑人无法充分给出口供和认罪的情形？因为犯罪嫌疑人担心实行可视化会对他们的身体造成伤害，或者会有使他们产生恐惧和困惑的行为），确保可视化有效性的措施是否正确（在缺乏可视化的条件下，是否要否定供述笔录的证明能力？还是仅将其用来证明讯问情况？或者说不需要设置特别规定？），围绕这些问题产生了对立观点。警察代表等委员强调了讯问对于解明真相的作用，主张仅在裁判员裁判的对象案件中采用裁量可视化方案，并否定了实效性担保措施的证明能力。

关于证据开示制度。《草案》提出要建立对检察官掌握的证据一览表进行开示的制度，还同时涉及很多问题，如对于一览表开示的时间（是在类型证据开示之前，还是等被告人提出主张之后？），将相关证据公开到何种程度？将类型证据的公开对象扩大到什么范围？对此，在特别委员会上产生了根本性的对立意见，即实行事前全面证据开示，还是维持现行制度框架，在审前准备程序中进行证据公开？我们可以看出这样一组观点的对抗：全面可视化论者（包括事前全面开示论）主张证据开示扩张论，而裁量可视化论者主张证据开示限定论。特别委员会中的有识之士委员多数持前种观点。

关于强化侦查、追诉权。《草案》提出要建立会话监听制度。为追求“监听通讯的合理化、效率化”，（现行《通讯监听法》限定了 4 种类型）在监听通讯的对象犯罪中增加、扩大了包含盗窃和欺诈在内的 7 种刑事犯罪，加密和传输监听对象的通信内容，使得无须通讯事业如邮政、电信、电话等经营者在场，也能在侦查机关的设备里记录、听取整个过程，并可以在事后进行该当性判断（监听的合理化），还列举出汇款诈骗据点等三处地方作为会话监听点。但围绕是否应当扩大监听通讯的适用范围，组织性要件是否合理，监听是否合理，以及建立会话监听制度是否合理等问题，产生了分歧。针对废除对被告人提问、承认被告人证人资格的《草案》提案、保护沉默权等问题，观点也同样对立。观点对立的还有刑事免责制度、侦查、审判协助型协议、合意制度和证人保护措施等问题。只有扩大犯罪嫌疑人国选辩护制度的适用范围没有引发深刻的争议。

显然，围绕《草案》的讨论，对改革基本方向的观点对立仍未消除，法律专家委员主张应根据“基本构想”总结出特别委员会的一致意见。但是，特别委员会审议的每个问题都是将深刻改变刑事司法状态、关系到国民权利义务的重大问题，因此并不能通过妥协而达成一致意见，“基本构想”也并非固定的讨论前提，所以妥协达成一致的建议也并非高见。

在这样的情况下，特别委员会从第 23 届会议开始到第 25 届会议对《草案》进行了详细讨论。为了制定提交给法制审议总会的《最终方案》，在 2014 年 4 月 30 日第 26 届会议上，确认提交了特别委员会事务局制定的《试行方案》。

（四）《事务局试行方案》

第 26 届特别委员会提交的《事务局试行方案》（以下简称《试行方案》）中，可以看到与《草案》相比有了稍许进步。

关于讯问可视化。《试行方案》提出仅限于讯问（在押）犯罪嫌疑人时采用可视化，询问证人则不采用可视化，且采用可视化时运用全程可视化，而非裁量可视化。从特别委员会设立的宗旨和会上的讨论情况来看，可以自然得出这些观点。问题在于例外情形，《试行方案》认为例外情形不光包含机器故障和犯罪嫌疑人拒绝录音录像的情况，还包括对犯罪嫌疑人等实施加害行为，并可能使他们产生恐惧和困惑的情况等，“认为在录音录像过程中，犯罪嫌疑人无法充分地进行供述”；也包括涉黑组织犯罪案件。因此可能会出现在现有的侦查实践中限制可视化的适用范围、仅采用裁量可视化的风险。但笔者认为，即使存在例外情形，也应当限定在犯罪嫌疑人拒绝可视化的情况，并保证辩护人（在场）提供适时的帮助，在出现机器故障的情况下，至少也要能进行录音。《试行方案》虽然采用了确保有效性的措施，驳回将供述笔录作为证据的请求，因为该笔录的取得缺乏可视化条件，但保留了法院依职权决定是否采纳证据的权限，进而留下了一些不明确的问题。

关于适用可视化的对象案件范围，将其限定为适用裁判员裁判的对象案件，在此基础上还增加了检察官讯问全案被羁押的案件。在后者作为制度法案被提案的过程中，我们无法忽视5位有识之士委员提交的关于呼吁讯问全案在押犯罪嫌疑人时采用全程可视化的提案（2014年3月7日の有識者5委員の「取りまとめに向けての意見」)。他们所倡导的阶段性实施包括警方讯问在内的全程可视化提案，不仅如此，5位有识之士委员的“意见”与《试行方案》中的制度法案有着很大的差别，“意见”要求讯问相关证人时（至少是检察官询问时）采用可视化；即使遇到例外情形，如果犯罪嫌疑人提出希望，也可以采用可视化；为确保可视化的有效性，要排除供述笔录的证明力或限制其证明方式。从追求的改革深度来看，《试行方案》的可视化制度法案相差太多，难怪在第26届特别委员会上没有就《试行方案》达成一致意见。此后在第27届会议上，事务局提出把检察官自行侦查的案件也作为适用可视化的对象案件，日本律师协会还提议将法定合议案件也加入适用可视化的对象案件，表现出该提案内容的阶段性扩大，使得整个过程呈现出动态的特征。

关于证据开示制度。《试行方案》里有所进步。在类型证据开示前公开检察官掌握的证据一览表，能保障被告人的审前准备程序请求权。但从保障防御权的角度来看，《试行方案》所预想的证据一览表的记载程度并不充分。作为例外情形，关于记载的内容也可能阻碍侦查等，被开示的证据一览表作为（保障防御权的）开示证据是否具有实效性也存在疑问。虽然扩大了类型证据开示的对象范围，但将侦查报告书排除在开示范围以外也是有问题的。《试行方案》所构想的原本是从根本上追求事前全面证据开示，但在目前证据开示制度的框架下，仅限于就检察官掌握的证据一览表进行开示，并扩大了类型证据开示的对象范围。这些不充分的措施以及搁置了在再审中建立证据开示制度的问题让《试行方案》所构想的证据开示制度的改革，远不能称之为改革，而只是细微的调整。

关于侦查、追诉权。《试行方案》在扩大侦查、追诉权方面态度积极。首先，为了实现“监听通讯的合理化、效率化”，《试行方案》与《草案》都扩大了监听通讯适用的对象犯罪范围，实现了整体记录监听的内容和实施程序的保密。可能是考虑到特别委员会内外的强烈反对意见，监听通讯中加入了“组织性”要件，并且不再引入会话监听制度，这些是明智之举。然而《试行方案》在没有进行立法实证的情况下，增加了很多监听通讯的对象犯罪。在1999年《通讯监听法》的立法过程中，警察厅和法务省当时本想把这些对象犯罪（放火、杀人、拘留、非法拘禁、抢夺、拐骗等刑事犯罪）加入监听范围，但没能实现，《试行方案》把这些犯罪都加入了监听的对象犯罪中。不过，在制定《通讯监听法》的讨论中，主张该法违宪的人〔1〕认为这是绝不能容忍的反改革行径。其次，《试行方案》可能考虑到特别委员会内外的强烈反对〔2〕，虽然放弃了制定被告人的证人资格制度，但重新提出以提问被告人为前提的虚假口供禁止性规定（并未提出对虚假口供的惩罚性规定）议案，该议案规定被告人有提供真实口供的义务，因此潜藏着侵犯其沉默权的风险。对于这一点，本书（川崎英明・三島聡編『刑事司法改革とは何か』現代人文社、2014年）第二部分第六章收录的光藤景皎的论文《关于“被告人虚假陈述惩罚”案（及其变迁）》从历史思想史的角度出发，对其进行了详细的批判。因为《试行方案》继续保留了受到强烈批判的侦查、审判协助型协议、合意制度、刑事免责制度、刑罚减免制度以及证人保护制度，所以人们对其中的改革思想存在严重质疑。无论是扩大监听通讯适用的对象犯罪范围，还是虚假口供禁止性规定，还是协议、合意制度和刑事免责制度、刑罚减免制度，

---

〔1〕 小田中聡樹・村井敏邦・川崎英明・白取祐司『盗聴立法批判』（日本評論社、1977年）参照。
〔2〕 門野博「法廷に顕出される証拠が真正なものであることを担保するための方策等」刑事法ジャーナル37号（2013年）39頁以下など参照。なお、松尾浩也「被告人に証人適格はあるか」松尾浩也・田宮裕『刑事訴訟法の基礎知識』（有斐閣、1966年）138頁以下参照。

尽管《试行方案》标榜“证据收集程序的多样化”，但让人不得不注意的是，这些制度都推动了以讯问为中心的侦查。

由此看来，《试行方案》提出了如可视化一样不彻底的制度改革，仅仅止步于部分的改进。从总体来看，《试行方案》强化了侦查、追诉权，推动了依赖讯问的书面审判，具有强烈的反改革色彩，因此该方案的改革构想有着限制改革和推进反改革的反改革色彩。本书（前述《何为刑事司法改革》）第二章、第三章对每个制度方案存在的具体问题进行了详细的研讨。在此，我们期待特别委员会能以上述 5 名有识之士委员的《汇总意见》和在第 27 届会上提出的日本律师协会提案作为改革的最低要求，排除反改革的制度方案，提出最终方案作为回应本次刑事司法改革初衷的根本性改革制度方案。

二、刑事司法改革的初衷和《试行方案》

最初，开始构筑本次“新时代刑事司法制度”的发端，是在“检察机关的未来”讨论会上提出的《检察制度的复兴提案》（2011 年 3 月），设置该会议契机是厚生劳动省不正当邮政案（村木案）的无罪判决以及大阪地方检察院特搜部恶意篡改证据案。这两个案件带来的检察改革课题，是侦查过程的可视化、透明化，以及依赖在“暗箱”中进行纠问式讯问获得的口供笔录这一侦查、审判问题。在这背后，是志布志案和足利案等因误判而导致的冤案的存在。由这种误判的结构性因素导致的依赖纠问式侦查的书面审判，正是需要进行根本性改革的刑事司法，并构筑“新时代刑事司法制度”，这才是本次刑事司法改革的初衷。该改革课题本应由“检察机关的未来”讨论会承担，却交给了法制审议会。

然而，在法务大臣发给法制审议会的《第92号咨询》（2012年5月）中，对刑事司法改革初衷的认识似乎变得淡化。《第92号咨询》指出，“鉴于近年来围绕刑事诉讼的诸多情况，为构建顺应时代的新刑事司法制度，需要重新评估过度依赖讯问和书面审判的侦查、审判现状，并引入对犯罪嫌疑人讯问进行录音、录像的记录制度等。希望征求大家的意见，以整顿刑事实体法和程序法的状态”。虽然《第92号咨询》中认为“需要根本性重新评价过度依赖讯问和书面审判的侦查、审判现状”，但里面看到问题只是“过度”依赖而非“依赖”，因此看不到改革讯问结构（纠问式讯问的结构和现状）这样的问题意识。而且，“根本性”重新评价虽然是“鉴于近年来围绕刑事诉讼的诸多情况”“构建顺应时代的新刑事司法制度”课题中的子课题，但显示不出“根本性”重新评价“侦查、审判现状”这一课题的优先性。这一点与上述《检察制度的复兴提案》有所不同，提案把“根本性”重新评价“侦查、审判现状”作为优先课题。因此，法制审议会特别委员会所设定的问题意识在出发点方面与刑事司法改革的初衷相背离，也得以在“重新评价”本次“刑事司法制度”时混入了扩大侦查、追诉权的契机。结果，无论是《基本构想》还是《研究（1）》和《研究（2）》，还是围绕作业分科会在特别委员会上提出的《草案》所产生的对立观点，人们认为都要归结于如何认识本次刑事司法改革的初衷，即现行刑事司法制度中所追求的问题根源是什么、是怎样严重的问题，以及认识程度的差异。这恐怕也是在特别委员会上很多委员反复指出应当回到改革初衷的原因。

如上所述，经过特别委员会讨论后总结形成的《试行方案》没能完全排除追求根本性改革的观点，吸收了其中一部分。不过也仅限于部分不彻底的制度改革，如将运用裁量可视化作为全程可视化例外事由的一部分，在不保证阶段性扩张的状态下限制可视化对象案件的情形，来抑制全案全程可视化。对照本次刑事司法改革的初衷，如果依据《试行方案》形成最终方案，一定会受到严厉的批判。笔者强烈希望2014年7月末提交的特别委员会的最终方案能直接从本次刑事司法改革的初衷出发，完全成为根本性的刑事司法改革方案。

三、“新时代刑事司法制度”改革的历史地位

回顾明治时代以来日本刑事诉讼的近代化历程，1890年（明治23年）制定了《刑事诉讼法》（以下简称《明治刑事诉讼法》）；1922年（大正11年）对《明治刑事诉讼法》进行全面修订，制定了《刑事诉讼法》（以下简称《大正刑事诉讼法》）；1948年（昭和23年）制定并公布了现行《刑事诉讼法》（以下简称《昭和刑事诉讼法》），对明治以来各个年号公布的《刑事诉讼法》进行了全面修订，于是新的《刑事诉讼法》应运而生。

现行《昭和刑事诉讼法》在2000年前后进行了频繁的大幅度修改。契机是1999年制定的《通讯监听法》，在这之后，2000年为保护被害人权益，在询问证人时引入了场外连线的方式等；2004年引

入了裁判员裁判制度和审前准备程序等；2007 年引入了被害人参加制度等。如果根据本次“新时代刑事司法制度”改革再对《刑事诉讼法》进行修订的话，会极大地改变《昭和刑事诉讼法》的最初面貌。本次“新时代刑事司法制度”改革中，搁置了建立被告人的证人资格制度和会话监听制度，虽然随着部分的改革，即建立讯问犯罪嫌疑人时的可视化制度，但从监听通讯适用范围的扩大与合理化、刑事免责制度、刑罚的减免、侦查审判协助型协议合意制度、被告人虚假口供禁止性规定等来看，改革强化了侦查、追诉权，推进了依赖讯问的纠问式侦查。强化侦查、追诉权的特征体现在包含司法交易的（警察、检察的——追记）裁量权与不可视性的强化。由此可以肯定的是，《昭和刑事诉讼法》制定时的状态，即在大大强化侦查、追诉权的基础上，维持依赖纠问式侦查的书面审判的基本结构，发生了变化。问题是如何看清这种改变，又该作何评价呢？被称为与《昭和刑事诉讼法》面貌迥异的《平成刑事诉讼法》因此诞生。

此前，小田中聰树教授曾批判《昭和刑事诉讼法》中片面地改良了《大正刑事诉讼法》的“纠问主义式检察官司法”[1]，松尾浩也教授则指出了[2]《昭和刑事诉讼法》中片面地以强化检察官权限为要点模拟当事人主义。已故田宫裕博士在 20 世纪末强调[3]《昭和刑事诉讼法》应当直面的课题是“近代化”而非“现代化”。现在，《昭和刑事诉讼法》在进行部分修改的同时，维持了依赖纠问式侦查的书面审判的基本结构，在此基础上创设了新的强化侦查、追诉权

〔1〕 小田中聰樹『刑事訴訟法の歴史的分析』（日本評論社、1976 年）参照。

〔2〕 松尾浩也「当事者主義と弁護」同『刑事訴訟の理論』（有斐閣、2012 年）所収参照。

〔3〕 田宮裕「日本の刑事裁判」同『刑事法の理論と現実』（有斐閣、2000 年）所収参照。

的制度，对“模拟当事人主义”而非“纠问主义式检察官司法”进一步改良。全面追求“现代化”而非“近代化”涉及修改方向的改变问题。虽然采用了一部分的改革制度，但与宪法性刑事诉讼中始终重视无罪者不予处罚的理念和保障犯罪嫌疑人、被告人的防御权理论相比，这恐怕是逆行的反改革路径。如果说这就是《平成刑事诉讼法》的本质，那么正确审视本次刑事司法改革的初衷，明确刑事司法的根本性改革路径，进而去研究相应的理论和实践性课题，难道不是刑事诉讼法学应尽的义务吗？我们应当追求的目标，恐怕依然是完成孕育出《昭和刑事诉讼法》的“二战”后刑事司法改革所追求的未竟改革目标，落实“二战”后刑事诉讼法学所追求的无罪者不予处罚的理念，实现宪法性刑事诉讼构想。

由三篇本论构成的本书（前述《何为刑事司法改革》）正是基于这样的问题意识编写而成，批判了“新时代刑事司法制度”构想，同时对根本性刑事司法改革提出了展望。

［补记］ 本文执笔时，正值2014年4月30日第26届特别委员会召开。此后，同年7月9日第30届特别委员会全会一致通过包含法制整顿“要点的最终总结方案”（《构筑新刑事司法制度的调查审议结果方案》）。全会达成一致的过程尚不明确。经过同年9月法制审议会总会讨论，最终拟向法务大臣提交《新时代刑事司法制度》构想。最终总结方案与《试行方案》的不同之处在于可视化增加了裁判员裁判的对象案件的情形，还增加了检察官自侦案件的情形，以及要求设立可视化执行情况的检验和重新评估措施，删除刑罚减免制度和被告真实

口供义务规定等提案内容。虽然所有的这些都是人们所期望的变更，但并未解决本文中指出的《试行方案》存在的本质问题。

第三节 修订《通讯监听法》的问题

一、特别委员会审议

在法制审议会特别委员会第19届会议（2013年1月29日召开）上审议通过的“基本构想”，对“第3部分第1点提出的改变过度依赖讯问，合理化、多样化收集证据的措施”中“（3）通信、会话监听等”部分，提出以下议案：第一，为实现“监听通讯的合理化、效率化”，对《通讯监听法》的修订进行具体探讨，修订内容包括扩大监听通讯适用的对象犯罪范围，采用见证人在场、在监听的记录硬盘上贴封条等保证正当程序的合理化手段，以及为事后进行该当性判断实施定点监听的方式（记录全部通信内容后，通过定点监听进行该当性判断）；第二，对汇款诈骗据点的办事处、冲突对抗中的暴力团体事务所、干部使用的车辆、实施跟踪监控的货物等特别情形，对是否要采用会话监听开展具体探讨。

两个作业分科会受委托，要把第19届特别委员会上的《基本构想》制定为具体的制度方案，而后在2013年6月14日第20届特别委员会上，审议通过的《研究（1）》，汇总了截至当时的研讨结果。对《基本构想》提出的每项改革措施，《研究（1）》中的“可行性制度概要”和今后的“研讨课题”探讨了如何将其具体化。监听通讯、会话的条目被分为“监听通讯的合理化、效率化”与“监听会话”两个制度法案。

（一）监听通讯的合理化、效率化

“监听通讯的合理化、效率化”的部分制度法案中提出了以下议案：

第一，提出扩大监听通讯适用的对象犯罪范围。具体而言，列举出（1）涉及盗窃、抢劫、诈骗、敲诈勒索的犯罪；（2）涉及杀人的犯罪；（3）涉及非法拘留、监禁，抢夺、绑架的犯罪；（4）涉及“其他重大犯罪发生时，认为采用监听通讯作为侦查手段是必要且有用的犯罪”。与现行《通讯监听法》相比，对象犯罪的范围虽然极为广泛，但今后需要探讨的问题是是否需要增加罪名并附加限定条件，还需探讨符合（4）的具体犯罪种类为哪些。

第二，作为保障正当程序的合理化手段”，采用“被监听对象的通讯在通讯运营商的设备中加密后再进行传输，通过在侦查机关的设备中用具有定点监听功能的专门装置还原内容的方式进行监听，同时采用对监听通讯进行加密和记录的机制”。建立配套制度，即不需要通讯运营商在场或在监听的记录硬盘上贴封条等措施，而是在监听结束后将记录存储介质（原始记录）一并提交给法官。总之，无须通讯运营商在场，在侦查机关的设备上即可监听通讯，这样既能用新的机械化技术性手段防止侦查机关的不正当行为，又能实现监听的合理化、效率化。此处需要探讨的问题有保证新手段正当性的措施（保证设备正当运行和防止不正当运行的措施），加密与解密的具体程序和方法，以及是否要及时向法官提交原始记录等。

第三，为了“进行该当性判断，进行合理化监听”，采用“一旦记录了全部通讯，便通过事后定点监听进行必要的最低限度的听取方式”，取代一直使用的定点监听。同时提议以下任意两种方法，即基于上述第二点提到的在侦查机关的设备上进行加密与解密的方法记录和听取，或与现行制度相同，利用通讯运营商的设备，在运营商在场的情况下进行记录和听取的方法。

（二）监听会话

对于监听会话，提出如下制度：在（1）成为汇款诈骗据点的办事处等（对象犯罪是诈骗、敲诈勒索），（2）冲突对抗中的暴力团体事务所和暴力团体干部使用的车辆（对象犯罪为与冲突相关的杀人、枪支相关犯罪等），（3）实施跟踪监控的货物（对象犯罪为药物相关犯罪、枪支相关犯罪）的这三种情况下，将各个犯罪存在充分的嫌疑和补充性作为发布令状的要件，侦查机关设置监听设备，监听与犯罪事实相关的会话。提案中要求在这种情况下，侦查机关进入这些场所和车辆，安装和拆除监听设备时，必须取得法官的许可。同时，制定最低限度制约权力的制度以及确保监听实施适当性的措施都是今后我们需要研究的问题。

针对这些制度法案，经过第20届特别委员会的讨论，2013年9月上旬在第一作业分科会上继续推进制度法案的拟定工作。第一作业分科会的负责人也是1999年《通讯监听法》立法的主要推动者。

总的来看，朝着制定具体的通信、会话监听新制度的方向，特别委员会的讨论进展顺利。由此可以预见，《研究（1）》中的新监听制度方案将作为纲要方案在法制审议会上被提交。但无论是对“基本构想”，还是对《研究（1）》中提出的通讯、会话监听制度方案，特别委员会产生了明确的异议，此前作业分科会上的讨论也发生了观点对立。之所以如此，考虑到监听通讯、会话作为侦查手段有着强烈的权利侵害性，便觉得理所当然了。这也是为什么在制定现行《通讯监听法》时，围绕可否进行立法、是否违反《宪法》第35条的令状主义，产生了合宪论与违宪论两派观点的严重对立[1]。这也是为什么当时赞成《通讯监听法》的已故田宫裕博士在其1998年博士论文《变革中的刑事法》中仍指出，对于《通讯监听法》，“从学理上看，容许调查未来可能发生的犯罪或证据，允许在这种情况下放宽特有的范围进行强制处分，恐怕会超越一直以来的令状主义框架。有人指责这会让人感到非常恐惧，因为在这里面埋下了侵犯通讯秘密权乃至个人隐私领域的种子，该批判不可避免”[2]。正因如此，在现行《通讯监听法》的框架下，扩大监听通讯的对象犯罪范围，使监听通讯的实施程序变得合理、高效，并将会话也作为监听对象并建立制度，这些都是需要作出重大决定的问题。这就要回到制定《通讯监听法》时的合宪性讨论，根据该法在这段时间的实际运行情况，充分考虑和研究新的制度是否需要且合理。

---

〔1〕その代表的な文献が、井上正仁『捜査手段としての通信・会話の傍受』（有斐閣、1997年）と小田中聡樹・村井敏邦・川崎英明・白取祐司『盗聴立法批判』（日本評論社、1997年）である。

〔2〕田宮裕『変革の中の刑事法』（有斐閣、2000年）5頁以下所収。

本文从这样的问题意识出发，回到制定《通讯监听法》时的讨论，同时追溯并研究在此期间特别委员会和作业分科会上的讨论情况，探讨“新时代刑事司法制度”中监听通讯、会话制度的问题。

为方便起见，本文在引用特别委员会和作业分科会上委员或干事的发言时，在括号内会加上会议记录的页码。另外，本文中的“通讯监听法”在用“监听”一词时在括号内还附加了“盗听”或“监听法”这些词（译者注：为便于读者理解，括号内的这些词均被删除），这是因为考虑到“监听”在国语中是用于无线通信方面的词汇，而在刑事诉讼法学领域，直到制定《通讯监听法》之前，普遍用的都是“盗听”一词。

二、监听通讯适用范围的扩大与引入监听会话的立法事实

（一）监听通讯扩大范围的立法事实

特别委员会的讨论反复指出，作为扩大监听通讯适用的对象犯罪范围的理由是：在“细致分工职能，由多个犯罪嫌疑人组成的犯罪集团实施”有组织盗窃和汇款诈骗等情况下，除了口供，没有其他方法来弄清犯罪组织的实际状态并证明其犯罪行为，因此为了预防犯罪，彻底打击犯罪集团，必须采用通讯监听制度（委员高桥发言，第15届特别委员会记录，第6页以后；干事露木发言，同前，第8页以后等）。关于监听会话，讨论指出，通过在汇款诈骗据点、冲突对抗中的暴力团体事务所实施会话监听，能够弄清犯罪的组织状态和职能分工，对实施跟踪监控的货物进行监听会话也容易证明犯罪事实（委员高桥和干事露木发言，第15届特别委员会记录，第18页以后）。

诚然，如果允许在上述情形下监听通讯或会话，应该会有利于侦查。但问题在于，允许扩大监听适用的对象犯罪范围和引入监听会话真的好吗？虽然这会给侦查带来便利，也仅此而已，却会带来对通讯秘密权和隐私权的严重侵害。对此，应当想起在制定《通讯监听法》的过程中，最初的《试行方案》和法制审议会提交的《要点方案》中将100多种犯罪列入监听范围，因具有严重的权利侵害性，《通讯监听法》受到了强烈批判，在国会审议过程中最终将监听通讯适用的对象犯罪限定为四种犯罪〔1〕。应当特别注意的是，被监听的盗窃、诈骗、敲诈勒索和抢劫这四类对象犯罪无论是在《试行方案》，还是在《要点方案》中起初都没有被作为对象犯罪〔2〕。考虑到不管是对于被监听通讯还是会话的对象犯罪，监听都有严重的权利侵害性，从比例原则来看，有必要根据犯罪的严重性来限制适用的对象犯罪（検証令状による電話盗聴を適法とした最三小平成11年12月16日刑集53巻9号1327頁も、周知の通り、犯罪の重大性を考慮している）。最重要的是必须证明扩大监听通讯的对象犯罪范围和引入会话监听制度正当性的立法事实。所谓立法事实，并不只是侦查上的便利，更应该是集聚的大量案件事实，即存在因没有监听而无法破案、打击犯罪的案例〔3〕。但即使回顾特别委员会和作业分科会的审议过程，也没有发现这样的立法事实。不仅如此，

〔1〕 その経緯につき、小田中聰樹「現代治安政策と盗聴法」同『刑事訴訟法の変動と憲法的思考』（日本評論社、2006年）39頁以下参照。

〔2〕 通信傍受法（盗聴法）に掛かる事務局参考試案と要綱要綱骨子案は小田中・村井・川崎・白取・前掲『盗聴立法批判』206頁以下に「資料」として掲載している。

〔3〕 小田中聰樹「『盗聴』要綱骨子の審議過程の一分析」同『人身の自由の存在構造』（信山社、1999年）289頁参照。

从第一作业分科会（第4届、第5届会议）的讨论来看，组织性要件作为被监听的对象犯罪范围扩大的理由，却没能在对象犯罪或监听要件中得到体现，这不禁令人担忧监听通讯能否扩展到盗窃或诈骗这样的一般犯罪的侦查中。

（二）《通讯监听法》的运行情况

现行《通讯监听法》反而反映出扩大监听通讯的对象犯罪范围的危险性。在第10届特别委员会上，事务局制作并发布了《监听通讯实施情况》的统计资料，汇总了该法施行以来至2011年的12年间实施监听通讯的案件数和令状申请、发布数。警察厅每年向国会作的报告中还记录了该资料记载事项以外的重要事项，即基于令状施行监听的案件数。根据这一报告，自《通讯监听法》施行以来至2011年，被实施监听的通讯案件达45,662件，其中符合令状记载的与犯罪相关的通讯件数为7107件，占比仅为15.6%。剩下的38,555件（占比84.4%）被监听的通讯与犯罪无关。这说明了一个事实，即本该受通讯秘密权和隐私权保障的合法日常通讯，在以侦查为目的的名义下，无正当理由便大量地被监听。《通讯监听法》违宪论也正指出了这样的危险。在《通讯监听法》下，大量合法的日常通讯被监听的实际情况，也证实了监听这一手段本质上所具有的危险性。《通讯监听法》应当被确认的实际运行情况即在于此[1]。奇怪的是，无论是特别委员会还是作业分科会都没有把该数据作为资料进行报告。此外，根据《通讯监

---

〔1〕 運用実態とその問題性について、三島聡「人権侵害の精神はどこに」法と民主主義477号21頁参照。

听法》第14条，与其他犯罪相关联而被监听的通讯总件数为38件。

该施行情况可以预料到如果扩大监听通讯适用的对象犯罪范围，允许引入会话监听制度，那么无论法律怎样限制通讯或会话的监听对象范围，实际上可能都会覆盖大量的日常通讯和会话。就这一点来说，扩大监听通讯范围和引入会话监听制度存在很大的问题。

第20届特别委员会中讨论了扩大监听通讯适用的对象犯罪范围。与该讨论相关，委员后藤提出“有必要尽可能客观地把握当前实际的监听通讯对侦查有着怎样的帮助”，追究监听对实际侦查的作用“可以说是成功率”的问题（第20届特别委员会记录，第27页）。对此，委员井上认为，“成功率为多少才能算有效呢……没有这样的标准。……如果不提出……用怎样的标准来评价，这样的讨论又有何意义？而且关于监听通讯实施情况的资料已经发布了”。结果，特别委员会上并没有提出运行情况的详细统计数据（同上）。不过，特别委员会关于运行情况能否达成共识，对于监听会话立法的讨论极为重要，否则将很难理解这些发言。

但是，浏览警察厅网站的首页会发现国会报告上关于《通讯监听法》运行情况的数据似乎已被依次删除。（如果是这样的话—追记）该做法是否与公开运行状况的宗旨背道而驰？把以前的国会报告作为数据留存，供人们自由阅读应该是有益的，并无害处。

三、监听的宪法论

（一）监听通讯与《宪法》第35条

在第11届特别委员会上，干事川出指出：扩大监听通讯适用的对象犯罪范围也好，放宽在场的要件或引入定点监听以外的方法也好，正因为在制定《通讯监听法》时，“在充分讨论与《宪法》关系的基础上，才有了现在的成果”。因此“当要修改该法时，关于《宪法》上是否允许，有必要充分考虑制定时的讨论情况”（第11届特别委员会记录，第13页）。研究通讯监听制度改革时，指出宪法视角的重要性是合理的，这也是研究会话监听制度时需要寻求的视角。但是，特别委员会的讨论以《通讯监听法》的合宪性作为给定前提，在这个框架内研究并推进制度改革，并未充分考虑《通讯监听法》制定时有关《宪法》上的讨论。

在制定《通讯监听法》时，违宪论所指出的监听通讯、会话有着严重的权利侵害性，持合宪论的人也有这样的认识。因此，当时法制审议会刑事法委员会采纳的《要点方案》对起初的《试行方案》进行了修订，对令状发布要件和实施监听程序提出了一定程度的严格要求〔1〕。在第15届特别委员会上，委员佐藤虽然批判了“监听通讯的结构就像穿着十二单（译者注：日本传统服饰，官方名为五衣唐衣裳，是日本公家女性传统服饰中最正式的一种，日本贵族女性需穿着十二层衣服）嬉戏的女子一样，身子无法动弹”（第15届会议记录、第13页），但这一发言充分反映了该认识。正因如此，如果为了便于侦查机关开展工作而扩大监听通讯的适用范围，实现监听实施程序的“合理化、效率化”，那么就必须“充分”考虑《通讯监听法》各项规定的立法经过和该过程中有关《宪法》的讨论。

---

〔1〕 小田中・前掲「現代治安政策と盗聴法」44頁参照。

围绕监听通讯、会话的宪法性讨论之所以重要，关键在于如何思考《宪法》第35条规定的“根据令状来决定扣押物”的特定性要求。

原本监听通讯的本质问题是由通讯的特征引起的。也就是说，第一，通讯展现了隐私的本来面貌，它不像文书，会经由当事人事前整理到事后检视的过程。第二，通讯与内容固定的文书不同，当事人间的通讯内容在量和质的方面都在不断发展。第三，本质上不可能将监听对象事先限制在特定的当事人和事项上。所以监听通讯会强烈侵入通讯当事人的内心（在质方面的侵权程度），被侵害的通讯秘密权和隐私范围也必然变得无差别与无限（在量方面的侵权程度）[1]。并且，被监听的对象在监听开始时并不存在，是否进行通讯随时取决于通讯当事人的意思表示。因此，根据令状事先确定被监听的通讯对象是不可能的，允许监听便不可避免地允许对与犯罪无关的合法通讯（非监听对象的通讯）进行监听。这表明监听通讯无法达到《宪法》第35条关于特定性的要求。如上所述，这证明了在《通讯监听法》下，大量与犯罪无关的合法通讯被监听的事实。不仅如此，监听是一种即时的手段，如果监听了目标对象的通讯，监听结束时也就达到了目的（目的达成便结束）。但正如合宪论主张的那样，确认是否为扣押物的搜查阶段与取得占有扣押物的扣押阶段之间是分离的，搜查扣押的类推理论表明无法达到《宪法》第35条的特定性要求。以上讨论也适用于会话监听制度。

如上所述，《通讯监听法》没能完全排除这种的违宪论观点。正

---

〔1〕小田中・村井・川崎・白取・前揭『盗聴立法批判』128頁［川崎英明筆］。

因为认识到监听通讯的危险性，《通讯监听法》限定了上述四种犯罪对象类型。根据搜查扣押等的强制处分原则规定了严格的令状发布要件，为进行该当性判断，还设置了定点监听等程序性规定。虽然说是严格的要件，《通讯监听法》中还是存在程序性规则的缺点，即核对见证人功能的薄弱和违法监听事后救济程序的欠缺等[1]。合宪论则认为，为确保监听通讯的合宪性，这种令状发布要件和程序性规定都是必要的。考虑到《通讯监听法》这样的制定经过，如果扩大监听适用的对象犯罪范围，废除见证与定点监听措施，创设代替措施，重回《通讯监听法》制定时的宪法性讨论，就应该在仔细思考违宪论观点的同时，从根本上修订通讯监听制度。然而，在第18届特别委员会上，委员井上做了主题发言，认为现行通讯监听制度"经过充分深入的合宪性讨论"，具有"足以提供相同保障的制度设计的基本特点"，扩大监听范围中存在的问题，是对于因监听而产生的权利侵犯问题是否具有"强烈的正当化理由"；另外，关于监听会话，"仅限于与《通讯监听法》类似的权力制约程度，并且问题在于能否进行与之匹配的正当性保障"（第18届特别委员会记录，第34页以后）。委员井上对其他干事关于"根据《宪法》第35条，比起监听通讯，令状主义的问题更多"的发言，提出"等有人就《通讯监听法》的违宪性提起诉讼再说如何"，认为如果看到了具体的制度法案再进行宪法性讨论可能更好（同上，第35页）。这些都是消极的发言，即从研究监听通讯的合宪性问题出发，对扩大监听范围和实施监听程序的"合理化、效率化"方式，或者说能否引入会话

[1] 三島・前掲「人権侵害の精神はどこに」22頁参照。

监听制度所作的根本性探讨，其专心致力于通讯监听制度改革的态度是令人怀疑的。

（二）监听会话与《宪法》第35条

监听会话的违宪性比监听通讯更为明确。这是因为在监听通讯的情况下，监听对象以特定通讯设备上捕捉到的通讯为对象，仅在通讯时间段内被监听。而在监听会话的情况下，监听对象不受时间段和设备的限制，在一定的地点、会话24小时不间断地被监听。监听会话的情况不可避免地与《宪法》第35条的特定性要求相抵触，强烈侵犯了隐私权，因而很难说具有宪法上的正当性。

在第15届特别委员会上，委员酒卷发言认为监听会话与监听通讯的不同之处“恐怕在于收集的可能的信息范围呈压倒性地扩展”，“如何将信息范围限定在侦查犯罪必要的最低限度内，应该是制定法律时的一个重要的观点”（第15届特别委员会记录，第22页）。委员井上针对监听会话的情况也指出，“被监听的会话更为机密，也更为敏感……并且可以一天24小时对家中的动静进行监视”，“侵犯隐私权的程度很高，虽然从理论上说与监听通讯基本上没有区别，但根据侵权的性质和程度的区别，应当进行适当的限制”（第15届特别委员会记录，第22页）。委员后藤也认为，“从监听通讯和监听会话对隐私权的介入状态来看，性质差别很大”，监听会话与监听通讯不同，“具有能进入非常私人的内心领域的性质”（第15届特别委员会记录，第21页）。虽然这些委员对监听会话侵犯权利的理解所作发言似乎大体上一致，但关于是否对监听会话进行立法，他们立场迥异。委员酒卷认为，“如果可以把大部分与犯罪相关的会话限制在预先知道的地方，就算从《宪法》第35条来看，也可以明确限定特定的监听对象”（第15届特别委员会记录，第20页以后）。委员井上认为，“从理论上讲，它与监听通讯基本相同”。委员后藤针对这两个均未否定会话监听立法的观点进行了批评，认为监听会话的立法“必须非常慎重”，还批判委员酒卷的观点，提出“真的存在只会发生与犯罪相关的会话场所吗?”“只要有人在，就有各种各样的日常对话，对此进行有限制的监听真的可能吗?”暗示了其否定的立场（第15届特别委员会记录，第22页）。从井上的发言可以看出，他以监听通讯的合宪性为前提，认为通过类推可以实现监听会话的合宪性。委员后藤则认为即使监听通讯具有合宪性，但恐怕很难认定监听会话具有合宪性。无论如何，必须要对会话的监听进行与监听通讯一样的合宪性讨论。

遗憾的是，围绕监听会话进行的合宪性讨论，由于“时间原因”没能继续深入。强烈要求特别委员会在监听通讯中彻底践行宪法论（《宪法》第35条观点）。

（三）是否需要“进入”令状与见证

关于实施监听会话时是否需要见证人，《研究（1）》研究的问题是：必须有见证人还是可以用技术手段代替?

第一作业分科会第4届会议对此有若干讨论。干事川出发表见解认为，放入监听设备以后，实施监听时是否必须有见证人在场（如果需要，则是地方政府工作人员在场）的问题，与监听通讯的情况不同，为了检查是否正在监听对象场所的会话，因此见证人很有必要（第4届会议记录，第19页以后）。对于委员后藤所暗示的必须提供固有的令状，以进入对象场所设置监听设备（第4届会议记录，第19页），干事川出认为监听会话中的进入作为一种“随附”措施，本身就“被包含在权限”中，同时类推为强制采集尿液而强行带走的情况，有必要对进入现场进行司法审查，因此令状的必要性不言而喻（第4届会议记录，第20页）。委员高桥从法院的立场对此也表示赞同。

从令状主义宗旨的角度看，为了监听会话而进入场所设置监听设备与监听会话一样都是强制措施，伴随侵犯个别权利的可能，因此申请固有的令状是必要的。如果说不需要申请令状，就等同于允许仅用扣押令进行搜查和扣押的理论，这违反了《宪法》第35条规定的个别令状的要求。不仅如此，如果不需要令状，在设置监听设备时既无须出示令状，也无须见证人在场，那么在没有第三方检查的情况下会发生与搜查类似的强制性措施。这样一来令状主义的人权保护机能会弱化。另外，在监听时能否用技术手段代替见证人这一问题同样适用于监听通讯的情况。

四、监听通讯实施程序的合理化和令状主义

（一）见证

如上所述，《研究（1）》提出“见证人在场、在监听的记录硬盘上贴封条等保障正当程序的合理化手段”和“为进行该当性判断，进行合理化监听”。概括而言，其目的是消除现行通信监听制度下不

便实施监听的问题，使之变得合理、高效，但这都不仅是技术性的问题，也是在宪法视域下需要研究的问题，即应该如何理解《宪法》第35条令状主义的覆盖范围。

这些具体的"合理化"措施虽然被提案，但废除了一直以来通讯经营者在场的情况下核查令状的行为，作为代替制度，用机械性技术性措施以取代在场核查功能。该提案的前提恐怕是以下解释，即将《宪法》第35条规定的要求理解为法官事先审查令状的要求，将出示令状与核查见证人理解为《宪法》第31条正当程序的政策性要求。对这一点，干事川出在第15届特别委员会上指出，"通讯经营者在场本身并非宪法要求，《通讯监听法》从确保监听通讯的正当性角度出发，认为这很有必要"，"如果替代措施可以保证正当性的话，便不需要见证人"。在此基础上，因核查见证人仅是"核查监听外在形式的一部分"，所以可以通过"酝酿中的制度概要"中阐述的机械性、制度性措施来应对（*第15届特别委员会记录，第14页以后*）。但《宪法》第35条的令状主义不仅要求法官进行事先审查，还要求基于令状这一判决书来执行，如果基于通过事前限制和事后限制来实现对强制处分的司法抑制这一观点，会将《宪法》第35条必不可少的要求理解为向接受处分的人或其替代者出示令状和保障在场权，进而得出上述合宪性理论不能成立的结论。正如宪法学所主张的那样〔1〕，《宪法》第35条的规定立足于宪法解释，保障包括向见证人出示令状在内的"程序保障请求权"〔2〕。鉴于制定《通讯

〔1〕 奥平康弘『憲法Ⅲ』（有斐閣、1993年）298頁参照。
〔2〕 小田中・村井・川崎・白取・前掲『盗聴立法批判』147頁［川崎英明筆］参照。

监听法》时对宪法问题的讨论是必要的原则性讨论，于是监听会话的实施程序问题成为新的讨论焦点，《研究（1）》中提出的构想“通信、会话监听”新制度的问题也成为了无法回避的讨论焦点。

从本质论来看，“合理化”提案认为将机械性、技术性措施的可信性作为前提，能实现防止不正当行为的功能，建议全权委托侦查机关实施监听。那么，实施监听的过程就成了没有第三方监视的完全的秘密处分。对于该问题，《研究（1）》提议通过机械性、技术性措施进行事后核查来代替在场见证，不失为好的举措。但正如干事小坂井反复指出的那样，“在没有第三方核查的情况下，把可能造成严重侵权的处分权委托给侦查机关，这一做法的益处还不足以得到国民的信赖”（第11届特别委员会记录，第10页）。对照推动本次刑事司法改革的初衷，可以看出这一观点的正确性。话说回来，即使事后核查是可能的，也不能成为排除第三方同时在场监视的理由。因此，宪法的令状主义要求通过见证和出示令状来进行核查，对于严重侵权的处分行为，最好采取防止不正当行为的多重措施，这才应当是健全的决策性判断。

（二）定点监听和全面性“监听”

如上所述，作为“为进行该当性判断，进行合理化监听”的措施，《研究（1）》提出在“一旦记录所有通讯”后，“用事后进行定点监听的方法，进行必要的最低限度的监听”。但这项提案不对通讯进行个别关联性的核查而允许全部“扣押”，不可避免地与《宪法》第35条的特定性要求相抵触。关于这一点，干事宇藤发表言论认为，

"与犯罪相关的会话发生通讯线路中的可能性非常高，以此为前提可以进行监听。在这个意义上，拿走一次性记录的全委员会话，就算无法确定，至少可以在适当的地方彻底调查监听对象犯罪关联性高的会话"。作为"可能出现的通常侦查、扣押的情况"，"对照目前的判例……恐怕也没有问题"（第15届特别委员会记录，第15页以后）。"目前的判例"应该是1998年（平成10年）5月1日的最高法院判决（《刑事判例集》第52卷第4号，第275页），这一发言主张扩大解释"目前的判例"的覆盖范围，让全面性扣押变得合法[1]。《通讯监听法》之所以采用定点监听方式，是根据监听这一处分措施的特征，即一旦听完，也就结束了权利侵害，因此，这是为了实现监听通讯合宪性的呕心沥血的产物。像干事宇藤认可的"一次记录所有"会话的观点并不能达到《宪法》第35条的特定性要求。因此，这里也需要充分考虑制定《通讯监听法》时有关宪法的讨论。

五、刑事诉讼法学的未来

松尾浩也教授曾以精密司法论为前提，围绕刑事司法制度的未来阐述了反向调和论，主张根据保障人权和当事人主义诉讼的发展，使得引入的卧底侦查、监听、刑事免责等"程序上的杂质"或"反改革"制度变得正当化。在特别委员会上，松尾浩也教授作为会议相关领导也表达了同样的观点（第20届特别委员会记录，第28页）。已故田宫裕博士也主张，在当下"改革的时代"，刑事司法必须在应对"实现近代法律的原理"（正当程序化）问题的同时，还

〔1〕 緑大輔「証拠取集のための新たな手段」法律時報85巻8号26頁参照。

要根据该问题的发展情况，去应对为打击有组织犯罪而产生的“犯罪斗争现代化”的问题〔1〕。特别委员会描绘的“新时代刑事司法制度”画像与反向调和论和二重课题论设想的刑事司法画像是相似的。

但正如松尾浩也教授和已故田宫裕博士指出的那样，反向调和论和二重课题论的首要目标是推动人权保障和当事人主义诉讼的发展，即“实现近代法律的原理”。与此相对，特别委员会搁置了对讯问采用录音录像等情形的正当程序化讨论，主要讨论了扩大监听的范围等“犯罪斗争的现代化”手段或“程序上的杂质”，甚至思考了如何创设并推动“反改革”制度发挥作用。一方面，这是因为对本次改革初衷的讨论产生了不同意见，即讯问全程可视化和扩展证据开示制度的问题；另一方面，可以看到通讯、会话监听制度这样的制度改革和创设新制度的进展。从特别委员会和作业分科会上一部分学者委员和干事的发言可以看出，他们也倾向于肯定和推动这样的发展。小田中聪树教授曾经对二重课题论和反向调和论中“宪法性思考的倒退”这一潜在理论性因素表明了担忧〔2〕，这份担忧与特别委员会和作业分科会上一部分学者委员和干事的态度相一致。这意味着，特别委员会围绕“新时代刑事司法制度”展开的批判性研究工作，应该仅是对今后刑事诉讼法学未来的研究。

［补记］本文于 2013 年 9 月完稿，并未体现此后特别委员会和

---

〔1〕 逆説的調和論と二重の課題論の意義と問題点について、拙稿「刑事訴訟法の半世紀と展望」村井敏邦他『刑事司法改革と刑事訴訟法・上巻』（日本評論社、2007 年）20 頁以下（本書序章 I）参照。

〔2〕 小田中・前掲『刑事訴訟法の変動と憲法的思考』359 頁以下参照。

作业分科会上讨论的进展，对此，期待改日探讨。

第四节 修订《通讯监听法》的经过

本文紧跟《“鼎谈”通讯、会话监听》（川崎英明・三島聡編『刑事司法改革とは何か』［現代人文社、2014 年］96 頁以下所取。以下简称“鼎谈”）发表后召开的法制审议会特别委员会和第 1 届作业分科会的讨论进展，对 2014 年 4 月 30 日第 26 届特别委员会上提出的《试行方案》中构想的“通讯、会话监听”制度的诸多问题，拟依据“鼎谈”（译者注：指三人对谈）进行探讨。

一、特别委员会的审议进展

（一）审议经过

2013 年 9 月 29 日举办了“鼎谈”。当时正处于特别委员会的审议阶段，经过第 20 届会议对《研究（1）》的讨论，第一作业分科会的研究工作进入了第二阶段。

此后，第一作业分科会在第 7 届、第 8 届分科会议上对“通讯、会话监听”进行了研究，同年 11 月 7 日在第 21 届特别委员会上汇报了《研究（2）》。第一作业分科会接受了特别委员会的审议，进而在第 9 届分科会上对“通讯、会话监听”进行了再次研究，在 2014 年 2 月 14 日第 23 届特别委员会上，汇报了最终研究结果《草案》，此后为形成最终方案，以特别委员会作为舞台不断进行讨论。

特别委员会经过第23届至第25届会议的审议，委托事务局制定了《试行方案》这一最终方案。接着，在同年4月30日第26届特别委员会上，事务局提出了《试行方案》。最终方案预计在2014年7月末被特别委员会通过。

（二）审议的争论点和进展

接受了特别委员会对《研究（1）》的审议，在第一作业分科会的第7届、第8届会议上，杀人、拘留、非法拘禁、抢夺、拐骗、盗窃、抢劫、诈骗、敲诈勒索等各种犯罪类型作为监听通讯的对象犯罪被提出。围绕能否将组织性作为这些对象犯罪的监听要件，产生了两种对立观点。消极论认为难以阐明犯罪实际行为中具体的职能分工，积极论认为对照扩大对象犯罪范围的宗旨，应当在《有组织犯罪处罚法》中加入同样的组织性要件。对于“见证人在场、在监听的记录硬盘上贴封条等保障正当程序的合理化手段”，围绕制作、管理通信加密、解密程序的“钥匙”是由法院掌握还是侦查机关掌握，以及实施监听通讯时要有第三方机关见证的提案，均产生了对立的观点。围绕监听会话也是如此，对于构成要件，一方认为紧急性要件其实无关紧要，另一方则认为限制监听会话所设想的三种运用情况会使设置监听要件变得困难。此外，关于监听时的在场见证，一方认为会话当事人以外的第三方不在场见证的话，无法充分保证监听的正当性；另一方认为用与监听通讯相同的机械设备足够保证监听的正当性，无须第三方见证。关于允许设置监听设备的令状，有人认为只需在监听会话令状中附带提一下便足够了。

不过，第一作业分科会的讨论并未演变成激烈的论争。因此作业分科会向特别委员会提交的第2份研究结果报告（《研究（2）》）与《研究（1）》相同，继续研究扩大监听的对象犯罪范围是否正确和组织性要件是否正确这些问题。在“程序的合理化”与“为进行该当性判断，进行合理化监听”问题上，制度方案、研究问题与《研究（1）》并无本质差异。关于监听会话也是如此。

第21届特别委员会听取了《研究（2）》报告，产生了对扩大监听通讯的对象犯罪范围的批判意见。关于监听要件，法院的有关委员表示，如果扩大犯罪对象的范围是为了打击汇款诈骗等组织性犯罪，就应当设定“多个自然人根据命令指挥系统，遵照预先设定的角色分工统一行动”这样的组织性要件。之前学者委员提出的要件，即由同一人或同一团体继续反复实施同样的犯罪行为，该提案比起来更加明确要件的组织性特征。对此，警方的有关委员表达了反对观点，认为由于需要组织性要件，现行《通讯监听法》不便于实施。因此，从解决因可视化带来的讯问困难的角度出发，有必要让收集实物证据的方法变得简单。

接受了特别委员会的这些讨论，在第9届作业分科会上，围绕组织性要件的利弊和要件内容进行了观点的对答。组织性要件反对论认为难以阐明组织性要件，虽然组织性可能是法定刑的加重理由，但作为监听要件的话，性质并不相同，主张用共谋要件和补充性要件可以防止监听范围的无限扩大。与之相反，反对观点认为，从扩大监听通讯范围的立法动机来看，组织性要件是合理的，因为组织性要件不能被共同正犯要件涵盖，有必要用组织性要件来防止监听范围的无限扩大，阐明它也是充分可能的。在围绕组织性要件的讨论中，尤其需要注意的是法院的相关委员、干事和一部分学者委员主张了组织性要件必要论。

此外，在第一作业分科会上，有观点认为，关于监听通讯的对象犯罪，《研究（2）》中作为“其他重大犯罪”列举的犯罪应限于与暴力团伙相关的犯罪，并且有观点认为不应加上与儿童色情制品相关的犯罪。关于“程序的合理化”，出现了为保证监听装置的正当化运行而需要第三方机构认证这样的意见，还出现了应将通讯加密、解密的“钥匙”的制作和管理权委托给法庭与法庭不适合承担该职责这样的对立意见。此外关于监听会话，有观点认为设置监听设备时不需要第三方见证，用拍照等其他手段也可以代替。

经过以上讨论，第23届特别委员会提出的《草案》中，形成了对迄今为止的提案进行一定整理的制度方案。

1. 关于扩大监听通讯适用的对象犯罪范围。把7种刑法犯罪（对有人的建筑物放火，杀人，故意伤害，拘留、非法拘禁，抢夺、拐骗，盗窃、抢劫，诈骗、敲诈勒索等犯罪）、使用爆炸物及其未遂犯罪（违反《取缔爆炸物惩罚规定》第1条、第2条），以及《有组织犯罪处罚法》中的隐瞒犯罪所得收益罪等作为对象犯罪。对这些犯罪，一并记载为附加组织性要件（为将监听通讯的对象限定为有一定组织性犯罪的要件）的A案和不附加组织性要件的B案。对是否将以有组织为背景的犯罪（儿童色情制品相关犯罪、放高利贷相关犯罪、贩卖人口相关犯罪）、暴力团体相关犯罪（逼迫、破坏生产经营罪等、赌博相关犯罪）、恐怖主义相关犯罪、其他犯罪（违反

《防止非法入侵法》犯罪等）作为研究问题。

2. 关于“程序的合理化”。拟维持原来的法案，利用通讯经营者等的设备对监听对象的通讯进行加密和传输，再通过侦查机关的有自动记录等功能的专用设备接收通讯、进行解密。（通讯经营者不在场的情况下——追记）实施监听，即在记录媒介上对监听的通讯自动加密和记录的措施。关于制作加密、解密所必需的“钥匙”，是由法院人员还是由侦查机关负责的两种提案也一并被记录。在该措施下，采用实施监听后一次性向法院送达记录媒介的方式，且自《研究（1）》公布后，该措施没有变更过。

3. 关于“监听的合理化”。在侦查机关的设备上进行监听的情况下，记录监听对象的全部通信后，通过事后定点监听使进行该当性判断变为可能，因此不需要通讯经营者见证和在监听的记录硬盘上贴封条。

4. 关于监听会话的对象犯罪。会话监听的对象有以下几种：（1）汇款诈骗据点的办事处（对象犯罪是诈骗、敲诈勒索）；（2）冲突对抗中的暴力团体事务所（对象犯罪是杀人、枪支相关犯罪）；（3）实施跟踪监控的货物（对象犯罪为药物相关犯罪、枪支相关犯罪）。令状交付要件有三，即对上述三种情况的合理怀疑、符合犯罪的充分嫌疑及其补充性。紧急性要件的利弊也成为研究的问题。

5. 关于为设置或拆除监听设备而进入监听场所。在发布令状时需要取得法官的许可（是否需要监听令状以外的其他令状成为研究的问题），（1）和（2）的监听期间为10天，（3）的监听期间为数日，安装设备时需要向管理者出示令状与寻求其在场见证，在实施监听时则无须在场见证。关于是否需要监听一并记录在两个方案中。此外，要求在监听后将记录媒介一并送达法院，并事后告知管理者实施了监听。

第24届特别委员会上审议了《草案》，对于扩大监听通讯的对象犯罪范围，将监听范围扩展到盗窃、故意伤害这样的一般性犯罪。有识之士委员对此提出疑问，担心是否会造成监视全社会的情况。会议相继产生观点认为，应该将监听范围限制在暴力团体相关犯罪，批判了将范围扩大到一般性犯罪。法院的相关委员重新提出要将组织性要件记载为监听要件。对此，警方的相关委员重复提出反对意见，认为这样等同于束缚了侦查机关的手足，具有共谋要件和补充性要件便足够了，一部分学者委员赞同了此观点。关于监听会话，有学者委员持保留意见认为，监听会话比监听通讯侵犯权利的程度更高，但由于其与监听通讯有相同的本质特征，故对其进行限制是可能的。

回顾到现在的审议过程中围绕作业分科会形成的最终意见《草案》的讨论，可以看出在没有组织性要件的情况下扩大监听通讯的对象犯罪范围会变得困难，关于能否引入会话监听制度也变得不确定。但并不能说对包含合宪性与立法事实等“通讯、会话监听”问题的讨论已经足够深入。在这种情况下，特别委员会委托事务局拟定了《试行方案》以制定最终报告。

二、《事务局试行方案》的基本特征

（一）取消会话监听制度

经历了以上过程，第26届特别委员会提出的《试行方案》的第一特征是取消了从“基本构想”到《草案》以来一直维持的引入会话监听制度的构想。这恐怕是因为考虑到特别委员会内外强烈的批判所作的政策性判断的结果，在监听会话的情况下会比监听通讯更难事先确定目标对象的会话，其具有强烈的权利侵害性。在笔者看来，很难找到监听会话的合宪性依据，从这个意义上看，这是一个明智的判断（なお、拙稿「通信・会話の傍受［盗聴］」犯罪と刑罰23号159頁以下［本章Ⅲ］参照)。

（二）组织性要件

关于扩大监听通讯的对象犯罪范围，提出要将组织性要件变为监听要件。换言之，是“足以怀疑该犯罪是由按照预先定好的角色分工去行动的人组成的团体实施的情况”这样的要件。如前所述，关于组织性要件，警方的相关委员和一部分学者委员主张反对论，法院的相关委员、律师委员和一部分学者委员主张必要论，可以看到这两种观点的对抗。这里面可能考虑了有识之士委员的观点，即担心无限扩大监听通讯的范围，故形成了这一政策性判断的结果，笔者认为增加组织性要件是明智的判断。最重要的是，该组织性要件应该是依照了《有组织犯罪处罚法》第2条对“组织”的定义，但并未以存在“命令指挥”和犯罪行为的“反复”作为要件，因此有必要进一步缩小组织性要件的范畴。不仅如此，尽管加入了组织性要件，监听通讯的对象犯罪比现行法的范围扩大了很多。如果还记得的话，在制定《通讯监听法》的过程中，《试行方案》中加入了监听的各种类型的对象犯罪，包括放火、杀人、拘留、非法拘禁、抢夺、拐骗等刑法犯罪和使用爆炸物（《取缔爆炸物惩罚规定》第1条、第2条）的各种犯罪。《通讯监听法》一开始的法务省方案（1996年11月1日法务省刑事局《关于为打击组织性犯罪的刑事法整顿要点的事务局参考试行方案》）和法制审议会刑法委员会方案（1997年7月18日《为打击组织性犯罪的刑事法整顿要点》）中起初把这些对象犯罪作为监听对象，但遭到了国民强烈的批判，因此在国会审议过程中被删除。结果监听通讯的对象犯罪被限制成了现在的四种类型。考虑到该过程，本次《试行方案》把《通讯监听法》列到监听对象外的对象犯罪恢复至监听范围，在此基础上将制定《通讯监听法》时没有设想到的盗窃、抢劫、故意伤害等日常性犯罪，纳入了新《通讯监听法》的对象犯罪中。正如《鼎谈》所指出的那样，对照截至目前《通讯监听法》的实际运用情况，让人非常担忧的是，将这些日常性犯罪作为监听对象，恐怕会极大地扩大通讯的捕获范围，将与犯罪无关的日常生活通讯也加入其中。这样一来，市民的自由领域一定会被压缩。

（三）存在的问题

在“程序的合理化”和“监听的合理化”问题上，除了将制作“钥匙”委托给法院人员以外，《试行方案》与《基本构想》公布以后产生的制度方案并无差异。监听通讯的一个本质危险性虽然是秘密处分性，但如果实现了《试行方案》所构想的“程序的合理化”及“监听的合理化”，监听的实施过程就会完全变为秘密领域，而无法进入侦查机关以外的外部监督视野。这与本次为建立“新时代刑事司法制度”的刑事司法改革初衷，即可视化、透明化的要求相反。在特别委员会上，正如干事小坂井久反复指出的那样，在外部监督视野无法进入的秘密空间中，将可能严重侵犯隐私权的监听通讯行为委托给尚未恢复人民完全信赖的侦查机关是根本问题。该问题在今后包括国会审议在内的讨论中，必须从国民的角度做充分研究。

如此看来，《试行方案》在违宪嫌疑浓厚的《通讯监听法》的框架上，大幅度地扩大了监听通讯的对象犯罪范围，进一步与增强秘密处分性的制度“改革”相重合，急剧强化了监听通讯的权利侵害性，因此不得不说这是一个反宪法性的制度构想。即使放弃引入会话监听制度，增加组织性要件，也无法改变《试行方案》存在的本质问题。

[补记] 本文是在2014年4月30日（第26届会议）《事务当局试行方案》公开发表的时候动笔的。关于通信、会话监听，7月9日第30届会议上通过的包含《法制整顿要点》的《关于构筑新刑事司法制度的调查审议结果报告》，与《试行方案》的制度构想并无太大区别。将违反《出资法》的犯罪从监听通讯的对象犯罪中去除后，监听会话的研究作为“今后的课题”只停留在写明的区别上，其本质上存在的问题依然没有改变。

终章　刑事诉讼法学课题

解　　题

经过一系列刑事司法改革，现行《刑事诉讼法》（1948 年颁布）正发生重大变迁。如前所述，《平成刑事诉讼法》（继明治、大正、昭和时期的《刑事诉讼法》）的出台是《刑事诉讼法》时代变迁的见证。那么，在《刑事诉讼法》变迁的同时，现代刑事诉讼法学应如何在理论上展望刑事司法的根本变革之路呢？本章基于“二战”后刑事诉讼法学的研究成果和刑事司法改革的问题现状，以现代刑事诉讼法学应当如何进行研究为课题，作为全书的终结篇章。

第一节为刑事司法改革和刑事诉讼法学（原题为《刑事訴訟法学の課題と展望》。初见川崎英明、白取祐司《刑事訴訟法理論の探究》，日本评论社 2015 年版）以刑事诉讼法学面临的标榜构建“新时代刑事司法制度”的刑事司法改革（第三章已探讨）为着眼点，就《刑事诉讼法》变迁下现代刑事诉讼法学的未来发展问题进行总体研究。本书认为，刑事司法的改革课题依然面临着对依赖纠问式侦查的书面审判进行结构性改革的历史任务。因此，现代刑事诉讼法学的理论课题应在战后刑事诉讼法学“当事人主义论”的基础上，构建“宪法性刑事诉讼法理论”，即“以刑事辩护为主导的防御权理论”。

第二节“宪法性刑事程序和刑事诉讼法学”拟通过与宪法学对话，以确认宪法性刑事诉讼法理论在理论上的可行性（本论文原载《法律時報》第81卷，第5号，2009年版的特集《憲法学に問う》，以《憲法的刑事手続と憲法学への期待》为题刊登。针对此篇拙稿，宪法学界的爱敬浩二撰写了《憲法的刑事手続と憲法学の課題》予以回应）。也就是将“以无罪推定原则为根本，以《宪法》第34条规定的有权接受辩护人援助作为犯罪嫌疑人、被告人防御权的基础，把控辩式侦查观和审判中心主义作为结构原理的刑事程序”上升为宪法性刑事程序。

第三节为刑事辩护自由和会见权（同原题。初见小田中聪树先生古稀祝贺论文集《民主主義法学・刑事法学の展望》，日本评论社，2005年版）被认为是宪法性刑事诉讼法理论的分论。本节探讨了在近阶段的刑事司法改革争议中较为活跃的关于刑事辩护规则的正当辩护理论，并以《宪法》第34条规定的“保障会见权的私密性”和“刑事辩护人作为法律专业人士的裁量性判断（专家裁量论）”为基础，对刑事辩护中不可或缺（刑事辩护的基础）的保障辩护自由理论予以展开，该理论也是宪法性刑事诉讼法理论的核心。保障刑事辩护自由被视为“新时代刑事司法制度”下的重要观点。关于这点，村岡启一在《〈平成刑事诉讼法〉下的刑事辩护》（美奈川成章先生、上田国广先生古稀祝贺纪念文集《刑事弁護の原理と实践》，现代人文社，2016 年版，第 51 页以后）中提到了在“修正当事人主义”下作为“国家宿敌”的刑事辩护人形象问题，极具启发意义。

第一节　刑事司法改革和刑事诉讼法学

一、刑事诉讼法学之问

（一）“新时代刑事司法制度”和刑事诉讼法学

2014 年 7 月 9 日，法制审议会“新时代刑事司法制度”特别委员会通过了包含立法纲要的最终汇总（以下简称《纲要》），同年 9 月 18 日，法制审议会总会通过了此《纲要》。本次司法改革的直接契机是厚生劳动省不正当邮政案（村木案）的无罪判决（2010 年 9 月 10 日大阪地方法院判决）和与该案件相关的大阪地方检察院特搜部检事篡改证据案。以此为教训，此次根本改革的着眼点就在于改革讯问录音录像制度（以下简称可视化）和证据开示制度〔1〕。

作为特别委员会的有识之士委员，村木厚子和周防正行在审议过程中强烈主张所有案件实行全程可视化和全面证据开示。但《纲要》通过缩小适用对象案件的范围来限制可视化，同时证据开示（附加限制）也浅止于公开检察官在案证据一览表等现行制度改革。笔者认为，村木委员和周防委员等有识之士的意见只被部分采纳，

〔1〕今回の刑事司法改革の経緯と内容、この問題点につき、川崎英明・三島聡『刑事司法改革とは何か』（現代人文社、2014 ）参照。

刑事司法改革之所以止步于修正性变革，很大原因在于特别委员会中的警察、检察代表委员、干事和一部分学者委员的消极态度。虽然律师委员、干事和后藤昭委员（学者委员）与村木委员、周防委员意见一致，但后二者的主张依然仅有部分被《纲要》所采纳。关于证据开示制度，在第11届特别委员会中，针对周防委员提出的全面开示证据的主张，部分学者委员以当事人主义的诉讼结构为依据提出反对意见。在第15届特别委员会中，针对提出有必要实行全面证据开示的周防委员，有部分学者委员主张停止审前证据开示制度的改革。此后，村木回顾特别委员会讨论时称，“特别委员会的讨论……内容有难度……专家和市民在感觉上产生的多处分歧也让人意想不到”[1]。在特别委员会的审议过程中，不仅警察、检察代表，就连一部分学者委员也以“与市民感觉相左”的“专家”自居。2014年3月7日第25届特别委员会上，这种与“专家”相左的“市民感觉”被具化为刑事司法改革构想，五位有识之士委员提出的全案全程可视化的阶段性实施提案也被视为“总结性意见”。这种在刑事司法改革中被具体化的“市民感觉”，无论是在理论还是实践中都具有充分的正当性和说服力。如果是这样，专家、学者委员对这种市民性的刑事司法改革构想，就不应以法律论、制度论为由采取否定态度，而应当以积极姿态提供打破法律和制度壁垒的法律论和制度论。从这个意义上讲，刑事诉讼法专家对此进行批评是有理由的，他们认为在特别委员会上，“法律专家委员面对有识之士委员的

〔1〕 村木厚子『法制審新時代の刑事司法制度特別部会の議論に参加して』法律時報86卷10号10頁。

态度，要打一个大大的问号”[1]。

回顾1990年代的后半期，法制审议会刑法委员会在审议遭受社会各界强烈批判的《通讯监听法》（犯罪侦查中通信监听的相关法律）过程中，学者委员发挥了重要作用。关于这点，小田中聪树在2001年的论文《现代治安政策和窃听法》[2]中，对于学者委员（部分学者委员除外）在刑法委员会审议《通讯监听法》的过程中没有表露出批判态度这一问题，认为“刑事法在本质上存在侵犯人权、压抑社会的危险，因此特别需要考虑扩大适用、滥用刑事法可能带来的危险。为了最大限度地降低风险，应当秉持学术良知、明确学者委员的存在意义，对于法务机关、检察机关提出的立法构想应秉持批判的态度”。这也是对学者委员在刑事立法过程中迎合权力的态度的严厉批判。在这次刑事司法改革审议的特别委员会上，部分学者所持的前述“与市民感觉相左”的态度，恰恰与刑事司法改革所要求的强化犯罪嫌疑人、被告人防御权的态度相对立。这与曾站在法务机关、检察机关立场“维护、论证监听立法的正当性、必要性”的部分学者委员所持有的“无批判态度”是一致的。

毋庸置疑，《刑事诉讼法》使公民权利、自由（防御权）与国家刑罚权（侦查、追诉权）尖锐对立，因此前者经常有被侵害的风险。正因如此，刑事诉讼法学通常会面临针对其本质论的严厉拷问，如“刑事诉讼法到底是为了谁而存在”。若对该问题没有明确态度，刑事诉讼法学就容易成为追随、迎合权力之学。“二战”后的刑事诉

---

〔1〕 白取祐司『法制審議会特別部会は課題に答えたか』法律時報86巻10号9頁。

〔2〕 奥平康弘・小田中聰樹監修『盗聴法の総合的研究』（日本評論社，2001年）21頁以下（後に小田中聰樹『刑事訴訟法の変動と憲法的思考』日本評論社、2006年所収）。

讼法学正是在直面上述问题，重新审视自己的学术态度后形成的。至于贯彻程度，取决于各刑事诉讼法学理论。战后刑事诉讼法学被认为是“当事人主义论（或正当程序论）”的发展过程，可以说基本上保持了这样的态度[1]。概括而言，当事人主义论是在无辜者不予处罚的理念下，以强化犯罪嫌疑人、被告人防御权为基础，旨在抑制侦查、追诉职能的刑事诉讼法理论（思想）。

从这个角度讲，特别委员会以“市民感觉”为基础提出的上述国民性刑事司法改革构想与刑事诉讼法学中的当事人主义论是一致的。因此，在特别委员会上就刑事司法改革进行讨论时，部分委员提出“与市民感觉相左”的相关问题时，应该视为对刑事诉讼法学未来发展的探究。在《通讯监听法》审议过程中，小田中曾提出了刑事诉讼法学未来发展的相关问题，此后历经20年，正值“新时代刑事司法制度”构建之际，强烈寻求刑事司法改革的市民对刑事诉讼法学的发展提出了严重质疑。让人疑惑的是，“新时代刑事司法制度”的构建忽视了改革的初衷[2]，刑事诉讼法学过于强化侦查权和起诉权，对防御权的强化却采取消极阻碍态度。

（二）刑事诉讼法理论和实践

从刑事诉讼法理论和实践角度来看，也存在同样的问题。

1970年代，实务学家曾指出刑事诉讼法存在理论和实践相背离的现象，特别是检察实务工作者对刑事诉讼法理论提出了严厉批

---

〔1〕 拙稿『刑事訴訟法の半世紀と展望』村井敏邦・川崎英明・白取祐司『刑事司法改革と刑事訴訟法・上』（日本評論社、2007年）1頁以下（本書序章I）参照。

〔2〕 川崎・三島編・前掲『刑事司法改革とは何か』参照。

判[1]。这种批判是否切中要害尚且存疑，但最近，诸如此类的批判却越来越少了，这也许反映了上述刑事诉讼法学的现状。关于这点，后藤昭认为，“与实务、判例发生正面冲突相比，理论更倾向于对运用逐步提出改进建议”。在此基础上，他指出，“理论，说得好听是灵活，说得不好听就是妥协”。[2] 基于同样的认识，多数法学院校的刑事诉讼法研究者在法律教育中切身感受到刑事诉讼法理论和实践关系的变化，开始探索理论和实践的理想模式[3]。最近，刑事诉讼法理论和实务关系的变化，也许就是理论对实践的遵循融合。问题在于如何认识和评价近来刑事诉讼法理论和实务的关系以及二者之间的应有关系。

关于这点，酒卷匡指出，刑事诉讼法理论是“在国家刑罚权力的发展过程中，以保障人权和社会治理为目标”，将“行使公权力进行最终判决的法院的语言技术予以统一”而制定的。作为“实用法学”的刑事诉讼法学应当围绕“提炼”《刑事诉讼法》理论而展开，即构筑《刑事诉讼法》“基本蓝图”的“构成原理、制度宗旨、政策目的相关讨论”。若漫无目的地追求诉讼制度的本质和法律属性，理论就变得毫无意义[4]。

毫无疑问，刑事诉讼法学应当将“指导、制约”审判实务视为

---

〔1〕 伊藤栄樹『これからの刑事法学に望むこと』ジュリスト665 号 292 頁、河上和雄『実務家からみた日本の法学教育』ジュリスト700 号 28 頁など参照。なお、三井誠『刑事訴訟法における実務と学説』ジュリスト756 号 100 頁以下参照。

〔2〕 後藤昭『刑事訴訟における学説と実務』法学教室 280 号 22 頁。

〔3〕 守屋克彦『刑事訴訟法における学説と実務』法学セミナー 711 号 70 頁以下参照。なお、白取祐司『刑事訴訟法の理論と実務』（日本評論社、2012 年）4 頁以下参照。

〔4〕 酒巻匡『刑事訴訟法理論の現代的意義』井上正仁・酒巻匡編『刑事訴訟法の争点』（有斐閣、2013 年）4 頁以下参照。

其基本领域。问题在于“制约、指导”的方法，即“制约、指导”的方向性是什么。如前所述，刑事诉讼法学是刑罚权力（侦查、追诉职能）和公民权（犯罪嫌疑人、被告人的防御权）尖锐对立的法律学科，若忽略作为刑事诉讼法本质论的人权论（宪法论），刑事诉讼法“理论”就无法立足。如果刑事诉讼法忽视人权论，作为刑事诉讼法“理论”学科的刑事诉讼法学就有可能堕落为以牺牲防御权（刑事程序中的人权）从而片面地追求刑罚权（侦查、追诉职能）效率的权力之学。从这个意义上讲，刑事诉讼法理论虽然“以保障基本人权和社会治理为目标”，“对法院的语言技术予以统一”，且以“精炼”理论为研究课题，但由于《刑事诉讼法》的本质导致“保障基本人权”和“社会治理”两者间的矛盾、冲突，因此若不明确此类情况下的“制约、指导”方向，就会欠缺思考理论正当性和“精炼”度的基础。这与此前法律解释正当性争论的焦点相关〔1〕，因此有必要在了解法律解释争论的同时，研究刑事诉讼法学的解释方法论。之所以这么说，是因为在“新时代刑事司法制度”的审议过程中，“与市民感觉的差异”成为了刑事诉讼法学的“改革”姿态，即提炼“以保障基本人权和社会治理为目标”的理论。

虽不属于刑事诉讼法领域，前最高法院法官藤田宙靖在最近发表的有关理论和审判实务关系的论文中〔2〕阐述的观点和酒卷的观点应该是一致的。

藤田以“法律解释学对最高法院的判断形成来说有何意义”列

---

〔1〕 渡辺洋三『法解釈学と法社会学』(岩波書店，1971 年)、長谷川正安編『法学文献選集 1 法学の方法』(学陽書房，1972 年) 121 頁以下など参照。

〔2〕 藤田宙靖『法解釈学説と最高裁の判断形成』東北ローレビュー第 1 巻 1 頁以下。

为问题，认为“对法官而言最重要的是‘以最合适的方式解决眼前存在的具体纠纷’”，因此“对法官形成判断有决定性意义的……既不是法律解释学，也不是判例……而是各位法官的‘判断’”。因此“法律解释学”对“审判实务基本是无力的”，“最高法院形成判断的过程…是15名法官寻求‘终极判断’的过程”。由于要将这种“判断”表述为“法律语言”，法官“为表述‘终极判断’，必须使用共通的语言”，因此“这种共通语言的使用”非常必要。这样一来，“就‘法律语言’而言……在学者的言论中可能出现更为优秀的表达方式，法官也可以在这些言论中发现自己的判断依据”。因此，“学者……应充分了解自己在审判实务中的作用，并磨练自己的语言表达能力。”

藤田认为“法律解释学”对“审判实务基本是无力的”，酒卷则主张刑事诉讼法“理论”应当发挥“制约、指导”审判实务的作用。与藤田的主张不同，酒卷认为“法律解释学”在审判实务中并非“无能为力”。然而，若不讨论以法的本质论为基础的的人权论（宪法论），就“学者”应致力于“磨练作为‘共通语言’的‘法律语言’的表述能力”这点，藤田和酒卷的主张是一致的，即刑事诉讼法学的课题是“提炼”作为“语言技术”的法律“理论”。

然而“二战”后刑事诉讼法学起码从提倡控辩式侦查观和正当程序论等宪法论观点出发，开始自觉地承担起“制约、指导”侦查、追诉、审判的作用。1970年代，检察实务工作者对刑事诉讼法学的批判和反感正是基于对这种刑事诉讼法学的排斥。这种刑事诉讼法学虽然忽视了对理论（学术）和实务关系的理解，但要解决现今刑事诉讼法学存在的问题，首先就必须扭转这种学术态度。

（三）刑事诉讼法学的未来

这样看来，我们必须认真地思考当下刑事诉讼法学的作用、存在意义以及应如何认识、评价并构筑其和实务之间的关系。要回答上述问题，就必须先明确“刑事诉讼法是为谁而存在”这一事关《刑事诉讼法》存在意义的根本问题。以“刑事诉讼法理论研究”为课题，致力于研究刑事诉讼法现代论点的《刑事诉讼法理论研究》（川崎英明、白取祐司编，日本评论社，2015 年版）一书就是在意识到上述问题后，以刑事诉讼法学的未来发展作为编撰的出发点。

回顾过往，“刑事诉讼法是为谁而存在”这一问题也是日本战后刑事诉讼法学在宪法前提下反复面临的问题。实际上，松尾浩也在 1975 年的演讲中直接将“刑事诉讼法是为谁而存在”作为主题，认为“应将现行刑事诉讼法定义为包含‘不罚主义’的‘精密控辩’型刑事诉讼法，在此基础上，未来刑事诉讼法的发展须警惕‘必罚主义’中的‘过度精密’，并主张应致力于推动保障犯罪嫌疑人、被告人权利和独立性‘控辩因素’的增长”〔1〕。现今刑事诉讼法学面对此类问题应重新定位，明确态度。希望在回顾“二战”后刑事诉讼法学的发展历程时能对这一问题予以确认。

---

〔1〕 松尾浩也『刑事訴訟法講演集』，（有斐阁、2004 年）345 頁以下参照。

二、"二战"后刑事诉讼法学的发展历程和刑事诉讼法学课题

（一）"二战"后刑事诉讼法学的目标

如上所述，在日本《宪法》基础上发展的"二战"后刑事诉讼法学也是当事人主义论的发展过程〔1〕。1958 年，平野龙一在《刑事诉讼法》一书中体系性地论述了当事人主义理论。其后，在平野理论的基础上，田宫裕就正当程序论等当事人主义论展开论述。这种当事人主义论是在无辜者不予处罚的理念下，以确立犯罪嫌疑人、被告人的独立性和保障其防御权为中心，旨在制约侦查、追诉职能的理论。从这个意义上来说，当事人主义论以改变依赖纠问式侦查的书面审判现状为目标。总体而言，"二战"后刑事诉讼法学并未基于必罚主义理念去强化侦查、追诉权，而是基于无辜者不予处罚的理念，旨在构建保障防御权和制约侦查、追诉权的理论。但在 1985 年，平野龙一提出刑事审判现状是"病态的""异常的"，断言未来是"绝望的"〔2〕。从改革现状来看，"二战"后刑事诉讼法学若不改变"依赖纠问式侦查的书面审判"，就无法完成对现状的改革。

如上，松尾浩也将未来《刑事诉讼法》的基本构造定义为"精密控辩型"，但支持依赖纠问式侦查的书面审判，认识到"不容许根本性修正"的"精密司法基石"的强硬存在〔3〕。与这种"精密司

〔1〕 戦後刑事訴訟法の問題状況とその展開過程の素描として、拙稿・前掲『刑事訴訟法の半世紀と展望』1 頁以下（本書序章 I）参照。

〔2〕 平野龍一『現行刑事訴訟の診断』『団藤重光博士古稀祝賀論文集第 4 集』（有斐阁、1985 年）所収。

〔3〕 松尾浩也『刑事訴訟の日本的特色』同『刑事訴訟の理論』（有斐阁、2012 年）297 页頁以下参照。

法论”相对，小田中聪树批判性地认为，这是“宪法性思考的退化倾向”，认为应致力于从根本上改革刑事司法，倡导恢复“宪法性思考”[1]。围绕刑事司法改革的未来所形成的理论对抗，在1990年代刑事立法的振兴中变得愈发明显。

步入1990年代，以1999年制定《通讯监听法》为象征，并呼吁有必要加强应对有组织犯罪的策略，以强化侦查、追诉权为中心的刑事立法开始活跃。与之相应，刑事诉讼法学主张有必要针对特别是象征着现代犯罪的有组织犯罪，制定相应的刑法规定。田中裕提出，“刑事诉讼法应研究把握‘犯罪斗争现代化’和‘当事人主义近代化’的‘二重课题’”[2]。松尾浩也“在推进保障人权及贯彻当事人主义”的前提下，主张“强化应对犯罪策略”的“反向调和论”[3]。所谓“犯罪斗争现代化”或“强化应对犯罪策略”，意味着推进强化侦查、追诉权的反改革，即引入通讯监听制度，实施“新时代刑事司法制度”的诸如扩大监听通讯范围、引入刑事免责制度和配合侦查审判的司法交易制度，以强化侦查、追诉权，推进反向改革（反改革）。与此相对，“近代化”或“推进保障人权以及贯彻当事人主义”则意味对“依赖纠问式侦查的书面审判”实施改革，这也是当事人主义论所追求的目标。就“新时代刑事司法制度”而言，也意味着《纲要》有限度地推进了刑事司法改革，如形成讯问可视化制度，扩充证据开示制度等（引进证据一览表开示制度）等。

---

〔1〕小田中聡樹『現代刑事訴訟法学における憲法的思考の後退と復権』同・前掲『刑事訴訟法の変動と憲法的思考』359頁以下参照。

〔2〕田宮裕『 変革の中の刑事法』同『変革の中の刑事法』（有斐阁、2000年）5頁以下参照。

〔3〕松尾浩也『アメリカ刑事訴訟法のヨーロッパ大陸法に対する影響』同『刑事訴訟の理論』（有斐阁、2012年）357頁以下参照。

刑事诉讼法改革课题正面揭示了“犯罪斗争现代化”“强化应对犯罪的策略”与反改革相关。与此同时，“二重课题论”“反向调和论”的提出又具有新意，但在这些观点中，当事人主义论的问题（矛盾）也充分彰显，具体表现在：对照上述“二战”后刑事诉讼学的主要思想，二重课题论及反向调和论能否成为正统理论，人们尚且存疑[1]。值得注意的是，虽隐含着该问题，二重课题论及反向调和论同时提出“当事人主义近代化”与“推进保障人权以及贯彻当事人主义”的课题，还充分认识到了“二战”后刑事诉讼法研究所致力于解决的课题依然存在，即对依赖纠问式侦查的书面审判改革并未完成。关于这点，二重课题论及反向调和论立足于无辜者不予处罚理念，旨在保障犯罪嫌疑人、被告人的防御权，说明涵盖了“二战”后刑事诉讼法学的当事人主义论思想。

但问题在于为吸收“犯罪斗争现代化”及“强化犯罪应对策略”的反改革理论，会导致“当事人主义论”的中心地位动摇，因此隐含着理论空洞化的危险。笔者认为，小田中所指出的“宪法性思考的后退倾向”切中肯綮。换言之，存在着“保障人权近代化”或“贯彻当事人主义”为推动反改革提供便利、制约改革方向的危险。这种担忧在提出“新时代刑事司法制度”的《纲要》中成为现实[2]：在“新时代刑事司法制度”特别委员会中，刑事诉讼法学者表现出对公民性刑事司法改革构想的百般阻挠，可见在二重课题论及反向调和论里，追求当事人主义论的思想越发淡薄。从这个意义

〔1〕 拙稿・前掲『刑事訴訟法の半世紀と展望』20 頁以下（本書序章 I）参照。

〔2〕 拙稿・前掲『刑事司法改革の原点と“新時代の刑事司法制度』川崎・三島編・前掲書 3 頁以下（本書第 3 章 II）参照。

上来说，把小田中提出的“宪法性思考的后退倾向”看做对刑事诉讼法学现状的警告，可能更为合适。

（二）《刑事诉讼法》的变迁和刑事诉讼法学课题

现行《刑事诉讼法》于1949年开始施行，经1990年代以来的屡次修订，其面貌已发生了重大变化。如1999年制定了《通讯监听法》，2000年为保护犯罪被害人又修订了《刑事诉讼法》（引入被害人意见陈述、通过视频连接录像方式询问证人的制度等），2004年引入裁判员裁判制度和审前准备程序，2007年制定了被害人参加制度等。此外，《刑事诉讼法》基于旨在构筑“新时代刑事司法制度”的《纲要》，增加了对部分案件的犯罪嫌疑人讯问实施可视化，扩大了监听通讯的适用范围、进行秘密处分化，制定了刑事免责制度和配合侦查、审判的司法交易制度等。虽说现行《刑事诉讼法》只进行了部分修订，但对照1990年代以来累积的涉及多方面的修改内容，可以说已发生了质的变化[1]。

裁判员制度的引入和证据开示制度的创设，强化了被告人防御权，推动了审判中心主义的发展。另外，基于《纲要》，对原本在2004年《刑事诉讼法》修订中被搁置的犯罪嫌疑人讯问规则，这次制定了（部分案件）可视化制度，同时制定了检察官掌握的证据一览表开示制度。这些修改既能被视为对现行《刑事诉讼法》中依赖

〔1〕 新屋達之『“新時代の刑事手続”のめざす刑事手続像』（大宮ローレビュー10号38頁以下）は、この変貌を『市民事件刑事手続法』から『組織犯罪事件刑事手続法』へのシフトあるいは『事後処理型刑事手続法』から『危機管理（ないし危機介入）型刑事手続法』へのシフトと捉えるべきことを提言している。

纠问式侦查的书面审判的改革，同时也可以根据刑事辩护实践，看到以保障犯罪嫌疑人、被告人的防御权为中心，追求抑制侦查、追诉职能的改革进展究竟如何。但这一系列改革方案只是具有微调功能的部分改革，比如没有实行审前全面证据开示、限制可视化的对象犯罪范围，因此其实很难做到对依赖纠问式侦查的书面审判的根本性变革。反观上述有限的改革，如基于《纲要》，在1999年制定的《通讯监听法》上加入修订内容：大幅度扩大了监听通讯的范围并进行秘密处分；通过引入司法交易制度（刑事免责和侦查、审判协助型协议、合意制度）；扩大、强化了侦查、追诉机关的裁量性讯问权。由此可以预测：强化被害人在刑事程序中的权利，并导致被告人防御权受到制约，会推动补充强化侦查、追诉职能，进而形成促进依赖纠问式侦查的书面审判的反改革[1]。这便是与必罚主义思想联动，与“二战”后刑事诉讼法学的当事人主义论目标相反的反改革。

这样看来，现代刑事诉讼法直接面临着双重改革课题，即不仅要继续研究如何克服“二战”后《刑事诉讼法》所遗留的克服依赖纠问式侦查的书面审判课题，还要探索因存在反改革制度，该如何克服被强化的依赖纠问式侦查的书面审判这一新课题。其中又包含两个法律改革课题，即管理、限制1990年代以后在法律修订中不断被扩大、强化的侦查、追诉权，以及在排除其处分秘密性和裁量性时，如何极大地提高侦查、追诉过程的可视性和透明性。此类课题的中心应是基于无罪推定原则和无辜者不予处罚的理念，强化犯罪

---

〔1〕 拙稿『改革か、反改革か』法学セミナー720号1頁以下参照。

嫌疑人、被告人的防御权，并通过重点保障犯罪嫌疑人、被告人防御权的主体性防御活动，根本改革依赖纠问式侦查的书面审判，增强侦查、追诉过程中的可视性和透明性。这正是“二战”后刑事诉讼法学中当事人主义论的思想和理论。当事人主义论以刑事辩护为主导，在人权论的基础上构筑宪法性刑事诉讼法理论，这也正是现代刑事诉讼法学的理论课题。

三、刑事诉讼法理论探究及其展望

如上所述，2006年，小田中聪树针对1990年代刑事诉讼法学中出现的“宪法性思考的混乱”，指出其具有“宪法性思考的后退倾向”，并提出确定宪法性刑事诉讼理论，才是刑事诉讼法理论的未来〔1〕。当我们正视“二战”后刑事诉讼法学的发展过程和1990年代后期修法带来的《刑事诉讼法》的变迁时，会发现该问题的提出也适用于现在且切中肯綮。笔者认为，所谓《刑事诉讼法》中的“宪法性思考”是立足《宪法》第31条以后所规定的人权条款的思想和历史性意义，旨在实现该人权条款的刑事诉讼法理论。这样形成如下理论方案：才能建立无罪推定和无辜者不予处罚原则，强化、确定犯罪嫌疑人、被告人的主体性和防御权理念，以及从职能上抑制侦查权、起诉权（抑制权限的扩大强化和裁量性、秘密处分性）。只有这样的理论才是能实现对依赖纠问式侦查的书面审判进行管理、限制的理论，才能推进根本性改革，叫停反改革。

问题在于，作为改革现状和刑事司法改革的理论，如何才能实

〔1〕 小田中・前掲『刑事訴訟法の変動と憲法的思考』393頁以下参照。

现“宪法性思考”？回顾“二战”后《刑事诉讼法》的运用情况，会发现在1960年代，普通程序中无罪判决率和令状请求驳回率上升，在运用另案拘留逮捕违法说和代用监狱例外说等下级审的判例中，会看到违法侦查规则的显著变化，还可以看到最高法院判例中自白法则的振兴。而进入1970年代，历经反司法运动，普通程序中的无罪率和令状申请驳回率反而日趋减少，在判例中也能看到重视侦查、追诉权益和忽视防御权的倾向越发强烈。这一局面是法院在适用《刑事诉讼法》时造成的，虽然“二战”后刑事诉讼法学把法院作为当事人主义论的主导，但该局面说明这一设定已失去了现实基础。而这也是平野龙一在1985年发表前述“绝望”言论的背景。田宫裕所提出的上述亟待解决的二重课题论，即刑事诉讼法学既是“现代性”课题，也是贯彻近代法原理的当事人主义课题，正是在正视该局面后所提出的观点。但不管刑事审判现状如何令人“绝望”，犯罪嫌疑人、被告人和辩护人都不能“绝望的”束手无策。所谓“绝望的”现状，无非犯罪嫌疑人、被告人的防御权被形式化、空洞化。因此，身负“辩护权”重任的刑事辩护人必须责无旁贷地承担起开拓时局的责任。这与推进反向改革的“刑事司法改革”动向相同，在本次标榜构筑“新时代刑事司法制度”的改革中，是让反改革进入到刑事审判实务，还是阻止反改革，并通过扩充、强化可视化等改革型制度，深入刑事审判实务，进而开辟刑事司法的根本改革之路，均取决于刑事辩护的具体实践。在此意义上，如果让刑事辩护肩负起改革刑事司法现状和实现根本性刑事司法改革的重任，那么现代刑事诉讼法学课题就成为必须构建以刑事辩护为主导的防御权论的宪法性刑事诉讼法理论。[1] 换言之，在“宪法性思考”中加入刑事辩护主导论这一主体精神的刑事诉讼法理论，应当以构筑宪法性刑事诉讼法理论为目标。

目前，宪法性刑事诉讼法理论的构建，无非在积累分论式研究的个别观点后予以整合的过程。本书（川崎英明、白取祐司编《刑事訴訟法理論の探究》日本评论社，2015 年版。）则汲取了今后的刑事诉讼法理论应基于“宪法性思考”而予以构建的编者思想，也是年轻学者们提出的富有挑战性的学术成果。

另外，本文与“惯例”不同，在引用学说和文献时没有使用头衔或敬称来尊称作者，因为笔者感到在学术论文中，这种做法是无用的。故请海涵。

[补记] 在校正阶段，接触了小田中聰树所著的《法律解释学对裁判来说无用吗？——是“终极判断”还是“良心”》（东北ローレビュー第 2 卷，2015 年版第 89 页以后。）。该文对本书所引用的藤田论文中提及的“终极判断”论和“法学存在意义”论予以了批判。值得注意的是小田中聰树的论点。他在论文中针对藤田提出的：“法学……对于审判或者法官来说是无力的，法学家应当磨练‘语言能力’”，认为“法学赋予实体法的各条文以统一的法理体系，由此为解释各个条文提供指南”。所谓“指南”，即旨在保护公民自由、平等、人权、和平、幸福、安全的解释方针。向法官、检察官、辩

〔1〕 以上の点につき、拙稿『刑事弁護と権利運動』井户田侃先生古稀祝賀論文集『転換期の刑事法学』（現代人文社，1999 年）184 頁以下参照。

护人以及诉讼当事人、一般公民提出此类指南，才是法学家的应尽职责”。换言之，小田中聪树主张，法学在审判实务而言绝非无力，其使命在基于公民自由、平等、人权、和平等“法律理念”下，对审判实务进行指导、引导和指明方向。的确，对立足于宪法论、人权论的审判实务进行“规制、限定”时需要法学发挥作用。笔者认为，从刑事诉讼法的领域来说，刑事诉讼法学（者）的“任务”和“责任”，在于构建以刑事辩护为主导的防御权论这一宪法性刑事诉讼法理论。此后，针对这篇论文，藤田宙靖在演讲稿《再谈〈审判和法律解释学〉》（同《裁判と法律学》有斐閣，2016 年版，第 63 页以后。）中展开反驳，提出“学说并非用来教导判例”，其任务在于揭示“系统性考察”而得出的新的解决途径。

第二节　宪法性刑事程序和刑事诉讼法学

一、刑事司法历程和宪法学、刑事诉讼法学的交叉

至 2009 年 1 月 1 日，《刑事诉讼法》在日本已实施了 60 年。

“二战”后，在日本《宪法》下，《刑事诉讼法》虽然经过了全面修订，但在与维持纠问主义式检察官司法势力的对立、冲突中，修订与《宪法》第 31 条以后刑事程序条款所追求的宪法性刑事程序仍有差距。因此，实现宪法性刑事程序的课题只能寄希望于今后的历史进程。从平野龙一博士的当事人主义论（《刑事诉讼法》1958 年版）到田宫裕博士的正当程序论（《侦查结构》1971 年版、《刑事

诉讼和正当程序论》1972年版）的发展过程，可以说是“以实现宪法性刑事程序”为目标的理论发展。众所周知，团藤的理论（《形式诉讼法纲要》1948年版）把握住了刑事诉讼的本质，认为是“实体性真实主义和职权主义”，与此相对，平野理论认为，从旧刑事诉讼法到新刑事诉讼法的转变是从基于“对国家的信赖”的“体现国家主义”职权主义的诉讼结构，发展到基于“对国家的质疑”“在诉讼中体现民主主义精神，认可“程序公正”和“自身价值”的当事人主义诉讼结构，基于对“政策性基础”变化的认识，从而确立了立足于当事人主义刑事诉讼法的基础理论和解释论。这就是建立在制约权力、保障人权的“政策性基础”上的，以控辩式侦查观和审判中心主义为核心的当事人主义论。继承了平野的“当事人主义论”，田宫裕受1960年代美国联邦判例中正当程序思想的影响，呼吁直接把“正当程序的刑事诉讼”作为“宪法性刑事诉讼”，从而阐述了正当程序论，即“让人强烈意识到刑事诉讼中有着要求保障人权的宪法问题，并让作为政策性主张的正当程序论飞速发展”。

在平野“当事人主义论”体系建成的1960年代，刑事实务中开始接受当事人主义论。可以看到以下变化：无罪率和令状请求驳回率有上升趋势，同时在最高法院判例中，可以看到自白法则的振兴以及在下级审的判例中开始出现“另案拘留违法论”等限制侦查权、保障防御权的案例。法官在实际履职时被寄希望于践行当事人主义，并且立足于法官主导论的正当程序论能成为实现“宪法性刑事诉讼”的现实理论并非不可思议。从1969年的平贺书信案，到判事补宫本连任否决案，再到 1973 年的坂口实习生免职案，以这些“司法危机”为契机，刑事实务正发生着变化。

在此动荡期，杉原泰雄教授从团藤理论到平野理论、田宫理论的发展中准确洞察到了“二战”后刑事诉讼法学中“人权保障理论的发展”过程，并从宪法学角度提出问题，让该问题的提出具备说服力（《人身の自由と刑事手続》，《法律時報》第 45 卷，第 2 号，后收录于《憲法と刑事手続》，1980 年版）。此后，杉原教授批判了田宫理论，认为其以“正当程序概念的柔软性”为前提的法官主导论，强调宪法上正当程序的明确性及其对于立法者和法官的约束性，认识到田宫理论“从实体真实主义、职权主义、必罚主义到正当程序、当事人主义、不罚主义的转变”系宪法性要求，并提出把《宪法》第 31 条以后的刑事程序规定作为“内在制约”，将之作为《宪法》自身具体化的犯罪嫌疑人、被告人的“绝对权利”，以此构建“宪法性刑事诉讼”体系。对此，松尾浩也教授认为，从刑事诉讼法学角度，“刑事诉讼法观中……（引用者注：和田宫裕博士的观点）性质相同的部分较多”（松尾浩也、田宫裕《刑事訴訟法の基礎知識》，有斐阁、1996 年版，序言）。还认为，正当程序这一概念立足于“社会现实”，“富有灵活性和柔性”都表现了“日本宪法的解释方法”，还把刑事程序的未来寄托于“柔性正当程序论”，认为加入了“文明水平、犯罪现象、实体刑法运用等社会学要素”的解释意义（《憲法と刑事訴訟法》，《法律時報》第 45 卷，第 6 号，后同《刑事訴訟の原理》，收录于有斐阁，1974 年版；《憲法と刑事訴訟法》同第 45 卷第 11 号）。对此，杉原教授反驳道：“关于《宪法》

第31条，要从个人主义出发，保留合理的最低限度的界限，虽然在关系到社会现实方面要留有柔性的解释余地……但《宪法》第32条以后则对立法者、法官、检察官等的约束性比较明显”，再回顾日本“二战”前后的刑事审判状况，“从尊重人权的角度而言，‘刚性正当程序论’更符合日本现状”（《憲法と刑事訴訟法》,《法律時報》第45卷，第14号）。

现在看来，这一论争是宪法学刑事程序出现分歧时产生的“司法危机”，是时代所追求的论争。但令人遗憾的是，在此之上，并未发展出涉及宪法性刑事程序论本质的深层争论。

在“司法危机”后1970年代的刑事实务中，判例出现了以下显著动向：一方面，通过再审推动误判救济；另一方面，无罪率和令状请求驳回率日趋减少，自白法则适用不畅，任意侦查中行使有形力与允许“获得行为人承诺的留置”，允许强制采尿等，可以看到强制处分法定主义的灵活性等重视侦查、追诉权，制约防御权的审判基调。1985年平野博士面对实务现状，断言审判成为了对侦查结果的追认场合，这是“病态的”且“异常的”，“断定”未来是“绝望的”（《現行刑事訴訟の診断》,《団藤古稀記念論文集》第4卷）。然而，松尾浩也教授在1979年将此现状定义为“精密司法”（《刑事訴訟法上》，弘文堂）并予以肯定，提出“精密司法根基坚韧，不能轻易进行根本性的修改，因此不可能实现“根本性改革”，改革的处方只能是“微调式的累积”（《刑事訴訟の日本的特質》,《法曹時報》第46卷，第7号，后同《刑事訴訟の理論》，收录于有斐阁，2012年版）。”田宫裕博士也在1986年提出，“现有的强力侦查是当今社会时代的需求”，认为改革对侦查而言应当起到充实作用，是“改善侦查的方法论”（《明日の刑事訴訟法への視点》，《ジュリスト》第852号，后同样收录于《刑事手続とその運用》）。对应日本“社会现实”的“柔性正当程序”论经过1970年代的刑事实践，可以说实现了“微调式”改革获成为了“改善的方法论”。对此，平野的“绝望”发言则表明了对立足于制约权力、保障人权的“政策性基础”现状的严厉批判，笔者认为，这和杉原教授的“刚性正当程序”论相近。

1990年代是值班律师制度得以发展的刑事辩护振兴的时代，同时也是以《通讯监听法》为象征，强化侦查、追诉权的刑事立法振兴的时代。在此过程中，田宫裕博士将刑事辩护的振兴定义为“迈向真正当事人主义的刑事诉讼的文艺复兴”，并给予很高期待（《刑事手続をめぐる理論と現実》，《法学教室》第170号，后收录于前述《刑事手続とその運用》），同时指出，面对《通讯监听法》，认为“变革中的刑事诉讼法”面临双重课题，即引入“打击犯罪强有力手段”的现代化司法改革，和以“推进、确定正当程序”为目标的“当事人主义近代化”（《変革の中の刑事法》，《松尾浩也先生古稀祝賀論文集・下巻》，有斐阁，1998年版，后收录于《変革の中の刑事法》，有斐阁，2000年版）。松尾浩也教授用反向调和论予以呼应，他表示，应实现“强化应对犯罪的策略、推进保障人权和贯彻当事人主义这三者的有机结合”，即确定“应对有组织犯罪的强有力对策”和人权规则，以及实现当事人主义（《アメリカ刑事手続法のヨーロッパ大陸法に対する影響》，《鈴木義男先生古稀祝賀論文集》成文堂，1996 年版，后收录于前述《刑事訴訟の理論》)。

然而，之所以提出“为应对犯罪现象的变化，要改变和强化侦查、追诉权的改革课题”，根源应该在于将“犯罪对安全”“犯罪团体对公民”定义为刑事程序中的对抗因素。与之相对，宪法性刑事程序则将“公权力对人权”“国家对公民”视为刑事程序的对抗因素，并把《宪法》第 31 条以后的刑事程序条款视为“绝对权利”(“刚性正当程序”论)，因此二者性质相异且相互背离。

1990 年代末，围绕监听立法问题，刑事诉讼法学正反两派激烈对立。笔者根据《宪法》第 35 条，主张《通讯监听法》系违宪(小田中聪树等《盗聴立法批判》)，当时依据的是“刚性正当程序论”，即《宪法》第 35 条“令状主义”要求把“内在制约”作为《宪法》自身的具体化。虽然田宫裕博士和松尾浩也教授对《通讯监听法》并未表示反对，但不能忽视他们用“二重课题论”来说明“推进、确定正当程序”的必要性，以及用“反向调和论”来说明“确定人权的有关规定”和“实现当事人主义”的必要性。对此，笔者认为上述观点虽被批判为“宪法性思考的后退”(小田中聪树《刑事訴訟法の変動と憲法的思考》，日本评论社，2006 年版)，但与监听立法推进论存在本质区别，里面依然有着宪法性刑事诉讼论的尊严。另一方面，宪法学对《通讯监听法》反应甚微。笔者认为，这恐怕是因为权威宪法学说在《宪法》第 21 条第 2 款至第 31 款的适用说之下，接受了监听合宪说的缘故(佐藤幸治《憲法》第 3 版，1995 年版，市川正人《盗聴の司法的統制》奥平康弘等主编《盗聴法の総合的研究》2001 年版)。但如果采用“刚性正当程序”论，那么就算灵活解读《宪法》第21条第2款和第35条，也得不出监听合宪说。1973年，杉原教授提出有必要在宪法性刑事程序中“收复宪法学失地”以及“吸收刑事诉讼法学的研究成果”，杉原教授提出的这一观点在宪法学界恐怕已经有了共识。

二、宪法性刑事诉讼问题和宪法学

如上所述，笔者想由此引申出一个问题，即应如何思考对宪法性刑事程序的实现之路？下面，笔者将进行些许展开。

为了从宪法视角批判监听立法而涉猎宪法学说时，奥平康弘教授的宪法学理论（《憲法Ⅲ》有斐阁，1993年版）给予笔者许多启发。奥平教授提出，监听的违宪性依据在于《宪法》第21条第2款后段“将禁止行使特定权利作为重要规定”（通信秘密）（《今市民的自由を語る意味》，前述收录于《盗聴法の総合的研究》），而对于《宪法》第31条以后的条文，一方面认为明确规定了“国家剥夺人身自由时，对国家权力的程序性限制”；另一方面还提出了“给予公民程序保障请求权”的视角。前一观点来自《宪法》第31条以后“允许在某些例外的情况下，对自由实施侵犯和剥夺”，“将例外情况正当化的程序条件予以特别记录”；后一观点来自《宪法》第31条以后，“对被剥夺自由的公民给予积极权利的保障”。前一观点和“刚性正当程序”论相通（参见笹沼弘志《犯罪と処罰の憲法理論》法律研讨第648号），但和宪法学的监听合宪说并不相通。很显然，监听合宪说试图通过《宪法》第31条将监听对象的不限定性和秘密处分性予以正当化。在现在的宪法学中，杉原教授和奥平教授的观点应该是相通的。

对于有组织犯罪，监听立法问题是在公民安全要求下所做的宪法性刑事程序的让步，但最近，面对被害人权利和裁判员制度下的集中审理要求，宪法性刑事程序又面临着不得不让步的状况。如2000年犯罪被害人保护“二法”中限制被告人的反询问权，在2007年《刑事诉讼法》的修订下，被害人参加制度干预了无罪推定原则，审前准备程序干预了举证责任原则和沉默权。因此，笔者认为，本质问题在于《宪法》第31条以后的规定，即“《宪法》自身实现内部制约具体化”后，犯罪嫌疑人、被告人犯罪的“绝对权利”观点能否得以坚持。但从回应修订法律的角度来看，不可否认在刑事诉讼法学中存在“宪法性思考”的“后退倾向”。宪法学也同样如此。若真是这样，宪法学和刑事诉讼法学该如何面对实现宪法性刑事程序这一共通历史课题呢。笔者认为，在学习已故播磨信义教授的《仁保案救援运动史》（日本评论社，1992年版）中问题认识的同时，首先应当确认学说合作的问题。

1997年，日本刑事律师编写了《宪法性刑事程序》（日本评论社）一书，上野胜在该书《宪法性刑事程序的问题意识与研究过程》（第3页）一文中指出，“就《宪法》如何设定刑事程序的问题，对日本《宪法》第31条至第40条进行整体把握，可以看出就宪法学中，《宪法》对刑事程序的整体设定研究并不充分”。的确，总览《宪法》整体体系后，即便对第31条以后展开个别解释，宪法性刑事程序的构造体系仍不明确。对此，小田中聪树提出设想：无罪判决请求权以接受公正审判权和无罪推定原则为支撑，以侦查抑制论、公诉抑制论、审判抑制论构成的被基本人权束缚的当事人主义论作为宪法性刑事程序（《現代司法と刑事訴訟の改革課題》，日本评论社，1995 年版；《刑事訴訟法の変動と憲法的思考》，日本评论社，2006 年版）。笔者认为，应立足于无罪推定原则，以《宪法》第 34 条规定的接受辩护人援助的权利作为犯罪嫌疑人、被告人的防御权，以此为基础，以控辩式侦查观和审判中心主义的构建原理形成的刑事程序，作为宪法性刑事程序。笔者的观点与法官主导论不同，是在无罪推定原则下，通过获得辩护人援助来开展防御活动，以此作为正当程序的主导。这也是笔者希望从宪法学中得到的启示，即应如何考虑宪法性刑事程序的结构体系。

之所以思考宪法性刑事程序，是想确认在刑事程序中，作为保障人身自由的人权，其意义和价值之所在。如前所述，在刑事诉讼法学中，二重课题论和反向调和论下的宪法性刑事程序的对抗轴摇摆不定，以及当面对监听立法、被害人权利保障、裁判员制度和集中审理要求时，可以看到宪法性权利和原则都在发生动摇，仅这些情况就足够严重了。最近，小田中教授强调人身自由并非意味着权力制约，同时应确保人的自律性及主体性，并将这种确保人主体性的思想理解为“刑事程序中的宪法性思考”（前述《刑事诉讼法的变迁和宪法性思考》）。笔者认为，奥平教授将“程序保障背后的实体价值”作为健全人格的前提保障，理解其具有“人身自由”的意义，同样也是基于“宪法性思考”。正因为在刑事诉讼法学中，宪法性刑事程序不言自明的前提有所动摇，所以笔者才想从宪法学中获得一些关于人身自由这一人权的意义和刑事程序中宪法性思考方面的启发。

三、小结

在宪法学和刑事诉讼法学的对话中，虽然需要展望性地讨论裁判员制度下的刑事程序，但当我们当着眼于刑事诉讼法学理论下的实践性课题时，如果从实现宪法性刑事程序的角度出发，通过确认1970年代正当程序论的发展过程，那么对刑事程序中的宪法性思考状况和宪法性刑事程序的具体情况加以讨论，应该会更有意义。然而，当笔者重读本文时，感觉也只是一篇阐述自己对宪法学种种主观期望的拙文罢了。希望爱敬教授能予以改良，给刑事诉讼法学一记漂亮的回击（爱敬浩二教授的《応答》论文作为《憲法的刑事手続と憲法学の課題》，载《法律時報》第81卷，第5号，第61页以后——追记）。

[参考文献] 除本文所述，另参见小田中聪树：《现代司法的结构和思想》（日本评论社，1973年）；《现代司法的构造和思想·续》（日本评论社，1981年）；《现代刑事诉讼法论》（劲草书房，1977年）；横山晃一郎《宪法和刑事诉讼法的交错》（成文堂，1977年）；浅田和茂、高田昭正、川崎英明《战后刑事司法的轨迹》（法学家第930号）；川崎英明《刑事诉讼法学的未来》（法律时报第71卷第3号）；川崎英明《刑事诉讼法的半个世纪与展望》（本书序章第一节）；村井敏邦他编《刑事司法改革和刑事诉讼法（上）》（2007年，日本评论社）。

第三节　刑事辩护自由和会见权

一、会见权和刑事辩护问题

在犯罪嫌疑人国选辩护制度实施之际，刑事辩护自由和会见将成为时代的主题之一。

（一）关于拘留所信件查阅等问题

对辩护人和在押犯罪嫌疑人、被告人间的往来书信，拘留所所长让相关负责人打开信件、确认内容并记录重点后，对检察官的询问予以答复、透露信件主要内容，这种行为是否恰当？检察官在询问后，将拘留所所长透露的内容作为依据，来请求禁止会见决定和制作检方笔录的证据调查请求，这样的行为是否恰当？对高见、冈本国家赔偿[1]案件所作的大阪地方判决（《判例时报》第1754号，第102页，生效）认为，除了对是否存在混入物品、是不是与辩护人的往来书信检查，还存在对信件内容的细查和记录、并将之透露给检察官的职责以外的行为，另外，检察官的询问和使用信件内容的行为都违反了《刑事诉讼法》第39条第1款的秘密会见权，系违

〔1〕 高見・岡本国賠の記録として、高見・岡本国賠訴訟弁護団編『秘密交通権の確立』（現代人文社、2001年）参照。

法行为。在后藤国家赔偿案[1]中，对于拘留所所长拒绝了辩护人提出的重新播放录像、（与被告人）会见的请求，大阪地方法院判决（《判例时报》第1858号，第70页，上诉）认为，“连收受书信都要检查，其秘密会见权的秘密性已不受保障，因此是不被容许的不合理限制”，是违法行为。由此，对于犯罪嫌疑人、被告人和辩护人之间秘密会见权的保障，可以看到如下进展：在下级法院的判例中出现了限制拘留所检查（内容精查）信件等和限制检察官利用信件的行为。上述两个判决的共同点在于：将秘密会见权的意义和作用置于《宪法》第34条至第37条规定的接受辩护人援助的权利下，由此观点出发，基于《监狱法》和《监狱法实施规则》的检查，打破了对秘密会见权的限制，是一种合宪性限制解释的方式，代表了刑事辩护人为确保秘密会见权所作的不懈努力。

（二）禁止会见的犯罪嫌疑人、被告人与辩护人会见时，有关证据和书信等的收受问题

埼玉地方检察厅副次席检事提出对本庄保险金杀人案的辩护人予以惩戒（2000年11月13日提出惩戒申请）。在该惩戒请求案中，被告人A的辩护人甲，从共犯B的辩护人乙处拿到了B有关自白和讯问情况的供述记录（副本），并交给被禁止会见的A。另外，被禁止会见的被告人B，其辩护人乙从共犯A的辩护人甲处接收了共犯

---

〔1〕後藤国賠の記録として、後藤国賠訴訟弁護団編『ビデオ再生と秘密交通権』（現代人文社、2004年）参照。その控訴審・大阪高裁は2005年（平成17年）1月25日、國側の控訴を棄却して一審判決を支持した。この控訴審判決が2007年（平成19年）4月13日の最高裁の上告不受理決定により確定した（後藤国賠弁護団編『ビデオ再生と秘密交通権』上告審編　現代人文社、2008年　参照—追記）。

A针对之前笔记的留言（副本），针对这两种行为是否恰当[1]，提出惩戒请求的一方认为，辩护人甲和乙的行为违反了禁止会见规定，属于违法行为；把被告人A怂恿被告人B的留言（副本）予以传递的行为也是怂恿其作伪证的违法行为。然而，埼玉县律师协会纪律委员会决议却认为，辩护人甲和乙的行为是与秘密会见权“密不可分”的“保障辩护权”的合法行为，应当不予交付惩戒。本文所讨论的仙台惩戒请求案存在的问题，与本庄保险金杀人案及该案引发的惩戒请求案中的问题相似。

在鹿儿岛违规选举中，让犯罪嫌疑人踩踏写着亲人名字纸条而使其精神崩溃的“踩踏字条”案中也存在同样情况[2]。换言之，在与禁止会见的被告人会见之际，对于国选辩护人通过透明板向被告人出示亲友的鼓励信件行为，检察官以该国选辩护人违反了禁止会见决定为由申请将其免职，最终法院决定对其予以免职。检察官的申请和法院免职决定只能说是错误的，更重要的是，检察官掌握了辩护人在会见室里让被告人阅读信件的事实，背地里其实会就每次会见及会见内容讯问被告人，并制作笔录。

检方无论是核对收受信件的内容，还是以收受文书违反禁止会见决定为由提出惩戒请求，还是以违反禁止会见决定的宗旨为由，申请解聘国选辩护人，以及就会见内容讯问犯罪嫌疑人、被告人，在这系列案件中可以看出，检察官试图干涉和介入秘密会见权所保

---

〔1〕 懲戒請求の経緯と問題点につき、『接見禁止と弁護活動を考える』季刊刑事弁護31号138頁以下参照。

〔2〕『踏み字』事件の経緯と問題点につき、島丸真人『組織的な秘密交通権の侵害と国選弁護人の解任』季刊刑事弁護38号138頁以下参照。

障的辩护人和犯罪嫌疑人、被告人之间交流过程的秘密性。这是侦查、追诉权对辩护权和辩护自由的侵害。到2002年，禁止会见决定呈显著增长趋势，地方法院简易法庭作出的判决总数约是1990年的2.9倍，达到47，455件[1]。结合1990年代初开始，法务、检察当局提出的正当辩护论[2]来看，上述案件的接连发生并非偶然，可以说是此背景下发生的必然状况。引发这些案件的根源是深层次的，在犯罪嫌疑人国选辩护制度新发展的当下，特别是从“刑事辩护自由”的观点出发，我们需要对充分这些案件进行理论和实践的探讨。

本文就上述观点，以仙台惩戒请求案（2004年3月31日提出惩戒申请）为例，就该案中笔者向仙台律师协会纪律委员会提出的意见书[3]为基础，拟对“刑事辩护自由和会见权”作更加深入的探讨（仙台律师协会基于纪律委员会决议，在2005年9月6日作出“不惩戒”决定）。

仙台惩戒请求案中的问题在于，因持有并使用兴奋剂（以下简称兴奋剂被告案）被起诉后的在押被告人X（禁止会见中），寄给辩护人A和B一封带有给外面的Y和Z的口信的信，后X的辩护人A和B通过传真向Y送达了该信件。在辩护人A和B因涉嫌教唆伪证，并导致其律所被搜查时，这封信被扣押，因此信件的交付行为

---

〔1〕浦功『刑訴法81条の接見等禁止と弁護活動』（梶田英雄判事・守屋克彦判事退官記念論文集『刑事・少年司法の再生』、現代人文社,、2000年）205頁が、1998年までの統計で指摘した接見禁止等決定の顕著な増加傾向は、その後も続いており、地裁・簡裁の接見等禁止決定総数は33832件（1999年）、37439件（2000年）、42070件（2001年）となっている。なお、検察官の接見禁止等請求件数も2002年には1990年の2．9倍の49890件となっている。

〔2〕適正弁護論とその問題点につき、拙著『現代検察官論』（日本評論社、1997年）8頁参照。

〔3〕意見書は2005年1月10日付で提出した。

成了检方提出惩戒的理由。这是对会见权及其秘密性，和辩护自由的严重侵害，而且惩戒请求人是仙台地方检察厅的次席检事。在该案中可以看到与上述其他案例共通的本质问题，即“刑事辩护自由与会见权”的问题。

笔者在东北大学法学院任职 7 年，有 5 年和小田中聪树先生在一起。回想起来，每天都在欢欣雀跃地钻研着学术。在古稀祝贺之际，对学术之恩深表感谢，并谨以此书献给小田中聪树先生。

二、会见权和辩护活动

（一）关于信件收受行为和交付行为

在仙台惩戒请求案中，之所以提出惩戒请求，是因为发生了辩护人向外界人员通过传真传递带有在押被告人（禁止会见）口信的信件的违法行为。惩戒请求方认为辩护人的行为违反了禁止会见决定，实属违法行为，同时也增加了对“兴奋剂被告案”证人取证工作的难度，类似于另一涉嫌违反《枪支刀具法》的案件中辩护人与证据灭失准备工作相关的行为。

辩护人交付信件的行为由被告人和辩护人之间收受信件和将该信件交付给外界人员这两个行为组成（以下将收受行为和交付行为统称为交付行为）。据此观察，前者的收受行为是在《刑事诉讼法》第 39 条第 1 款的会见权保障下，辩护人和被告人之间的书信收受行为，因能保障自由和秘密性，所以具有正当性；后者的交付行为并非会见权的保障范围，只能作为一般辩护活动予以讨论[1]。如此分析和研究就不会有差错。

然而，如果会见权包含辩护人介入、保障在押犯罪嫌疑人、被告人与外界的交流，就无须将收受行为和交付行为加以区分并分别讨论，只需将二者作为整体，保证会见权的外界沟通功能。在这一观点下，综合研究辩护人交付信件的行为是否适当，可以说就是合理的理论探讨。而且在与会见无关的场合下，如果把被告人信件通过辩护人交付给外界人员，这种交付行为可以作为一般的辩护活动，进而对其正当性问题予以探讨。如仙台案中，在会见权的保障下，辩护人和被告人收受信件时，其中的交付行为从实体上来看并不妥当，即这是一种会见权保障范围以外的行为，应当将其视为保障会见权自由和秘密性的行为。换言之，第一，如果不这样看待交付行为，那么在会见权保障下的犯罪嫌疑人、被告人与辩护人之间收受的信件，一离开会见场合，就会丧失自由和秘密性保障，就会导致犯罪嫌疑人、被告人与辩护人之间本应自由且秘密的交流，在事后遭受实质性侵害的后果。正如仙台案中律师事务所接受搜查，原本在会见权保障下收受的信件，仅作为律师业务秘密被保护，于是像一般扣押物一样被扣押，这样的话，保障会见权的自由和秘密性就会成为一纸空文。另一种情况是，虽然禁止对与辩护人会见的内容进行窃听和录音，但会见后检方仍可自由地就会见内容对犯罪嫌疑人、被告人进行讯问，这种情况下，会见的秘密性也无法得到保障。

---

〔1〕日弁連接見交通権確立実行委員会の見解はそのようなものである。同委員会『接見禁止と書類の授受に関する報告書』2002 年 6 月 26 日（塚原英治ほか編『法曹の倫理と責任・下』（現代人文社、2004 年　64 頁以下所収）参照。

因此，在会见权的保障下，应禁止对收受书信进行搜查、扣押，也不允许在事后对会见内容进行讯问，退一步讲，应当禁止危及保障会见权秘密性的搜查、扣押和讯问的行为。第二，会见权来源于《宪法》第34条“接受辩护人援助的权利”，从实体上看，在会见权的保障下，辩护人对收受信件进行处理的行为，是与会见权为一体的辩护行为，所以其处理行为自然会从实质上有利于保障会见权的自由和秘密性。

由此，在仙台惩戒请求案中，应当将信件收受行为和交付行为视为一体，从对会见权保障下的交付行为是否正当的角度进行研究。

（二）关于会见权

会见权对于在押犯罪嫌疑人来说，是从《宪法》第34条“接受辩护人援助权”而来的宪法性权利，如今这在判例、学说上看来，就像是异论。要保障接受辩护人援助的权利，就必须要让在押犯罪嫌疑人、被告人与辩护人之间自由且充分地进行信息和意思沟通，还要让以上沟通内容不被监视、干涉和介入。从这个意义上来说，会见权是在押犯罪嫌疑人、被告人和辩护人之间自由且秘密性被保障的交流权利〔1〕。

最高法院大法庭判决（最大判1999年11年3月24日，《民集》第53卷，第3号，第514页）中，从《宪法》第34条前段规定的“不仅禁止机关干扰犯罪嫌疑人、被害人选任辩护人，且需实质性保

〔1〕 たとえば、村井敏邦『接見交通権の保障と信書の発受の秘密性』渡部保夫先生古稀記念『誤判救済と刑事司法の課題』（日本評論社、2000年）275頁は，接見交通権を『被疑者・被告人のコミュニケーションを保障する』権利と定義している。

障犯罪嫌疑人接受其选任的辩护人诸如协商、建议等援助机会”这一立场出发，从而认定《刑事诉讼法》第39条第1款规定的会见权是“基于《宪法》第34条的宗旨，为确保在押犯罪嫌疑人有机会接受辩护人诸如协商、建议等援助而设定的权利”。可以说这一判例确认了会见权是确保犯罪嫌疑人、被告人和辩护人之间交流的自由和秘密性被保障的宪法性权利。上述高见冈本国家赔偿案的判决中，认定《刑事诉讼法》第39条第1款规定的，为了让在押人员有机会接受辩护人有效且适当的援助，可以允许在押人员在没有见证人在场的情况下会见辩护人，而且必须不干涉其余辩护人之间相互进行充分的意思沟通、提供信息和法律建议。特别还明文规定，在押人员和辩护人的意思传达和提供的信息内容不能被追诉机关和羁押机关知晓的重要性。该判决根据大法庭的判决，聚焦保障会见权的秘密性，可以说正确地阐述了会见权对在押人员而言是与辩护人进行自由沟通的权利。

据此，在押犯罪嫌疑人、被告人能够接受辩护人关于防御权、程序等方面的指点，就防御方针和防御策略与辩护人进行充分的意思沟通和意见互换。因此在会见时，辩护人可能会向犯罪嫌疑人、被告人传达共犯人和相关证人等案件相关人员的供述，也会向案件相关人员传达犯罪嫌疑人、被告人的观点和想法。因此，在会见时，辩护人和犯罪嫌疑人、被告人便不可避免地会对包含供述在内的相关证据进行研究、斟酌，这也是出于防御的需要。虽说这是防御信息的交流，只要这种传递信息的居间行为是为犯罪嫌疑人、被告人等防御主体而开展防御的活动，就可以认定为是会见权保障下的合法行为。从辩护人角度看，这也是在对犯罪嫌疑人、被告人履行诚实义务。不仅如此，通过辩护人，犯罪嫌疑人、被告人可以就彼此状况和想法相互转达。因为犯罪嫌疑人、被告人作为防御主体的前提条件是具有精神、社会上的主体性，所以在会见时，辩护人作为媒介转达上述信息的行为，其实是在履行他们的应尽义务，即确保犯罪嫌疑人、被告人在精神、社会上的主体性[1]，并且无论传递信息是通过口头还是书面，他们的职责都没有变化。从《宪法》的制定过程来看，显然《宪法》第 34 条规定的接受辩护人援助的权利，意味着“绝非因被羁押而被切断与外界的一切联系”[2]，这也意味着依据《宪法》第 34 条规定的会见权通过辩护人的介入，使在押人员的防御信息和个人信息得以流通，具有保障与外界交流的内在功能。与美国《宪法修正案》第 6 条相对应的日本《宪法》第 37 条，再加上第 34 条，构成了《刑事诉讼法》第 39 条第 1 款规定的会见权的由来，我们必须对这一权利的历史性意义作正确理解。

《刑事诉讼法》第 80 条保障了在押犯罪嫌疑人、被告人与辩护人以外的人进行交流的权利，与之类似，第 39 条第 1 款规定的与辩护人的会见权承担着保障在押人员与外界交流的职能。该权利的固

---

〔1〕 田宮裕『刑事訴訟法（新版）』（有斐阁、1996 年）142 頁以下は、接見交通権の機能として、“インコミュニカードの解消”の結果として“心理的安定により市民としての自己回復ができる”ことを指摘し、三井誠『刑事手続法（1・新版）』（有斐阁、1977 年）155 頁も、“インコミュニカード”の解消による“精神的安定”を弁護人接見の機能として指摘している。また、美奈川成章『接見交通一弁護の立場から』三井誠ほか編『新刑事手続 II』49 頁も、接見交通権の機能として“被拘束者の日常生活へのアクセスの保障”を挙げている。

〔2〕 高柳賢三ほか編『日本国憲法制定の過程 II』（有斐阁、1972 年）84 頁以下、憲法的刑事手続き研究会『憲法的刑事手続』（日本評論社、1997 年）268 頁以下、村井・前掲論文 284 頁参照。なお、三井誠『接見交通権規程の成立過程』平野龍一先生古稀祝賀論文集下巻（有斐阁、1991 年）268 頁以下参照。

有意义在于保障会见的自由和秘密性，是通过辩护人介入来保障在押人员与外界沟通交流的规定。根据禁止会见决定，第80条的规定正说明，为了不让在押犯罪嫌疑人、被告人“与外界的联系被切断”，其与辩护人的会见权才有其固有意义。

由此一来，因辩护人介入，确保了在押犯罪嫌疑人、被告人和外界的信息沟通（防御信息和个人信息沟通），进而，犯罪嫌疑人、被告人的防御主体性和作为前提的精神、社会上的主体性也得到保障。所谓辩护人在犯罪嫌疑人、被告人与外部人员之间代为沟通，是指通过会见，完成其应当履行的保障与外界沟通职能中的一环，正如在仙台惩戒请求案中，辩护人的信件交付行为正是实现了这一职能。问题在于辩护人应当履行的保障与外界沟通职能是否存在界限？如果存在，那么界限是什么？交付信件的行为是否越界？

（三）是否违反禁止会见决定

辩护人在《刑事诉讼法》第39条第1款规定的会见权，为禁止会见的犯罪嫌疑人、被告人与外部人员进行沟通，这种情况是否违反禁止会见决定？还是视禁止会见决定为无意义的逃避法律行为？

《刑事诉讼法》第39条第1款规定的在押犯罪嫌疑人、被告人和辩护人间的会见权，原本跟第80条规定的与辩护人以外人员的一般会见权，是两种在依据和内容上不同的权利，因此这两项权利的限制内容和理由也不相同。对比第39条第2款、第3款和第81条，就很明确，指定会见和禁止会见的主体、内容以及理由也都不相同。这样的话，对比《刑事诉讼法》第39条第1款的会见权，第81条的禁止会见决定从法律、事实上都达不到限制性效果。更何况对于来自《宪法》第34条的会见权，禁止会见决定应居于优先地位的说法毫无依据。

如果《刑事诉讼法》第81条的禁止会见决定比第39条第1款的会见权居于优先地位，且在一定范围内发挥效力的话，就相当于承认禁止会见的要件，“即有充分理由怀疑逃亡或者隐匿毁灭证据”，会成为限制会见权的理由。这是从《刑事诉讼法》第39条第3款规定的指定会见要件出发，在原本理应被摒弃的侦查整体说的思考下，以“隐匿毁灭证据的担忧”为理由提出指定会见。而指定会见的要件，和基于会见限制说的最高法院判例〔1〕相反。

如此，在仙台惩戒请求案中，对于禁止会见的被告人，辩护人在《刑事诉讼法》第39条第1款会见权的保障下，向外界人员交付被告人信件的行为是违反禁止会见决定的违法行为，这一主张作为法的形式论主张并不成立。如果成立，那么辩护人在为犯罪嫌疑人、被告人交付书信时，就必须解除部分禁止会见决定。实际上，与辩护人的会见权已被置于法院甚至检察官控制之下，从而造成了实质性不合理的后果〔2〕。

对此，有检察实务专家把禁止会见决定置于会见权的范围内，这也是仙台案的惩戒请求方所依据的理论〔3〕。换言之，在押犯罪嫌

〔1〕最一小判昭和53年7月10日（民集32巻5号820頁）、最三小判平成3年5月10日（民集45巻5号919頁）、最大判平成11年3月24日民集53巻3号514頁、最三小判平成12年6月13日（民集54巻5号1635頁）等」など参照。

〔2〕小阪井久『刑訟法81条の問題』季刊刑事弁護26号84頁、渡辺修『接見禁止決定と“防御の自由”』季刊刑事弁護31号32頁以下参照。

〔3〕尾崎道明『弁護人と被疑者との物の授受』平野龍一・松尾浩也編『新実例刑事訴訟法Ⅰ』（青林書院、1998年）182頁以下参照。

疑人、被告人被禁止与辩护人以外的人会见时，辩护人以外的人如果作为信息传达主体，辩护人居间将信件交付给犯罪嫌疑人、被告人的行为，属于犯罪嫌疑人、被告人和辩护人以外的人之间的信件收受行为，直接违反了《刑事诉讼法》第80条规定的禁止会见决定。从这一宗旨出发，正如仙台惩戒请求案中，辩护人将被告人书信交付给外部人员的行为，便是违反了《刑事诉讼法》第80条规定的禁止会见决定的违法行为，即被告人和辩护人以外的人之间的书信收受行为。

这一宗旨在于，《刑事诉讼法》第81条的禁止会见决定给在押犯罪嫌疑人、被告人与外界的会见设置了绝对界限。禁止会见决定的这项设置界限功能，不仅限于《刑事诉讼法》第80条规定的一般会见，同时也制约了第39条第1款规定的与辩护人的会见，即承认了犯罪嫌疑人、被告人和辩护人之间的会见权同于一般会见权，都受到禁止会见决定的制约。如前所述，禁止会见决定无论是作为法的形式论还是实质论，都不能成立。

当然，该主张认为，倘若辩护人居间收受的信件“内容涉及防御，犯罪嫌疑人确有必要阅读的话，那么就不是违法行为，而应被认定为第39条第1款规定的文书收受范围内的行为”，也直接论述了“是否该当于这一情形，要根据信件的内容，形态……及辩护人取得的过程、目的等来判断”，因此检察官等人的判断范围自然受限，很大程度还是期待于辩护人的自觉[1]。此处，只要把《刑事诉讼法》第39条第1款的会见权作为辩护权，判断辩护人居间收受信

---

〔1〕 尾崎・前揭『弁護人と被疑者との物の授受』188頁以下参照。

件的行为是否适当，关键在于该行为是否属于辩护活动范围，而这必须依赖辩护人的专权性判断。我们只能承认，只要《刑事诉讼法》第39条第1款规定的犯罪嫌疑人、被告人与辩护人的会见权是来源于《宪法》第34条的辩护权，那么禁止会见决定就不能彻底为会见权设置绝对界限。

另一方面，刑事辩护方批判了上述检察实务专家的观点，认为“即使有禁止会见决定，作为辩护人，替犯罪嫌疑人、被告人向第三方传话，或者应第三方要求传话给犯罪嫌疑人、被告人时，只要判断其没有逃亡或隐匿毁灭证据的充分理由，这些行为有时甚至可以被认为是辩护人履行对犯罪嫌疑人、被告人诚实义务的要求……将外界情况准确传达给被告人，也是防御活动的一部分”〔1〕。该观点的核心是：（1）辩护人居间收受犯罪嫌疑人、被告人跟第三方间信件的行为不违反禁止会见决定；（2）居间收受信件等履行诚实义务的辩护活动；（3）但如果有逃跑和隐匿毁灭证据的充分可能时，就不允许进行居间行为。问题在于（3）的内涵。虽然并未明确（3）的要件具体应如何判断，但是关于书信等的收受，观点指出，“如果明知在押人员与外部人员共谋逃跑或者隐匿毁灭证据，但仍然居间沟通，那么就由辩护人担责”〔2〕，该观点与本文观点一致，认为只要没有认识、容许明显的隐匿毁灭证据行为，那么能否居间收受书信就是辩护人专有的判断权。

〔1〕 浦・前掲『刑事法81条の接見等禁止と弁護活動』210頁以下参照。
〔2〕 浦・前掲『刑事法81条の接見等禁止と弁護活動』219頁参照。

（四）如何进行判断

然而，这并不代表辩护人只要在会见权范围内就可以为所欲为。会见权源于《宪法》第34条规定的接受辩护人援助的权利，该条文原本是为辩护而设置的权利，因此意味着存在不能脱离辩护活动范围的内在制约。换言之，会见只要在辩护活动的范围内便是合法的，虽然其自由和秘密性都受到保障，但一旦脱离了辩护活动范围，便可以认定为违法。

上述对本庄保险金杀人案中的辩护人提出的惩戒请求案中，埼玉县律师协会纪律委员会决议作出对两名辩护人不予惩戒的决定，可以说就是立足于该理论。该决定认为，“辩护人和被告人的秘密通信权（《刑事诉讼法》第39条第1款）和被告人有权接受辩护人的实质性辩护权利（《宪法》第34条、第37条第3款）是不可分割的一体化权利。辩护人居间收受被告人书信的行为应该与辩护活动一样，均属于辩护权保障的范围。此外，辩护人为了被告人，有效利用这些书信信息，也受辩护权的保障。因此，即便辩护人在其他共犯被告人之间居间收受了信件，也是各辩护人的辩护活动，均属于辩护权范围内。

基于这样的立场，问题在于，辩护人在辩护活动范围内的该当活动是什么，以及在怎样的标准下具体应如何判断？在这之中，该如何看待辩护人居间收受的信件中，有犯罪嫌疑人、被告人教唆别人或者被教唆作伪证、隐匿毁灭证据的信息？

考虑该情形时，把信件分成两类予以探讨就会简洁明了。一种类型是不管谁来看，都明白信件本身明确地在教唆怂恿他人作伪证（客观要件），辩护人也在知道的情况下，依然居间收受信件（主观条件）的情况。故意隐匿毁灭证据、教唆作伪证都属于刑法犯罪行为，所以这些行为原则上是辩护活动以外的违法行为。另一种类型是，有可能理解为教唆、怂恿作伪证，但是从信件本身和居间收受行为看，都不能得出明确的判断，同时辩护人也没有故意的情况。这两种类型之间存在各种程度不一的灰色空间，只要不属于前者的类型，那么此类书信能否被居间收受，应当基于辩护人的专业判断，而非由外界来判定。理由是：第一，从侦查、追诉机关的角度来看，因辩护人通常存在隐匿毁灭证据的危险性，因此以有无隐匿毁灭证据的危险为标准，来判断辩护活动是否恰当并施以惩戒的话，就会使辩护活动减弱，进而导致辩护自由变成空谈。尤其是在侦查、追诉机关与刑事辩护严重对立的案件中，这种担忧变成现实的可能性很高。立足于无罪推定原则和当事人主义的刑事诉讼下，以犯罪嫌疑人、被告人主张为前提，必须最大限度地保障履行诚实义务的辩护活动，而不能对其有任何限缩。第二，假设信件内有教唆隐匿毁灭证据的内容，冒此危险对该信件居间收受，可能是确保犯罪嫌疑人、被告人防御主体性或精神和社会上的主体性所必需的。在这种情况下，判断是否真的存在隐匿毁灭证据的危险性，以及是否应当对该信件进行居间收受，都应当建立在对以下因素的综合考量下：迄今为止与犯罪嫌疑人、被告人交流的全过程，犯罪嫌疑人、被告人的情况及态度，收受该信件在防御上的重要性及其程度，是否存在隐匿毁灭证据的危险性、危险程度及其状态等。这些因素只能由辩护人自行判断，因为辩护人的判断既肩负着对犯罪嫌疑人、被告人的诚实义务，更是作为法律专业人士应当予以判断的领域。不应把辩护人介入该领域、进行判断的正确与否视为问题，更不应将其上升为法律责任后果向辩护人问责。

这样想来，辩护人居间收受信件的行为恰当与否，应该要从信件是否任何人都能看出有明确的教唆隐匿毁灭证据内容（客观要件），且辩护人是否在明知信件存在教唆、怂恿隐匿毁灭证据的情况下，仍容许并交付信件（主观要件）这两方面来判断。只有在客观要件和主观要件两者都能被认定的情况下，才能判定辩护人的居间行为系违法。在除此之外的情况下，居间行为恰当与否只能依赖于辩护人作为专业法曹自律且专业的判断。即使该信件被认为存在教唆、怂恿隐匿毁灭证据的危险性，如果仅止步于有危险性阶段，那么在审理惩戒请求时，只需认定辩护人的居间收受行为是怎样的辩护行为，而无须讨论他们对信件内容的判断恰当与否的问题。针对该判断恰当与否，辩护人应当致力于在审理惩戒请求情形以外，将自己的判断提交律师协会内外的会议进行讨论，以作为公开、批判性的研究素材和刑事辩护的教训，尽可能地与众多律师同行共享。

三、会见的保密性和侦查的界限

在仙台惩戒请求案中，在申请惩戒请求的过程中，发生了被惩戒请求人的辩护人所在事务所被搜查，帮被告人收受的信件也被扣押的情况。虽说被告人和辩护人间收受的信件是事后被扣押，但也能说明会见权的秘密性保障实际上只是空话，不如说从这件事，我们反而应该看到侵犯会见权秘密性的问题。鹿儿岛的“踩踏字条”案件中，检察官对会见内容的讯问和笔录同样也存在侵犯会见权秘密性的问题。

保障会见权秘密性的意义在于，在上述大阪地方法院的判决中已然写明，即在押犯罪嫌疑人、被告人和辩护人之间“进行充分的意思沟通、提供信息和法律建议。特别还明文规定，在押人员和辩护人的意思传达和提供的信息内容不能被追诉机关和羁押机关知晓”；并认为“秘密会见权是在确保不被各机关窥探的状态下会见的权利，否定秘密会见权与法律相背”，因此禁止查阅会见内容的录音及收受书信内容。换言之，禁止侦查机关、追诉机关或羁押机关查阅或介入会见内容，是由于要保障秘密会见权。的确，右倾判决假定在押犯罪嫌疑人、被告人和辩护人在会见时禁止有关机关查阅和介入。但紧接着该判决这样保障会见权的秘密性，即在押犯罪嫌疑人、被告人和辩护人间“能进行充分的意思沟通、提供信息和法律建议。特别还明文规定，在押人员和辩护人的意思传达和提供的信息内容不能被追诉机关和羁押机关知晓”；因为“如果内容被保守派机关等得知的话，从在押者角度看，其防御权，也就是说就会对得到辩护人适当有效的辩护活动不抱期待；从辩护人角度而言，就不能展开适当有效的辩护活动”。同样，前述大阪地方法院 2004 年 3 月 9 日判决中，对保障会见权秘密性的宗旨这样写道：如果因为担心被告人等和辩护人的“交流带来的影响而予以控制的话，就会产生负面的效果，可以相见被告人等就无法得到实质而有效的援助”，进而具体要求“会见时不仅禁止第三人在场，也不允许对会见内容进行录音、提前告知或检查会见内容、事后要求报告会见内容”等。

如果这样，保障秘密性不仅是在会见或者收受书信发生时给予保障，即便在事后，也应考虑对犯罪嫌疑人、被告人和辩护人在会见时交换的书信等内容和会见内容的秘密性等予以保障〔1〕。换言之，不仅禁止侦查、追诉机关对会见时的内容进行窃听、录音，也不许事后通过对犯罪嫌疑人、被告人的讯问获取会见内容。理论上看，从《宪法》第34条及第31条中可以得知，犯罪嫌疑人、被告人的会见权作为当事人主义的刑事诉讼核心，从本质上排斥当事人对立面（侦查、追诉机关）的干涉介入。另外，从实质论来看，如果在会见后对其会见内容进行讯问，认为这一措施没有问题的话，就会对犯罪嫌疑人、被告人产生强烈的负面效果，使得他们在会见时不能充分地沟通〔2〕。假设保障讯问犯罪嫌疑人时有辩护人在场的话，那么在侦查机关就其与辩护人的会见内容进行讯问时，辩护人就可以介入该不被允许的讯问。基于保障秘密性而禁止就会见内容进行讯问，是符合常理的。这意味着《刑事诉讼法》第198条规定的侦查机关的讯问权所具有的界限，不得介入源于《宪法》第34条规定的接受辩护人援助的权利而产生的秘密会见权〔3〕。

与此相对，也许有人认为，基于犯罪嫌疑人、被告人的自由判断而主动供述并说明会见内容的话，就可以视为秘密性的自动解除，也就没有理由禁止对此进行讯问。但虽说可以介入、干涉该情况，

---

〔1〕 渡辺修『弁護士の押収拒絶権と“捜索遮断効”』河上和雄先生古稀論文集（青林書院、2003年）185頁以下（後に同『刑事裁判を考える』現代人文社、2006年所収）にも、同様の主張が読み取れる。

〔2〕 木谷明『鹿児島選挙違反事件にみる密室取調べの弊害』法学セミナー603号78頁（同『刑事事実認定の理想と現実』法律文化社、2009年所収）参照。

〔3〕 木谷・前掲論文『鹿児島選挙違反事件にみる密室取調べの弊害』78頁参照。

但仅从实质论层面考虑，在押人员有义务忍受讯问，但在密室中讯问犯罪嫌疑人时，并不以自发性地解除会见秘密性为前提，而且证明自发性的线索也不充分。这样一来，从实际论出发，只有在可视化（录音录像）讯问中，犯罪嫌疑人、被告人在辩护人的援助下，自发地解除会见秘密性，对其他情形进行讯问的介入和干涉行为，都应当予以禁止。这就意味着在实践中禁止就会见内容进行讯问。不仅如此，考虑会见权是辩护人的固有权利，因此解除秘密性不仅是对犯罪嫌疑人、被告人的解除，也有必要解除辩护人会见的秘密性。

那么，在仙台案中，在会见权的保障下去扣押辩护人收受并保管的信件，对此应如何评价？问题在于对当事人主义核心领域的干涉和介入，与讯问会见内容并无差异。如果事后取消对会见权秘密性的保障，同样会给犯罪嫌疑人、被告人带来强烈的精神负面效果。在此意义上，应当依据会见权，禁止扣押犯罪嫌疑人、被告人和辩护人之间收受的书信。而缺失这样的规定，应当说是立法的过失。如果把《刑事诉讼法》第105条保护行业秘密性的观点所规定的拒绝扣押权作为来自《宪法》第34条规定的接受辩护人援助的权利，进而解读保障会见权的秘密性的话，只有犯罪嫌疑人、被告人“本人”真正且自发性地解除秘密性时，才可能例外地实施扣押。正因为会见权具有秘密性，所以真正且自发性解除必须是在辩护人的建议下，“本人”有完全自发性解除的意思表示〔1〕。从这个意义来讲，

〔1〕渡辺修『弁護人と押収拒絶権』『光藤景皎先生古稀祝賀記念論文集・上』（成文堂、2001年）119頁（同・前掲『刑事裁判を考える』所収）は、刑訴法105条の弁護士の押収拒絶権を“被疑者と弁護人との双方向のコミュニケーションの秘密性保護の趣旨を含む”ものとみているが、そうだとすれば、秘密性の解消には弁護人の側の解消をも要求することになるであろう。（译者注：书名标点符号和原文少许不同）

仙台案不能说达到了“本人”解除秘密性的意思表示。

会见权中存在辩护权和侦查、追诉权严重对立的情形。关于自由会见权的对立观点围绕着指定会见的运用而出现，虽然在实务中有过很长的争议，但经过前述1999年3月24日最高法院大法庭判决，实务中关于此方面的争议已有所减少。取而代之的是秘密会见权问题。本文提出，保障秘密性不应局限于在会见室的空间禁止诸如讯问会见内容或者禁止搜查、扣押收受书信等行为，还包括当发生扣押的情形时，依据《刑事诉讼法》规定例外地解除会见的秘密性，即必须是在辩护人的建议下，犯罪嫌疑人、被告人真正自发性地提出解除。值得思考的是，明文规定的毫无争议的秘密性保障，其涵盖范围能有多广呢?

四、刑事辩护自由的课题

综上，仙台惩戒请求案中提到的会见权界限的问题，换言之就是刑事辩护自由的问题，或者应该说刑事辩护自由的问题可能首先应该出现在会见权领域。

在现阶段犯罪嫌疑人国选辩护制度的实施中，如果无视这个问题任其发展，可能会反过来制约刑事辩护自由。所以应当研究的是刑事辩护自由问题，希望大家能认识到这不仅仅是受到惩戒请求的辩护人的问题，还是刑事辩护和支撑刑事辩护的全体律师的问题。

作者简介

川崎英明

1951 年　出生于日本长崎县

1973 年　毕业于日本大阪大学法学部

1979 年　任日本岛根大学法文学部讲师

1991 年　任日本岛根大学法文学部教授

1994 年　任日本东北大学法学部教授

2001 年　任日本关西学院大学法学部教授

现任日本关西学院大学大学院（译者注：相当于国内研究生院）司法研究科教授，获日本东北大学法学博士学位

主要著作

1. 《刑事辩护》（与他人合编，日本评论社，1993 年版）

2. 《现代检察官论》（日本评论社，1997 年版）

3. 《关于对监听立法的批判》（与他人合著，日本评论社，1997 年版）

4. 《不自由的日本法官》（与他人合编，日本评论社，1998

年版）

5.《关于对〈监听法〉的综合研究》（与他人合编，日本评论社，2001 年版）

6.《刑事司法中再审对证据构造理论的影响》（日本评论社，2003 年版）

7.《刑事司法改革与刑事诉讼法》（上卷）、（下卷）（与他人合编，日本评论社，2007 年版）

8.《何为刑事司法改革》（与他人合编，现代人文社，2014 年版）

9.《刑事诉讼法理论探究》（与他人合编，日本评论社，2015 年版）

10.《刑事诉讼法读物》（与他人合编，法律文化社，2016 年版）

11.《关于对 2016 年〈刑事诉讼法修正案〉和〈通信监听法〉的条文解析》（与他人合编，日本评论社，2017 年版）

译后记

2020年，突如其来的新冠疫情让世人震惊。国内疫情趋于稳定后，国外疫情发展迅速，国际间物理与空间交流暂时停滞，但学术与思想的碰撞永不停止。江苏省人民检察院编译丛书继《美国与欧洲的检察官》《检察官的权力》《美国检察官办理涉企案件的启示》后，日文编译书籍《变革中的日本刑事司法——日本刑事诉讼法和刑事司法改革专题研究》业已进入出版进程。我们愿意持续做“高端有意义”的事情。

日本在“二战”前，以法国、德国职权主义为模板建立了本国的刑事诉讼制度，“二战”后受美国刑事司法影响而发生巨大变化，大量吸收当事人主义的因素，形成颇具特色的刑事诉讼制度。此后，日本又进行了两次规模较大的刑事司法改革。本书是一部论文合集，收录了川崎英明教授2001年至2016年有关刑事司法改革与刑事诉讼法学课题的论文十余篇，时间跨度广，内容切中日本刑事司法改革痛点。其中既有紧盯当时司法改革进程，详细分析改革趋势，提出改革问题的论文，也有专题阐述日本裁判员制度和检察制度改革的论文，为研究日本刑事诉讼法学提供了新的观察角度。

本书编译组于 2020 年 5 月集结，深知肩上的担子重、时间紧，但大家不畏困难，精益求精。由于夫妻分居两地，申恬每个周末都往返于南通、苏州两城，下班后则要独自带娃，只有午休时间为翻译时刻，各种艰辛，难以言表。高云身有“孕事”仍然挑灯夜翻，带着腹中的宝宝一同徜徉于中日法律语言之美。其中事例，不胜枚举。

翻译是一项艰辛的工作，但也富有趣味，日文翻译尤甚。看上去完全相同的汉字，法律语境下意义却迥然不同，日文中的“逮捕”是中文的“拘留”，日文中的“勾留”却是中文的“逮捕”。为力求准确，编译组追本溯源，学习日本刑事诉讼法教科书，查阅日文专业网站信息，比照刑事诉讼程序，完善专业词汇的表达方式。微信群里闪烁的消息，也不断跳动着日本刑事诉讼法论文和专著相关的字眼。

刘华检察长对全稿进行了审定，张登高主任负责全书统稿，周笑辰负责本书序章，胡丹负责本书第一章，高云负责本书第二章，朱丹负责本书第三章，申恬负责本书终章。省院研究室谭大金和杨威为稿件最终呈现付出了辛苦努力。记得初学日语时，曾得到日本一桥大学法学教授寄语，希望学习日语的法律学生能够成为中日法律文化交流的桥梁。当年的法律学生成长为检察官，身份虽改，初心不变，愿此书成为中日法律文化交流的桥梁。

由于译者翻译经验、能力水平有限，书中疏漏在所难免，诚请各位读者指摘勘正。

编译组

2021 年 2 月

于南京宁海路 73 号

图书在版编目（CIP）数据

变革中的日本刑事司法：日本刑事诉讼法和刑事司法改革专题研究 /（日）川崎英明著；胡丹等译. -- 北京：法律出版社，2021
ISBN 978 - 7 - 5197 - 5666 - 6

Ⅰ. ①变… Ⅱ. ①川… ②胡… Ⅲ. ①刑事诉讼法—研究—日本②刑事诉讼—司法制度—体制改革—研究—日本 Ⅳ. ①D931.352

中国版本图书馆 CIP 数据核字(2021)第 102195 号

变革中的日本刑事司法
——日本刑事诉讼法和刑事司法改革专题研究
BIANGE ZHONGDE RIBEN XINGSHI SIFA
—RIBEN XINGSHI SUSONGFA HE XINGSHI SIFA GAIGE ZHUANTI YANJIU

[日]川崎英明 著
胡 丹 等 译

责任编辑 许 睿
装帧设计 贾丹丹

出版发行 法律出版社
编辑统筹 司法实务出版分社
责任校对 朱轶佳
责任印制 胡晓雅
经 销 新华书店

开本 710 毫米×1000 毫米 1/16
印张 18.25 **字数** 203 千
版本 2021 年 9 月第 1 版
印次 2021 年 9 月第 1 次印刷
印刷 三河市兴达印务有限公司

地址：北京市丰台区莲花池西里 7 号(100073)
网址：www.lawpress.com.cn
投稿邮箱：info@lawpress.com.cn
举报盗版邮箱：jbwq@lawpress.com.cn
销售电话：010 - 83938349
客服电话：010 - 83938350
咨询电话：010 - 63939796

书号：ISBN 978 - 7 - 5197 - 5666 - 6
定价：68.00 元
凡购买本社图书，如有印装错误，我社负责退换。电话：010 - 83938349